重庆党史人物

人物

第四辑

中共重庆市委党史研究室 编著

西南大学出版社
SWUP
国家一级出版社 全国百佳图书出版单位

图书在版编目（CIP）数据

重庆党史人物．第四辑／中共重庆市委党史研究室编著．－－重庆：西南大学出版社，2022.7
　　ISBN 978-7-5697-1549-1

　　Ⅰ．①重…　Ⅱ．①中…　Ⅲ．①中国共产党—历史人物—列传—重庆　Ⅳ．①K820.871.9

中国版本图书馆 CIP 数据核字(2022)第 116575 号

重庆党史人物（第四辑）
CHONGQING DANGSHI RENWU(DI-SI JI)

中共重庆市委党史研究室　编著

责任编辑：李浩强　段小佳
责任校对：谭　玺
装帧设计：闰江文化
排　　版：瞿　勤
出版发行：西南大学出版社（原西南师范大学出版社）
　　　　　地址：重庆市北碚区天生路2号
　　　　　邮编：400715
　　　　　市场营销部电话：023—68868624
印　　刷：重庆俊蒲印务有限公司
幅面尺寸：170 mm×240 mm
印　　张：25
字　　数：314千字
版　　次：2022年7月第1版
印　　次：2022年7月第1次印刷
书　　号：ISBN 978-7-5697-1549-1

定　　价：78.00元

20世纪80年代,中共重庆市委党史研究室组织编写出版了《重庆党史人物》第一、二辑,完成了建党初期至土地革命时期在重庆从事革命活动或重庆籍的43位重要党史人物传记编写工作。

2008年,为贯彻落实中共中央党史研究室关于加强中共党史及党史人物研究宣传有关工作部署,市委党史研究室组织重庆党史系统和社科界专家学者重启续编工作,于2016年出版《重庆党史人物》第三辑,21位党史人物传入选该书。

此次编写《重庆党史人物》第四辑,仍遵循"各个时期在重庆地区党史上有较大影响的职业革命家、中央领导人在重庆的活动片段,也兼收少数与党亲密合作并作出重大贡献的党外仁人志士"的收录标准,在2008年续编工作基础上组织开展。此次党史人物传稿件经作者多次修改,评审组专家初审、复审、终审,最后确定15位党史人物传列入本辑出版。

编 者

目录
CONTENTS

1　　邓小平与重庆

31　　朱德在重庆的革命人生轨迹

65　　忘我于"和平、奋斗、救中国"
　　　　——宋庆龄在重庆

103　　云水襟怀,松柏气节
　　　　——杨尚昆传略

139　　一颗早陨的将星
　　　　——记中国工农红军第六军军长、红二军团参谋长汤
　　　　慕禹烈士

159　　红军高级将领杨克明

179　　开国上将陈锡联

211　　生命属于党和人民
　　　　——刘仁传略

243　川东地下党领导人王璞

257　南浦芝兰何其芳
　　　——何其芳传略

269　红色巾帼饶国模

279　传播真理的坚强喉舌
　　　——陈然传略

313　投身革命终不悔,满腔热血铸诗篇
　　　——罗广斌传略

329　老红军袁崑

363　基层干部的杰出典型
　　　——邓平寿传略

邓小平与重庆

◎李 平

邓小平（1904—1997），早年赴欧洲勤工俭学，归国后，他全身心地投入党领导的争取民族独立和人民解放的革命斗争。从土地革命、抗日战争到解放战争，先后担任党和军队的许多重要领导职务，为党中央一系列重大战略决策的实施，为新民主主义革命的胜利和新中国的诞生，建立了赫赫功勋，成为中华人民共和国的开国元勋。习近平《在纪念邓小平同志诞辰110周年座谈会上的讲话》中指出："邓小平同志是全党全军全国各族人民公认的享有崇高威望的卓越领导人，伟大的马克思主义者，伟大的无产阶级革命家、政治家、军事家、外交家，久经考验的共产主义战士，中国社会主义改革开放和现代化建设的总设计师，中国特色社会主义道路的开创者，邓小平理论的主要创立者。"[①]

---

① 习近平：《在纪念邓小平同志诞辰110周年座谈会上的讲话》，人民出版社2014年版，第1—2页。

一

　　邓小平,1904年8月22日出生。原名邓先圣,后改名邓希贤,四川省广安州望溪乡姚坪里(今广安市广安区协兴镇牌坊村)人。父亲邓绍昌,清末就学于成都法政学校,后回家务农。生母淡氏,不幸早逝。继母夏氏,是嘉陵江船工的女儿。邓小平是家中长子,有3个弟弟、1个姐姐和2个妹妹。他5岁进私塾发蒙,6岁转入新式小学。高小毕业后,考入广安中学。邓小平的女儿邓榕在《我的父亲邓小平:战争年代》一书中说:"少年时期的父亲,自幼便资质聪明,在家里是个受父母疼爱的好孩子,在学校里是个勤奋用功的好学生。"①作为父母疼爱的好孩子,这一时期,父亲对邓小平影响最大,可以说是他走上求学道路的领路人。

　　1919年秋,邓小平考入重庆留法预备学校。这时的重庆,受五四运动的影响,新文化运动风起云涌。重庆的一些热心此事的社会名流贤达都出席了开学典礼,在典礼上,校长汪云松向学生做了热情洋溢的讲话,他讲了何以要办留法预备学校,并送大家去法国。这是因为法国是欧洲文明的中心,世界学术发明多出于法国,我们以后到法

————————

① 邓榕:《我的父亲邓小平:战争年代》,生活·读书·新知三联书店2013年版,第58页。

国留学,不但要注重学术,也要注重社会观感,以便今后回来为本国的实业发展做出贡献。他告诫同学们说,在这短短的一年时间里,要学习和掌握的东西很多,希望同学们刻苦努力地学习,特别是要过好语言关,还要尽可能多地掌握一技之长。 正式开课以后,汪云松还多次在学生中了解学生们的学习和生活情况,非常关心学生成长,同时也尽最大的努力去解决学生们存在的困难,他平易近人的真诚举动,赢得了邓小平和同学们的好评。在校期间,邓小平关心时事,积极参加当时川东师范、重庆联中、重庆留法预备学校学生抵制日货,反对重庆警察厅厅长郑贤书挪用公款购买日货的学生运动。据他当时的同学江克明回忆:邓小平是"稍晚才进入这所预备学校的。他那时就显得非常精神,总是精力十分充沛,他的话不多,学习总是非常刻苦认真"[1]。1920年8月,16岁的邓小平告别重庆,远渡重洋,赴法勤工俭学,走上了探索人生、寻求救国救民真理的道路。

1949年11月1日,人民解放军发动西南战役。刘邓大军在四野、一野等兄弟部队的协同配合下,采用军事打击和政治瓦解双重手段,对国民党的西南防线发起了强大的攻势。11月30日,重庆解放。进军大西南的胜利,标志着国民党反动集团在大陆统治的终结。

1949年12月8日,邓小平率部进驻重庆,担任中共中央西南局第一书记、西南军政委员会副主席、西南军区政委,成为领导中国革命和建设的一方主帅。阔别重庆29年,嘉陵江没有改道,奔流不息的长江依然日夜流淌,可世事却发生了翻天覆地的变化,返渝的邓小平百感交集。在百废待兴、政务繁忙之中,他想到了当年在重庆求学时的老校长汪云松先生。汪云松先生在清代曾做过四品道台,民国初期又当过重庆商会会长。1919年,汪先生不辞辛劳,筹措经费,创办了重庆留法预备学校。他从关心学校秩序、学生是否认真上课学习,到

---

[1] 转引自宋毅军:《邓小平与重庆留法勤工俭学运动》,《红岩春秋》2011年第4期。

一年后举行毕业考试、法国驻重庆领事对学生的口试以及体格检查、确定合格人数,到办理签证,直至最后送走毕业生,都是亲力亲为,极尽热心。从重庆赴法的青年学生,后来不少人成了无产阶级的坚强战士和卓越领导人,除邓小平外,还有冉钧、周贡植等。此外,聂荣臻、钟汝梅、帅本立等江津的学生,也是通过汪云松先生到法国领事馆办的护照。汪云松先生的这一份热忱,给邓小平留下了深刻难忘的印象。到重庆后,邓小平曾派人去汪先生家里登门拜望,并请汪先生来自己住地见面。此后,邓小平又向中央推荐,让汪云松先生到北京列席第二届全国政协会议。汪云松先生还被选为西南军政委员会的监察委员、重庆市人大代表、重庆市人民委员会委员。面对这一切,汪云松先生感动不已,逢人便说:"小平真不错呀,我现在才真正晓得,共产党也不忘故旧。谁说共产党不念故旧,我看小平就是最切情理的人!"①汪云松先生于1958年病逝,他留下遗言,将珍藏多年的珍贵文物悉数献给国家。对那些为国家、为人民做过好事的人,共产党不会忘记!邓小平不会忘记!

1949年9月,邓小平在南京会见中共川东、川康地下党负责人时,得知重庆江北县王朴的母亲金永华卖田产1480石,将所得款项2000两黄金全部支持川东地下党作活动经费的事,十分感慨。王朴家是当地有名的乡绅,田地跨江北、巴县两县。在儿子的影响下,金永华在江北县复兴乡李家祠堂创办了莲华小学(后来莲华小学改办为莲华中学),作为党组织开展革命活动和培养革命人才的据点。同时,根据中共川东党组织的指示,在重庆创办了南华贸易公司,作为川东地下党的经济据点。地下党的负责人说,这笔巨款当初曾协议待重庆解放后归还。邓小平认真地听完汇报后指示说,重庆解放后由人民政府按金价折合偿还。

---

① 文世昌:《鼎力相助邓小平赴法的汪云松》,《世纪》2005年第2期。

重庆解放后,经西南局组织部申报,邓小平批准偿还这一笔巨款。金永华手捧这张按2000两黄金折价的巨额支票,听着经办此事的负责人讲述邓小平亲自批准还款的事,不禁热泪盈眶。她坚信儿子王朴(曾任中共江北工委书记、重庆北区工委宣传委员兼管统战工作,1949年10月被国民党反动派杀害)走的路是对的,她走的路也是对的,这笔钱她不能要。儿子是党的人,她也要做党的人,她坚决不收这笔巨款。她动情地说:"感谢刘司令员,感谢邓政委,现在有人民政府了,还要钱来做什么!"[①]1984年,她终于实现了梦寐以求的心愿,以84岁高龄参加了中国共产党。

二

1949年,在决定中国前途命运的战略决战中,党中央、毛主席把解放西南、经略西南的重任交给了邓小平,决定成立中共中央西南局,由邓小平任第一书记。邓小平肩负解放西南、建设西南、发展西南的重任,面对即将开始的执政生涯,他心中想得最多的是"人民"。早在进军西南的途中,邓小平就告诫全体准备进城、接管重庆的干部:我们党是无产阶级的先锋队,代表着全中国人民的利益,代表着将来。我们党是依靠劳动人民,替劳动人民谋幸福的。因此,必须经常警诫自己脱离人民群众的危险性。1949年12月8日,邓小平与刘伯承一道进驻重庆。40多天后,在邓小平的主持下,西南局做出了

---

① 艾新全:《邓小平在重庆逸事》,载《重庆渝中区文史资料》第13辑,内部印刷,2003年,第8页。

"建设人民的生产的新重庆"的重大决策,召开了重庆市第一届各界人民代表会议,产生了重庆市第一届各界人民代表会议协商委员会。邓小平在会上豪情满怀地说:不用怀疑,人民的新重庆是会在重庆人民团结的基础上加速地建立起来的。不久后,在西南军政委员会第一次全体委员会上他再次强调:政府是人民的,也是为人民的。

邓小平主政西南时期,重庆是全国八大城市之一,是西南的经济中心,恢复发展重庆经济对于整个西南经济的全面恢复具有决定性的意义。然而,解放初期的重庆,在经济上面临国民党留下的烂摊子:生产严重萎缩,工厂停业关闭,交通不畅,市场混乱,物价波动,等等。邓小平与刘伯承、贺龙一起,迅速发展工农业生产,恢复经济,很快改变了西南地区混乱的社会面貌。

邓小平把稳定金融作为入城后的当务之急,提出了"一手抓接管、一手抓金融"的指导方针。他在接管工作会上明确指出:"我们从入城那天起,就应该把领导精力转向城市,着手整理和迅速恢复敌人破坏的人民经济生活,稳定金融市场。"邓小平向中央报告:"我们进行了比之行军作战尤为繁难的工作","我主要注意力放在财经上"。[①]

取得金融战线斗争的胜利,远见卓识的邓小平早在向西南进军之前,就做了周密安排。他抽调了有丰富地方工作经验和部队后勤工作经验的干部,将其组成了西南的财经工作领导班子,以他为主任,陈希云、段君毅、刘岱峰为副主任,全面运筹西南的财经工作,并筹备了相当数量的人民币,随解放大军行进。

1949年12月10日,重庆解放后第11天,中国人民银行西南区行、川东分行和重庆分行正式宣告成立。重庆市军管会发布命令宣布:国民党货币银圆券作废,禁止使用,中国人民银行的人民币为唯一合法货币。

---

① 艾新全:《开创西南财经工作的新局面》,载《邓小平与大西南(1949—1952)》,中央文献出版社2000年版,第147页。

未出邓小平的预料,金融形势一开始就显得十分严峻。国民党的银圆券和黄金外币被禁用了,但政府手中的人民币占领不了市场。由于形势发展快,二野进军神速,随军运进城的人民币总共只有1000亿元(旧币),投入市场和各种支出后发现,至少要9000亿元才能左右金融局势。原因是多方面的,除缺少货币手段外,突出的原因是人民政权初建,社会秩序尚处于混乱状态,群众对使用人民币还缺乏信任,潜伏的敌特伺机散布谣言,蛊惑人心,社会上投机倒把分子兴风作浪,城乡形成银圆交易黑市,破坏了金融秩序。

邓小平强调:银圆券是国民党掠夺人民的工具,随着反动政权的崩溃,自然已是废纸。按说,我们是可以不管的;但是,我们共产党是为人民谋利益的,对人民负责,所以我们决定收兑,以减少人民的损失。这是关系稳定社会、稳定人心的大事,我们一定要做好。不管群众手里有多少银圆券,都要如数兑付。

当重庆市军管会发出以100元人民币(旧币)比1元银圆券的比价,收兑群众手中银圆券的安民告示后,出现一场挤兑风潮。全市各收兑点纷纷告急,银行库存减少,汇兑的人们有增无减。刘伯承、邓小平召集紧急会议商量对策。邓小平在听完了重庆市市长陈锡联、副市长曹荻秋的情况汇报后,非常果断地说:"只要能维持三天就行。我已与刘司令员商定,立即调集部队所有的款子补充库存,再从邻近地区调运一些应急,问题可得到缓解。"①与会人员中,有人对只调集应急资金能否摆脱困境产生疑虑。邓小平最后才向大家交底说,早在半个月前,已向中央财经委员会发出加急电,电请中财委急调1000亿元至2000亿元人民币空运到重庆。估计几天即可运到,一切问题就迎刃而解了。很快,重庆银行大楼前的挤兑人群惊奇地发现,银行铁门内奇迹般地堆着成捆成扎的崭新的人民币,门前排起的长龙渐渐消

① 张德邻:《邓小平同志与重庆》,载《回忆邓小平(下)》,中央文献出版社1998年版,第316页。

失了。与此同时,市政府采取措施,取缔了较场口米亭子银圆交易黑市,银圆贩子顿时销声匿迹。街上,取代前几天挤兑喧嚣的是声势浩大的"拒银运动"游行队伍和一队队的街头宣传队。没过几天,中央派专机给重庆送来了几千亿元人民币,解决了西南局的燃眉之急。

然而,正如邓小平在此前所指出的那样,西南问题至为复杂。1950年2月,重庆市场物价涨风突起。在1个月内,市场主要商品平均价格较1月份上涨了1.08倍,粮食与棉纱率先冲高,大米较1月份上涨1.92倍,面粉上涨1.99倍,二十支棉纱上涨1.03倍,人民银行的折实单位牌价也较1月份上涨了1.08倍。此次市场物价大幅波动十分反常,以前重庆物价是与上海物价息息相关的,其涨幅从未高出上海的物价涨幅,但此次重庆的物价上涨,涨幅远远高出了上海的物价水平,以折实单位牌价相比,2月份上海为6角,而重庆却达到8角。这说明了重庆乃至西南问题的复杂性。但是,在以邓小平为主任的西南财经委员会的指导下,在重庆市党政机关的直接努力下,市场经过加强管理,严格取缔投机,发挥国营商业的主渠道作用,增加供应,平抑物价,尤其在增加供应方面,重庆得到了上海等先解放城市的大力支援。从上海等地大量购回的生活必需品,充实了库存,有关部门所采取的清剿匪特和征粮工作,以及恢复交通运输等各项努力,也为稳定物价打下了基础。同时,西南军政委员会在刘伯承、邓小平的主持下,再度采取重大举措,规定各产粮区可以人民币抵缴公粮,并予以九八折优待。这一政策的实施,极大地促进了人民币在西南地区广大农村的流通使用,对稳定人民币,巩固金融秩序和平抑物价,起到了强有力的作用。从3月份起,市场物价逐月回落,至5月份,已基本回落到2月份的水平。

大西南的经济血脉通了,重庆的经济血脉通了。一通百通,百业启动,混乱的金融秩序迅速扭转。

三

金融秩序的好转并不等于经济复苏,工厂的许多烟囱尚未冒烟,数以十万计的失业工人生活尚无着落,作为重庆水运交通枢纽的朝天门码头还没有兴旺起来。为此,邓小平在重庆市第一届各界人民代表会议上指出:"以重庆言,这里有一个庞大的战争机构和庞大的军事工业,加之国民党在撤退时的严重破坏,现在要把它们恢复起来,改变成为有利于国计民生的和平工业或改变成为切合实际的国防工业,当然不是一件轻而易举的事情。而重庆的私营企业普遍处于瘫痪状态,同国营企业一样,急待找寻出路。""因此,我们必须遵循《共同纲领》制定的以公私兼顾,劳资两利,城乡互助,内外交流的政策,达到发展生产,繁荣经济之目的。"①

1949年12月,重庆市军管会向原国民党政府所属各官僚企事业单位派出军代表,开展对官僚资本的接管工作。全市共没收官僚资本企业80个,固定资产10000.27亿元(旧币),占全市工业总产值的79%。与此同时,将官僚资本与民族工商业资本合办的179户企业中,属于官僚资本的股金5726亿元(旧币)全部没收转为国家股金,改为公私合营企业;把清理敌伪逆产和公股公产、私营企业有公股公产的28家,均转为公私合营,形成了重庆市的国家资本主义经济。然而,当时的重庆私营工商企业的数量大于公营和公私合营的工商企业,一些民族工商业者对党的政策有疑虑,处于观望状态,缺乏生产积极性。一些民族工商业者觉得那些先解放的大城市会对重庆有很大的支援,认为重庆的经济会比上海、汉口等城市恢复得快些。他们

---

① 张德邻:《邓小平同志与重庆》,载《回忆邓小平(下)》,中央文献出版社1998年版,第317—318页。

甚至把修建成渝铁路、建设大型港口码头、修建长江和嘉陵江铁桥都当作了指日可待的事情。他们对重庆周边交通的制约,对城乡商品流通受到的阻滞,对工商业的生产、销售、原材料采购等各个环节的具体困难,等等,都缺乏全面的了解与认识。1950年3月,西南区实行财经统一,加紧推销政府公债,抓紧税收,同时收紧银根控制贷款后,工商界才对具体困难有了切身体会,但对如何克服这些困难缺乏足够的思想准备。

对待困难要客观看待,切实加以解决。邓小平在1950年5月16日明确指出:"我们的政策是调节劳资,两利兼顾,否则对整个国民经济不利。我们要扶助有益于国计民生的私营工商业,鼓励私人生产的积极性。资方要改善管理,降低成本。"①根据邓小平的指示精神,重庆市政府对工商业进行了必要的调整,对于一些不利于国计民生的私营企业,如银钱业,及其他销售奢侈品的商店,积极帮助其转业。对于国计民生有益的五金业、铁木厂、粮食店、煤店、交通运输业等予以大力扶持。为了解决资金困难,仅1950年1月至9月,银行就向私营工商业投放贷款2244.5亿元(旧币)。在调整劳资关系时,市政府采取在工人中宣传"劳资两利",说服工人取消过高的要求,坚持低工资政策,调解处理劳资纠纷,以团结资方合力争取生产的维持和恢复。与此同时,市政府还通过加工、订货、收购、贷款、救济失业等办法,促使私营企业生产的恢复。如在成渝铁路投放的加工订货中,重庆市有428家私营机器业厂家由此而恢复了生产,还带动了木材、五金等工商企业生产恢复。抗美援朝和进军西藏,也使橡胶、被服、毛巾针织、罐头食品等企业获得了大批加工订货业务。另外,国营公司又大量收购私营机器棉纺织业的布匹、棉纱等新产品。在企业改革中,则引导私营工商业在自愿、平等、民主的原则下,实行联合经营。到1951年底,全市有2296户工商户、1984户工厂作坊、314户商号实行私

---

① 《邓小平文选》(第一卷),人民出版社1994年版,第148页。

私联营。通过联营,精简了机构,提高了技术,降低了消耗,避免了盲目竞争。私营工商业迅速摆脱困境,复苏过来。

在合理调整工商业的工作中,邓小平亲自抓了一些有影响力的民族工商业者的工作,表现出非凡的胆识与首创精神。胡子昂先生是重庆工商界最有影响的人物之一,1949年他投奔解放区,参加了第一届全国政协会议。新中国成立后被任命为西南军政委员会委员,被选为重庆市副市长。在此前,他便下定了决心,要将自己所有的企业和股票全部交给国家。他向重庆市的几位领导提出了这个要求,市长陈锡联等皆感为难,因为无先例可循。胡子昂先生见无回音,又提出将华康银行先交政府接收,陈锡联便请示邓小平。邓小平等经过反复考虑,表示全国还没有这个先例,我们就从胡子昂先生这里开个先例吧。以后,胡子昂先生将自己的全部产业及房屋交给了国家。新中国成立后,中外颇有影响的宝元通集团要求转入国营,并且直接向中财委提出申请。邓小平等仔细考察宝元通后,批准其转入国营。

通过对工商业的合理调整,到1952年底,重庆市的工商业已经恢复,工业生产达到进而超过新中国成立前的水平。全市现代工业总产值为29951亿元(旧币),社会商品市场销售总额为68656亿元(旧币),分别比1950年增加76.36%和55.22%。

四

四川自古就有"天府之国"的美誉,然而,与之相伴,"蜀道难,难于上青天",也成了巴蜀先民的千年喟叹。交通的不便长期阻碍着四川人民与外界的联系,建设成渝铁路是四川人民多年的心愿。生长在四川的邓小平,对四川人民近半个世纪来渴望修筑成渝铁路,改变蜀道难的状况,是一清二楚的。成渝铁路的筹建,从1906年开始,一直喧嚷了40余年,经过清王朝、北洋军阀,到国民党政府,始终没有建成。

1949年11月30日,重庆解放。12月31日,邓小平主持西南局常委办公会,就做出了"兴建成渝铁路"的重大决策。1950年1月,邓小平向中共中央汇报工作时专门提到要"着重于修建成渝铁路"。1950年2月8日,西南军政委员会正式成立,它做出的第一个重大决策就是"以修建成渝铁路为先行,带动百业发展,帮助四川恢复经济"①。邓小平慷慨激昂地指出:我们还面临着很大困难,只好集中力量办一两件事,不能百废俱兴。成渝铁路一开工,不但可以带动四川的经济建设,而且可以争取人心、稳定人心、给人民带来希望!

其实,早在解放西南之前,熟知四川民情的邓小平就已经着手策划西南的建设和发展。他在1949年6月和7月,两次专门拜访陈毅的堂兄、曾任国民党联勤总部兵工署沈阳兵工厂中将厂长的陈修和,询问成渝铁路建设的情况,并邀请这位著名的兵工专家回川参加建设。由于陈修和当时还有其他工作要做,不能亲自参加建设,邓小平便请他出面邀请一批工程技术人才。几个月后,几十名专家全部会集到重庆待命。

新中国成立初,百废待举,单就铁路来说,至少有两条亟待开工,一是刚成立的海军提出修从山东蓝村经烟台到浙江萧山的铁路,以备海防;二是新疆的王震将军给中央打了四五次报告,请求加快宝兰、兰新铁路修建,以巩固西北边防。这都是迫在眉睫的任务。因此,当邓小平赴京向毛泽东请示时,毛泽东回答:你能说服我,我就鼎

---

① 宋毅军:《论建国初期中共西南局的重大历史功绩——兼论邓小平主政西南》,《中共党史研究》2001年第4期。

力相助;若说不服我,那就暂时搁置。邓小平讲了三点,第一点,四川交通闭塞,政令不畅,古人云:天下未乱蜀先乱,天下已治蜀未治。四川作为西南首省,不修铁路不利于政令畅通。第二点,重庆、成都是西南中心城市,如修铁路,不仅可以带动四川乃至西南百业兴旺,还可向全国提供优质大米、猪肉、禽蛋和其他副食品,互通有无。第三点,中国人还从未自行设计、自行施工修建铁路,如果成渝铁路率先修成,既可提高国际声望,也可使大大小小的工厂订货充足,加快工业发展。这三点让毛泽东下定决心:"修成渝铁路,先期启动资金拨2000万公斤小米工价。"中共中央批准了西南军政委员会建设成渝铁路的计划,并提出"依靠地方,群策群力,就地取材,修好铁路"的方针。

1950年3月21日,重庆铁路工程局(同年6月改为西南铁路工程局)在重庆嘉陵新村成立,负责修筑成渝铁路。4月,由邓小平担任政治委员的西南军区首批调集的4000名解放军指战员奔赴工地。按照邓小平的部署,西南军区各部队总共抽调了3万多人,组成5个修建成渝铁路的军工筑路队。

1950年6月1日,铁道部部长滕代远下达成渝铁路动工命令。1950年6月15日,盛大隆重的成渝铁路开工典礼在重庆佛图关下西南军区操场举行。邓小平亲临开工典礼,他充满激情地号召:同志们,我们进军西南,一开始就下定决心,要把西南建设好,而建设西南首先要从交通事业抓起。我们今天订出修路计划,开始兴工,并不等于问题解决了,真正的困难是在开工之后才能发现,所以今天是不能盲目乐观的,许多困难问题必须要以为人民服务的精神,逐步求得解决,求得克服,并防止官僚主义倾向的发生。同志们是开路先锋,一定要把成渝铁路修好!随后,贺龙将印有"开路先锋"四个大字的红旗交到了战士代表手中。顿时,口号声响震山城。这支英雄的钢铁队伍,肩扛步枪、机枪,挑着扁担箩筐,唱着军歌,穿过市区向工地前进。千万居民涌上街头,含着眼泪,尽情地鼓掌、欢呼。

邓小平高瞻远瞩,在成渝铁路开工之前,就对修建工程可能遇到的困难,做了清醒的预测和分析。开工后的实践充分证明了这一点。修建工程所遇到的困难,除了山高水险、艰难险阻外,更主要的在于新西南、新重庆所继承的是一个千疮百孔的烂摊子,生产萎缩,民生困苦,失业众多。特别是由于国民党政府长期滥发纸币,造成了物价飞涨、投机猖獗、市场混乱的既成局面。广大筑路工人在"人民自己的铁路自己修"口号的鼓舞下,日夜忘我劳动。解放军指战员们在缺乏机械设备的困难条件下,凭着艰苦奋斗的精神,打着灯笼火把,推着斗车出渣,创造了52天完成4个月任务的奇迹。沿线的人民群众也对成渝铁路的修建做出了很大的贡献,为了解决铺路需要的100多万根枕木,四川人民热情高涨地掀起了献枕木的运动,一些青年献出做新床的木料,一些老人献出了做寿棺的方材,有的人还献出了珍藏多年的樟木、楠木,各地群众还积极采伐木头送往工地,共献出枕木129万根。

西南地区匪患特别严重。在成渝铁路工地沿线(东起巴县、永川,西至简阳和成都郊区的龙潭寺、石板滩)国民党的潜伏特务、土匪武装同地主恶霸势力相勾结,大肆进行骚扰破坏。一手拿镐一手拿枪的西南工兵部队,既是修筑成渝铁路的主力军,也是保护工地安全的武装力量。朝鲜战争爆发后,筑路部队大都参加抗美援朝,工程指挥部又在四川各地招募了大批失业工人和农村民工。筑路军民在缺乏机械设备的困难条件下,凭着铁锤、钢钎、炸药、扁担、竹筐和建设新中国的豪情壮志,夜以继日地开山辟路,发挥自己的聪明才智,创造性地解决了修路中的不少难题,为成渝铁路的建设做出了巨大贡献。

成渝铁路建设过程中，邓小平特别注意重用人才。邓小平那深邃的目光还紧紧盯上了一个人。这个人就是工程师蓝田，他从1917年就开始从事铁路工作，是著名的选线专家。30多年来，他几次入川参加成渝铁路工程建设，又几次退出。眼看成渝铁路历经数代修筑却寸轨未见，痛心疾首之下，他封存了所有技术书籍，在念佛读经中寻找精神寄托。但在得知西南局做出修建成渝铁路的决定后，蓝田知道自己没有理由继续隐居了，他不顾自己已年届六旬的情况，迫不及待地要加入开路先锋的队伍中。正求贤若渴的邓小平大喜过望，特别提醒主持修建工作的西南铁路局，对蓝田这样的专家要大胆使用，让专家有职有权，并且在工资待遇上要给予从优照顾。邓小平的热忱让蓝田重新焕发了活力。为了精确测量线路，他从重庆沿长江一直步行到朱杨溪，又从内江沿沱江走到金堂，经过反复比较，他提出将原定的成都段从成都沿沱江姚家渡、赵家渡至乱石滩改为从成都经洪安乡、越柏树坳、沿小溪至沱江边的乱石滩。这样一来，可以缩短线路23.8千米，不但能提早完成工期，还能替一穷二白的国家节省150亿元（旧币）的材料和施工费用。后来援华的苏联专家听说了这段往事，连称如果在苏联，这样的贡献完全可以获得"红旗勋章"了。

在邓小平的亲自领导下，经过两年艰苦奋战，1952年6月13日，全线长505千米的成渝铁路终于提前竣工。1952年7月1日，重庆和成都两地同时举行了盛况空前的通车典礼。毛泽东、朱德、周恩来、刘伯承等领导人纷纷题词祝贺。在庆典上，邓小平挥毫题词："庆祝成渝铁路全线通车。"邓小平还邀请了许多四川耆宿，如熊克武、但懋辛、刘文辉等人参加，请他们目睹共产党人为实现四川人民近半个世纪愿望的办事效率。成渝铁路是新中国成立后自行设计、自己修筑、全部采用国产器材的第一条铁路，它对经济恢复时期拉动内需、扩大公私订货、扩大就业、提高人民生活水平等发挥了重要作用。成渝铁路的建设,不仅是四川和重庆发展史上的一件大事,也标志着新中国大规模的经济建设拉开了序幕。

五

进城以后的邓小平,时刻想着重庆人民。他深感重庆市民文化娱乐场所太少,百万城市居民,仅有一个中央公园,远远不能满足人民的文化需求。

新中国成立初期的重庆,是中国西南行政区党政领导机关所在地。然而这个当时管辖云、贵、川、康四省的西南地区政治、经济、文化中心,却没有一座像样的集会场所。为此,西南军政委员会领导人刘伯承、邓小平、贺龙做出决定,筹建一座能容纳数千人集会的大礼堂。1951年9月,由著名建筑设计师张家德先生设计的重庆市人民大礼堂开工建设。大礼堂的建造经历了一个艰难的过程。重庆的建设者在没有大型吊车的时代,采用"堆积法",运用35000多根楠竹、木板搭架,把40000多颗铆钉连成的总重量为280多吨的半圆形球壳顶盖,放置在混凝土柱上,整个顶盖可随之热胀冷缩,在支点座上内外移动44毫米,抗震效果非常突出。人民大礼堂属于典型的民族建筑形式。它不仅重檐斗拱,色彩鲜艳,雕梁画栋,而且仪态庄重。礼堂内部直径仅46米,但却能容纳4000多人,当时仅花费了437亿元(当时旧币1万元=人民币1元),设计师张家德在设计过程中查阅、参考了古今中外大量资料,设计出汇明清风格,融天坛祈年殿和天安门城楼特点于一体的大礼堂,整个建筑典雅大方庄重肃穆,经历半个多世纪的风风雨雨至今仍然巍然屹立,大礼堂的建设翻开了新重庆城市发展的第一页。

重庆解放后,市委机关搬进了原国民党四川省主席王陵基建造的私人公馆——王园。王园是一处花园式别墅,在市中心半岛最高处的枇杷山上,视野十分开阔,嘉陵江、长江从北、南两个方向绕半岛东下,可尽收眼底。市政府机关驻地也是一座花园式建筑,系原国民党重庆市政府,名曰"渝舍"。渝舍占地2万多平方米,在绿树掩映之下、花草簇拥之中,亭台楼阁、网球场、游泳池等一应俱全。党政机关进驻这类建筑物里,并非贪图幽雅、舒适的享受,而是重庆解放后接管过来的官僚房产中,能够容纳下重庆市党政机关且交通方便的,就只有这几处了。刘伯承、邓小平对市委、市政府占用可供市民游乐的花园别墅很有意见。刘伯承多次提出,重庆市委不该设在王园,王园应该给人民作公园。邓小平在一次会议上,批评这是脱离群众,忽视人民群众文化生活,缺少群众观念的官僚主义。他要求市委、市政府尽快设法从王园、渝舍两处迁走,将两处都开辟为公园,供人民群众使用。市委第一书记兼市长的陈锡联对刘伯承、邓小平的意见非常重视,但又苦于无现成的地方可搬,他只好向西南局写了一篇书面报告,如实陈述不能迅速迁出的情况,又深刻检讨了自己缺乏群众观念的错误。到1950年9月,搬迁之事尚未办成,他又奉调赴京就任解放军炮兵司令员。行前,他再次向邓小平做了检讨,并叮嘱市委第二书记张霖之和市长曹荻秋,一定要尽快迁出王园与渝舍。在刘伯承、邓小平的关怀督促下,这两处地方之后被改建为枇杷山公园和重庆市少年宫。

在西南军政委员会的一次会议上,邓小平还亲自提出了修建重庆市劳动人民文化宫的建议。他说,重庆是西南地区的首府,又是工业城市,有着宏大的工人阶级队伍,应该有一座具有一定规模和文化设施齐备、环境优美的文化宫,来满足劳动人民对文化生活的需要。中共重庆市委、市政府立即遵照邓小平的这个设想,制定了修建方案和实施计划。邓小平点名让重庆市市长曹荻秋担任修建委员会主任。市政府在财力相当紧张的情况下,拨出了130亿元(旧币)资金,并且抽调了2000名能工巧匠和工程技术人员参加建设。邓小平对文化宫的选址、设计、施工都关心得非常细致。文化宫地处市中心地带,占地120多亩,院内各项设施的分布、道路连接,都倾注着他的心血。他还数次亲临工地视察,了解工程进展情况。邓小平还要求文化宫的修建要走群众路线,广泛听取人民群众的建议,发挥工人阶级的积极性和创造力。1952年8月5日,文化宫举行竣工典礼,邓小平虽然已调往中央,但他书写的"重庆市劳动人民文化宫"10个金光闪闪的大字凸现在文化宫弧形大门的上部,分外引人注目。

邓小平关心教育工作,把目光投向未来的战略眼光,也是重庆人民永志不忘的。1950年5月4日,邓小平在重庆市第一届学生代表大会上指出,青年本身的特殊任务就是学习,学习业务,掌握技术,为创造美好的将来准备好条件。新中国成立初期,干部少,任务繁重,重庆许多党政机关和人民团体便从大专院校抽调了一批在校学生参加本部门的工作,随着形势的发展,抽调的人数不断增多,有些班级几乎被抽空了,学校的教学工作无法正常进行,学生的学业难以完成,一些教师和社会舆论对此很有意见。邓小平听到这方面情况汇报后,立即指示在报纸上公开批评乱抽乱调在校学生的混乱现象。1951年6月10日,西南局机关报《新华日报》对此现象进行了公开曝光:"重庆等地党、政、军、民机关团体,任意招考抽调在校学生现象,造成各大中学校工作中的混乱状态。"同时配发了社论:《是结束学校教育工作中的混乱状态的时候了》,这篇社论原题为《乱抽乱调的现象必须坚决克服》,邓小平审阅时做了修改。这一修改使批评实事求是,令人信服,既没有完全否定当时因缺少干部抽调学生的做法,又提醒大家若再不停止乱抽乱调,势必影响教育事业发展,妨碍建设人才培养。社论特别强调:"为了祖国建设的前途,为了珍爱千万未来建国人才,对于目前大中学校存在着的许多混乱现象,是不能再容忍的了,采取有效办法大力地克服这种混乱现象,乃是刻不容缓之举。"1951年7月7日,西南局发出《关于学校教育工作情况的报告》,明确提出三点要求:"一、学校内一切教育工作和行政工作,均由学校行政当局统一领导。二、所有在校学生任何方面不得任意调动。三、立即停止校外各机关、各人民团体擅自在校内单独布置工作,随意动员学生参加校外活动。"①

这些观点,经过多年来学校教育领域和政治领域无数实践的反复检验,其正确性已是人所共知的了。但是,在数十年前,在我国面临着恢复国民经济的繁重任务的时刻,以邓小平为首的西南局领导就能够透过历史的风云,把目光投向未来,做出清醒的科学论断,这确实是一种难能可贵的远见卓识。

六

注重党的建设特别是党的作风建设,是邓小平主持西南局工作的一个突出特点。进城以后,邓小平多次提倡勤俭节约,反对铺张浪费,并要求从具体事情做起。1949年12月11日,邓小平到重庆后主持

---

① 《中共中央转发西南局关于学校教育工作情况的报告》(1951年7月9日),载《中共中央文件选集》(第六册),人民出版社2013年版,第299页。

召开的第一次西南局常委办公会议所决定的10个重要问题之一就是"节约经费开支",并提出住房窗子可用纸糊,顶棚漏雨的可修,一般的不修,家具可以调整,不必要买的一律不买。随后又陆续规定:"公家会议一律不招待茶烟,只招待白开水","机关使用房屋,水电要交费"。

邓小平廉政教人的品格是有口皆碑的。他与另外两位主持西南工作的首长刘伯承、贺龙同志三家人合住一幢两楼一底的楼房(现重庆市委大院2号楼),邓小平的八口之家住在最窄小的三楼。邓小平和他的战友们在西南开了一个好的风气。邓小平始终保持着谦逊的美德。他在重庆时任西南局第一书记,是主政西南的一号首长。但是,在1950年6月27日的西南局常委办公会议上,根据邓小平本人的提议做出决定,以后凡报纸公布首长次序为:刘伯承、贺龙、邓小平、张际春,他把自己排在了第三位。

在邓小平的倡导下,西南局常委会做出了"两月汇报制度",即必须坚持重大事情及时汇报、综合情况两月汇报的制度。邓小平不仅要求下级要向他请示汇报,而且自己坚持每两个月亲自向党中央综合报告一次工作。1950年2月18日,他就西南局两个月来的工作向刘少奇和中央做了综合报告和请示,反映了城市管理、农村工作、剿匪问题、对国民党90万起义投诚人员的改造和处理,以及统战工作方面的做法和情况。刘少奇复电说:中央对于西南局过去工作的估计及今后工作的方针,完全同意你的意见,望督促全党全军努力付诸实施。1950年5月,党中央决定在全党进行一次整风,以解决党内存在的官僚主义、命令主义两种错误倾向。6月6日,邓小平在中共重庆市第二次党代会上做了题为《克服目前西南党内的不良倾向》的报告。①他指出,党中央所指出的这两种错误倾向"在西南来说,这个问

---

① 《邓小平文选》(第一卷),人民出版社1994年版,第151—160页。

题比之其他地区有过之而无不及"。除此之外,在西南,"还有两个错误倾向,一个是统一战线中的关门主义,一个是正在发展的蜕化、腐朽思想,也是要在整风中加以克服的"。邓小平的报告,既根据中央精神指出了西南党建工作中所存在问题的共性,又深刻分析了西南党内错误倾向的个性,具有很强的针对性和可操作性。

关于官僚主义、命令主义的问题,首先表现在征粮工作中的强迫命令。有的部门为完成任务,不择手段,随便对人扣押捆打、游行罚跪,甚至有个别逼死人的。在税收中,部分地区提出只要有交易行为,就得收税。出现了10个鸡蛋收3个,3斤酒收1斤米的事情。其次是工作中的官僚主义,如重庆某厂军代表,由于官僚主义和骄傲自满作风,严重脱离群众,引起工人群众强烈不满,发生了车间秩序混乱、工人"磨洋工"等现象,坏人乘机破坏机器,严重影响了生产和社会的稳定。

邓小平透彻地分析了产生这一系列问题的原因。他指出,我们的绝大多数同志的工作是非常繁重的,工作也是非常努力的。但是检查我们党和党员的工作,不能只以"努力"二字来衡量。他说,我们不能只讲有努力的动机,最主要的还是看努力的结果,如果工作看起来忙得很,但是实行的是命令主义,违反了政策,脱离了群众,完成不了任务,损害了党的信誉,这就叫作"辛辛苦苦的官僚主义"。此外,有的是产生于执行繁重任务的急躁性;有的是不懂得进行工作的方法;有的是历来工作作风就有毛病;也有个别的人品质不好,好以胜利者自居,喜欢坐在人民头上拉屎。不管来源如何,其结果必然大大地脱离群众,完不成任务。这些都必须在整党的过程中很好地加以解决。

邓小平并没有仅仅把这种错误倾向当作一般的工作作风问题来解决,而是把这种错误倾向上升到贯彻执行党的路线、方针、政策的高度,以期引起西南地区各级领导干部的高度重视。他指出:路线正确并不等于解决了一切问题,还要看党的各级干部和党员是否正确执行这个路线。中央的路线、方针、政策正确,如果下面不很好执行,那有什么用呢? 所以说,尽管绝大多数同志是努力的,但并不就是一切情况都好,一切都胜利,还要检查一下是怎样努力的。因此,邓小平紧紧抓住重庆某厂军代表这一典型事例,指示中共重庆市委、西南工业部和西南工会办事处,要坚决一查到底,使西南各地党组织和全体党员干部受到教育。中共重庆市委一方面撤销了那位军代表的职务,另一方面对工人群众进行教育,提高了工人的政治觉悟,加强了生产管理和劳动纪律,从而密切了党同工人群众的联系,推动了经济的恢复和发展。

关于统一战线中的关门主义问题。统一战线是中国革命的三大法宝之一。但是,在夺取政权以后,是否还需要统一战线,在部分干部中不同程度地存在一些疑惑、动摇。比如:有的同志在工作中往往存在门户之见,使党变成狭小的圈子,从而丧失了领导作用;有的同志从个人而不是从全局考虑问题,怕自己吃不开,因而对于统一战线发生抵触;有的同志以老资格自居,不让党外人士有职有权,非要人家服从于他;有的同志则认为,反正革命胜利了,可以不要党外人士了。表现在具体工作上就是在对党外人士的职位安排上,有的同志不服气;在工商业问题上,有挤垮民族资产阶级的思想;在农村工作中,拒绝与开明士绅、知识分子合作。邓小平尖锐地指出:"统一战线是一个重大的原则问题","过去需要统一战线,今后同样需要,不仅需要,而且还要进一步巩固"。我们有些同志的关门主义倾向,是不懂得唯有团结4个朋友(工人阶级、农民阶级、小资产阶级和民族资产阶级)才能战胜3个敌人(帝国主义、封建主义和官僚资本主义),才能建设新中国的道理;他们不懂得在西南除军队外,还有十几万的地方工作干部,其中只有3万人是党员,还有少数团员,其他80%左右是非党团员。党与非党干部的合作问题就是20%与80%的合作问题。试问:不把80%的人团结好,能够做好工作吗?

邓小平不仅反复教育党员和干部,而且身体力行,率先垂范。进驻重庆的第二天,他就及时组织召开民主党派代表及民主人士座谈会,他和刘伯承同志都在会上发表了重要讲话。邓小平和刘伯承同志还经常邀请重庆各界名流聚会,向他们做调查研究,做宣传和教育。农村的减租退押、清匪反霸运动兴起后,邓小平又及时组织民主党派、爱国人士代表参加,使他们了解农村阶级斗争情况,积极投入到运动中去。他还妥善安置国民党军起义将领任职,如西南军政委员会有6位副主席,其中就有3位是民主人士(熊克武、龙云、刘文辉),在西南军政委员会各院、部、会的正副职位上,民主人士就占三分之一以上。"三反"运动中,涉及一些民主人士,邓小平明确表示:我们对民主人士仍应坚持保护政策。对于民主人士中的不正确思想认识问题,邓小平认为决不能急躁,而只能"慢慢地帮助他们"。必须坚决执行中央的规定:"凡是党员与非党员合作不好,首先是党员负责,不管你有理无理。"

针对党内存在的如何在统一战线中保持党的领导的问题,邓小平提出:"领导不是自封的,要看群众承认不承认,批准不批准。"党组织和党员要从三方面去努力,首先是要坚决执行《共同纲领》和中央政府的每一项法令;其次是要善于团结党外人士去实现这个纲领,执行这些法令;最后是需要有纯正的作风,要有不怕麻烦、谦逊朴素和实事求是的作风,要有一心一意为人民服务不计其他的工作态度。他认为,只有这样,才能在工作中体现党的领导。

关于享乐思想和腐化行为的问题。主要表现在少数干部中的闹个人享受、闹等级待遇、闹离婚。对这种享乐思想和腐化行为,邓小平给予了严厉的批评:现在到处在闹"改组"。这种人往往引婚姻法作根据,说婚姻法上规定有婚姻自由,于是不管政治条件,不管儿女幸福,不管道德不道德。有的闹得影响很坏,工作也受损失。有的甚至使出流氓威胁欺骗的手段。这种现象如不纠正,不但影响工作,损害党的声誉,而且要垮掉一些同志。

由于邓小平在进城之初就狠抓了党员的思想作风教育,经过1950年的整风运动,重庆党组织内的不良倾向得到了遏制和纠正,为重庆乃至西南地区国民经济的恢复和大规模的经济建设,奠定了重要的思想基础。

七

1952年7月,邓小平奉调进京,担任中央人民政府政务院副总理。在1956年党的八届一中全会上,他当选为中央政治局常委、中央委员会总书记,成为以毛泽东为核心的中国共产党第一代领导集体的重要成员。此后的40多年中,他始终情系重庆、心系重庆,关怀着重庆的人民,关注着重庆的发展。

1954年,大区撤销,重庆等11个中央直辖市改为省辖市。7月1日,重庆市正式并入四川省,成为省辖市。考虑到重庆的历史地位、在西南的特殊区位优势和经济上的巨大影响力,中央多次对重庆实行经济计划单列,以帮助重庆发展经济。1954—1958年,1964—1967年,中央两次对重庆实行计划单列。从1984年起,对重庆实行第三次计划单列,赋予重庆市省级经济管理权限,重庆的经济实力和区域中心城市的辐射功能不断增强。

邓小平深情地关注着重庆的发展,关注着他和他的战友们曾经洒下过鲜血和汗水的土地,关注着重庆人民的生活。他先后4次来重庆,深入工厂、农村视察指导工作。1975年8月3日,邓小平在国防工业重点企业会议上说,我是四川人,经常听到家乡的工人反映,蔬菜少,猪肉缺。他要求采取切实措施加以解决。他说,比如在重庆附近,可以专门划出一部分地种菜。生产的蔬菜首先供应工厂,还可以供应市民。工人有点儿菜吃,有点儿肉吃,农民也可以增加一些收入,这对于改善工农关系也有好处。他牵挂着人民的生活,深刻地思考着党和国家的前途命运。

重庆地处祖国内陆,加之计划经济体制的束缚,经济发展和人民生活与沿海城市都存在一定差距。随着改革的不断深入,各种深层次的矛盾不断显现,特别是如何建立与社会主义市场经济相适应的行政管理体制问题,日益成为重庆经济与社会发展诸种矛盾的焦点。

改革开放以来,邓小平在深刻思考党和国家的前途命运、深切关注人民生活的同时,非常关注四川、关注重庆能否尽快致富奔小康的问题。他多次为重庆题词,并提出,要研究一下四川太大、人口太多、不便发展、不便管理的问题,要研究发挥重庆中心城市带动作用的问题。邓小平的这一思想,对其后设立重庆直辖市起到了重要的指导作用。

1979年开春,三峡工程从一般性的口头议论进入实质性的决策阶段。1980年7月11日,邓小平从朝天门码头登上"东方红"轮,实地考察长江三峡,对三峡工程建设影响深远。探求修建三峡工程的可能性,是他此行的主要目的。在实地考察并听取多方面意见后,邓小平认为,航运上问题不大,生态变化问题也不大,防洪作用很大,发电效益很大。他说:"轻易否定搞三峡工程不好。"①邓小平实地考察三

---

① 《总有深情目光,关注山城崛起——党和国家领导人情系重庆发展纪实》,《重庆日报》2009年9月30日。

峡之后,三峡工程的车轮加速运转起来。后来在论证三峡工程建设时,邓小平多次提出以重庆这个大城市带动三峡库区移民及开发建设的战略构想。

1982年10月,万里副总理率时任国务院秘书长的杜星垣、副秘书长田纪云、水电部副部长李鹏等一行23人,对三峡地区进行了考察。万里等经过实地考察得出两个方案:一是高坝方案,即三峡大坝200米高程,回水一直到重庆。建好后的三峡电站发电能力达到2200万千瓦,按当时物价计算,整个工程所需投资260亿元。二是低坝方案,即三峡大坝高程为165米,正常水位150米,搬迁移民30万人,只淹没万县等少数县城;建成后的三峡电站发电能力达到1000万千瓦,工程总投资约100亿元。3年准备,7年施工。1983年5月,以国家计委名义召开的三峡可行性报告审议会上,多数人同意按低坝方案建三峡工程,即水库蓄水正常水位为150米、坝顶高程165米。"那样太可惜了。我们重庆为三峡工程已经牺牲了许多利益,如果水库蓄水不能让万吨轮船到达我们重庆港埠,这对发挥长江黄金水道的作用,是个巨大的浪费。"时任重庆市市长的肖秧,立即找到中央有关领导陈述。"在解放后的二三十年里,为了未来的三峡建设,重庆市一退再退,建设不能重点投入,盖房子也得往200米的未来水库线以上盖。西南第一城一直等候三峡工程开工那一天重振威风,结果搞了半天啥子份都没有。重庆1000万人民牺牲了二三十年的建设和发展的机遇,就等着三峡工程带来新的发展希望。"重庆人提出的180米的"中方案",得到了多数专家的赞同,认为这个方案兼顾了重庆利益,同时对在三峡工程建成后所能产生的综合经济效益表示乐观,更为重要的是180米正常蓄水可完全控制长江中下游百年一遇的特大洪水灾害。而这样的蓄水量可使年发电装机量增至2000万千瓦。但是"中方案"也有不利的一面:移民要增加到100多万,万县至宜昌段的所有县城都将被淹没,涪陵市也有三分之二要被淹没,整个工程的投资有很大增加。①

　　1985年1月19日上午9时45分,邓小平来到人民大会堂福建厅,出席广东核电投资公司与香港核电投资公司合营建设我国第一个核电站的合同签约仪式。当时,时任国务院副总理的李鹏参加了此次签约仪式。送走客人后,邓小平朝李鹏招招手,说:今天我们说说电力发展的事。于是,一个历史性的话题开始了——邓小平:今天我们先谈谈建三峡工程的问题,你谈谈是怎么安排的。水电专家出身的李鹏,立即回答道:三峡工程需要3年准备,总工期17年,11年后第一台机组开始投产。目前对工程主要的争论有两大问题:一是泥沙的淤积问题;二是坝高的问题。邓小平点上一支烟,目光直盯着李鹏:中坝方案移民增加多少? 李鹏:中坝方案按180米蓄水考虑,移民大约增加到100万,或者可能还多一点儿。邓小平:你们考虑怎样安置移民? 李鹏:过去搞安置性移民,把农民迁移到别的地方。现在用准备安置移民的钱,开工厂、办农场等。移民可以种植经济作物,特别是柑橘,四川柑橘品种很好,而且用移民的经费,发展乡镇企业,搞商品生产,增加收入。邓小平点点头:这个方法对头。100万移民也是有办法安置的。可以发展乡镇企业嘛,也可以搞第三产业,搞旅游嘛! 三峡这个地方有很多事情是可以做的。在听取了李鹏详谈“180米方案”的相关投资与建设等工程问题后,邓小平用浓重的四川话缓缓说道:三峡工程是特大工程项目,要考虑长远利益。低坝方案不好,中坝方案是好方案,从现在即可着手筹备。中坝可以多发电,万吨船队可以开到重庆。以后可有意识地把国家重大工业项目放在三峡移民区嘛。李鹏道:国务院正在考虑专门成立三峡行政区,用这个行政区的力量来支持三峡工程建设,做好淹没区的移民和经济工作。

---

① 何建明:《重庆市成为直辖市的决策过程》,《解放日报》2009年11月27日。

邓小平说:可以考虑把四川分为两个省,一个以重庆为中心城市,另一个以成都为中心城市。①

1992年4月3日,在第七届全国人民代表大会第五次全体会议上,通过了长江三峡工程决议,要搞三峡工程就必须有强有力的行政机构来承担这一重任,所以重庆直辖就被提上议事日程。

1995年11月9日,时任国务院总理的李鹏第七次考察三峡工程,乘坐"锦绣中华"号游轮。当时同船陪同的四川省方面领导有书记谢世杰、省长肖秧和副省长兼秘书长甘宇平。这一天,李鹏对3位四川省负责人说:我检查了这些年的工作笔记,小平交代的事,还有一件没办。现在应该说条件比较成熟了,可以说说了。随后李鹏便把当时邓小平明明白白地提出要把四川一分为二,一个是以重庆为中心城市,一个是以成都为中心城市的这件事讲了出来。李鹏进而说:这件事我考虑,小平的原意是要重庆设直辖市。所以你们这次回去后要在小范围内酝酿一下、研究一下,再向中央和国务院写个报告。

1996年,根据党中央、国务院的指示,开始了重庆市代管万县市、涪陵市和黔江地区的筹备工作。1996年9月5日,党中央、国务院对中共四川省委、省政府关于委托重庆市代管万县市、涪陵市和黔江地区的请示做出批复,从9月15日起,重庆市对上述"两市一地"实行代管。1997年2月19日,改革开放总设计师邓小平逝世,当日,李鹏总理让秘书将国务院提交全国人大常委会的《关于设立重庆直辖市的议案》送达人民大会堂的全国人大常委会办公处。1997年3月14日,八届全国人大五次会议批准了关于设立重庆直辖市的决定。6月18日,重庆直辖市正式挂牌揭幕。

修建三峡大坝和设立重庆直辖市是邓小平关于中国经济社会发展战略思想的具体体现,是党中央、国务院为重庆市面向新世纪的崛

---

① 何建明:《重庆市成为直辖市的决策过程》,《解放日报》2009年11月27日。

起提供的最大历史性发展机遇,标志着重庆的经济社会发展进入了一个崭新的历史时期。

邓小平1919年考入重庆留法预备学校学习,次年赴法留学;1949年底,与刘伯承一道率部西征,解放大西南,并坐镇重庆主政西南2年8个月;1952年7月,奉调进京担任党和国家领导职务后,曾7次来渝视察,和重庆这座城市结下了近70载情缘。1997年2月19日,邓小平同志与世长辞。他把一生全部献给了祖国和人民,连骨灰也撒入了大海,他不愧是中国人民的伟大儿子,祖国和人民永远忘不了他。饮水思源,重庆人民更是铭记着邓小平对重庆建设和发展的深情关怀。

附记:本文在写作过程中参考、引用了张德邻发表于《回忆邓小平》一书的《邓小平同志与重庆》一文,特此致谢。

(作者单位:四川外国语大学)

参考文献

1.邓榕:《我的父亲邓小平:戎马生涯》,中央文献出版社2010年版。

2.冷溶、汪作玲主编:《邓小平年谱(1975—1997)》,中央文献出版社2004年版。

3.杨胜群主编:《邓小平传(1904—1974)》,中央文献出版社2014年版。

4.《邓小平文选》(第一卷),人民出版社1994年版。

5.《邓小平文选》(第二卷),人民出版社1994年版。

6.《邓小平文选》(第三卷),人民出版社1993年版。

朱德在重庆的革命人生轨迹

◎陈 洪 刘 心

朱德(1886—1976),伟大的马克思主义者,伟大的无产阶级革命家、政治家、军事家,中国人民解放军的主要缔造者之一,中华人民共和国的开国元勋,是党的第一代中央领导集体的重要成员。在近70年的革命生涯中,他经历了中国旧民主主义革命、新民主主义革命、社会主义革命和建设几个历史时期,在中国近现代史上相当长的时期内,朱德与毛泽东是齐名的。他一生经历了许多磨难和险境,既波澜壮阔,又功勋卓著,为中国革命成功、为中国人民解放事业立下了丰功伟绩,为我国社会主义革命和建设事业建立了不朽功勋,因而深受全党全军全国各族人民的爱戴和崇敬。毛泽东称赞朱德是"人民的光荣",周恩来称赞朱德的革命历史"已成为二十世纪中国革命的里程碑",习近平称赞朱德"是我国民族英雄璀璨群星中的一颗巨星"①,这是党和人民对朱德的最高评价,朱德当之无愧！朱德在大革命时期曾经被党派往重庆做军运工作,策动川军杨森部易帜以响应北伐,领导万县军民反对英帝国主义的斗争,特别是作为中共重庆地委军事委员会委员,组织领导了泸顺起义,成为中国共产党力图掌握武装的一次勇敢尝试,是配合北伐的重大军事行动。这一中共党史上的重大历史事件,使朱德在重庆留下了一段精彩的革命人生轨迹,也使朱德和重庆结下了不解之缘。

---

① 习近平:《在纪念朱德同志诞辰130周年座谈会上的讲话》,《人民日报》2016年11月30日。

一

　　朱德,原名朱代珍,字玉阶,又名朱建德,后投考云南讲武堂时改名朱德。1886年12月1日(农历十一月初六日),朱德生于四川省仪陇县马鞍场李家湾一个贫苦的佃农家庭。其父朱世林虽然淳朴勤劳,但艰辛的生活带来的精神上的压力也使他的性格暴躁,致使朱德从懂事起就很惧怕自己的父亲。朱德的母亲钟氏性情和蔼,吃苦耐劳,宽厚善良。从2岁起,朱德就过继给伯父朱世连而成为这个大家庭的长房长孙。四五岁时,朱德就开始帮助母亲做一些力所能及的事情,八九岁时不但能挑能背,还会种地了。朱德跟着母亲在田间劳动,从母亲那里学到了不少劳动的知识,而且母亲身上那种勤劳俭朴、宽厚仁爱、乐于助人的美德也在年少的朱德身上打下了深深的烙印,对朱德的一生产生了重要影响。1944年2月,钟氏以86岁高龄在家乡去世时,朱德写下了《回忆我的母亲》一文,深情地回忆母亲的点点滴滴:"我应该感谢母亲,她教给我与困难作斗争的经验。我在家庭中已经饱尝艰苦,这使我在三十多年的军事生活和革命生活中再没感到过困难,没被困难吓倒。母亲又给我一个强健的身体,一个勤劳的习惯,使我从来没感到过劳累。""我应该感谢母亲,她教给我生产的知识和革命的意志,鼓励我以后走上革命的道路。在这条路上,我一天比一天更加认识:只有这种知识,这种意志,才是世界上最可宝贵的财产。"①

1892年,6岁的朱德进入远房堂叔朱世秦办的药铺垭私塾读书,开始了他漫长而艰辛的求学生涯。堂叔给他取名朱代珍,朱德以聪明、好学而深得堂叔喜欢。但是由于堂叔书教得一般,一年后,朱德便转入财主丁邱川办的丁家私塾就读,虽然在这里受尽丁家子弟的欺辱,但也增长了知识,更在老师的教导下学会了忍耐,他更加刻苦地学习。

1895年,因为无力满足地主加租的要求,年仅9岁的朱德被迫与生父生母分别,随养父和祖父迁居到大湾。因为家里劳动力少,朱德失学了,只好待在家里帮助劳作。但有远见的养父不忍心让朱德失学,于是在第二年又把朱德送到了马鞍场附近的席家砭私塾馆继续读书。塾馆的先生名叫席国珍,字聘三,不仅知识渊博,而且刚直不阿,具有爱国情怀。他给朱德取字"玉阶",希望他像白玉那样清清白白做人,立志沿着玉石砌成的阶梯步步登高。这个时候,正是甲午战争清政府战败、丧权辱国的《马关条约》签订之后,中国正处于半殖民地半封建社会,中国人民遭受着前所未有的苦难。马鞍场地处偏僻的四川仪陇,但席国珍还是想方设法地弄到了康有为的"万言书"手抄本,并通过他的理解把朴素的爱国主义意识传递给学生,朱德不仅受到了感染,席国珍也让他的视野开阔了,对于知识的渴求让他更加勤奋努力。此时,朱德除了广泛阅读古籍,也利用各种机会阅读地理、数学等新书。他最要好的同学吴绍伯家是书香门第,家里有很多藏书包括新学书籍,吴绍伯经常借书给朱德看,朱德抓紧时间拼命阅读,这使朱德不仅增长了见识,也因为残酷和严峻的现实,使他也开

---

① 朱德:《回忆我的母亲》,载《朱德选集》,人民出版社1983年版,第113—114页。

始关心国家的前途和命运,表达了"祖国安危人有责,冲天壮志付飞鹏"①的远大志向。不断从外面传到这偏僻的乡村的声音,也使朱德追求进步、寻求新学的欲望越来越强烈,他想开阔自己的视野,想到外面的世界去看看。

1905年,19岁的朱德第一次离开家乡,来到仪陇县城参加县试。按照清朝科举制度的规定,只有在通过县试、府试和院试后才能成为秀才,这时他用的名字叫朱建德。由于自己的刻苦努力,在1000多名考生中,朱德名列前20名,顺利通过了县试,这是他们家从来没有过的事情。也正是因为这样,家里就下决心支持朱德继续读书。但正在这时,时局却发生了变化。1905年,清政府推行"新政",宣布科举考试从1906年废除而设立学堂,于是各种新式学堂如雨后春笋般地在全国普遍开设。朱德的家乡仪陇县属于顺庆府(今四川南充)管辖,顺庆府又是四川北部的政治、经济、文化中心,从1906年也开始兴办新式小学堂、中学堂。由于失去了考秀才的机会,朱德决定去顺庆府上新式学堂。在老师席国珍的帮助下,他于1906年春天考入南充县官立高等小学堂,一学期后顺利考入顺庆府官立中学堂。受当时从日本留学回来的在该学堂先后担任监督(校长)的张澜(后成为中央人民政府副主席)、刘寿川(后成为四川省人大代表、四川省人民政府参事)的影响,朱德不仅学习了许多新学知识,接受了科学的教育,而且两位校长和老师的言传身教,也使他学到了许多救国的道理。正如他自己说:"在顺庆这一年,思想是大大的开展了。"②这也成为朱德一生中思想发展的一个重要转折点。

1907年初,21岁的朱德只身一人来到四川省省会成都,当时武备学堂和体育学堂都在招生。朱德先考上了武备学堂,但是家里不同意他去,于是又通过考试,考入了四川省城高等学堂附设体育学堂

---

① 习近平:《在纪念朱德同志诞辰130周年座谈会上的讲话》,《人民日报》2016年11月30日。
② 中共中央文献研究室第二编研部:《朱德自述》,国际文化出版公司2009年版,第27页。

（今四川大学前身）。①入学时他仍用名朱建德，编在甲班（本科班）。经过两个学期的学习，朱德于1908年1月在四川省城高等学堂附设体育学堂顺利毕业。在本科班52名同学中，他取得了第10名的好成绩。他第二学期的学习成绩分别为：修身86，国文70，教育88，心理98，生理85，算术90，国图画70，兵学75，教练92，枪操70，普通操79，器械100，品行65，平均成绩82。从学习成绩来看，他的各门功课都学得不错，其中器械课程取得了满分。1907年至1908年朱德在四川省城高等学堂求学的经历，在其一生中是短暂的，却是不容忽略的经历。在校内接触的民主革命新思潮对他民主主义世界观的形成起了启蒙作用，这一时期也是他走向全国面向世界的开始。在《伟大的道路》一书中，史沫特莱将朱德1907年至1908年在成都求学的经历概括为"走向革命之路"②。用朱德本人的话来说，在成都求学时"有很大的进步。同学多，来往的人也多。革命思想也多了"③。正是这段难忘的经历成为朱德"伟大的道路"中"走向革命的起点"。这为他以后转变为民主主义者和共产主义者，无疑都产生了重要影响。

1908年底，朱德从四川省城高等学堂毕业后，在他的老师刘寿川的推荐下，到仪陇县立高等小学堂担任体育教习兼庶务。他想为家乡做点儿有益的事情，但新旧思想的冲突很大，社会守旧势力对他们兴办新学极力污蔑、打击、排挤，使刚投身社会独立谋生的朱德看到了中国封建社会的腐败和黑暗，他认为教书不是一条生路，而国家又面临危亡的境地，于是下定决心要去干军队。一年后，朱德便离开家乡远走云南，开始了他的军旅生涯。正如朱德在《回忆我的母亲》一文中说："那时新旧思想冲突得很厉害。我们抱了科学民主的思想，

---

① 党跃武、陈光复、陈玉峰：《从档案史料看在四川大学的朱德》，《军事历史研究》2011年第3期，第156—162页。

② 艾格妮丝·史沫特莱：《伟大的道路：朱德的生平和时代》，梅念译，生活·读书·新知三联书店1979年版，第71页。

③ 中共中央文献研究室第二编研部：《朱德自述》，国际文化出版公司2009年版，第30页。

想在家乡做点事情,守旧的豪绅们便出来反对我们。我决心瞒着母亲离开家乡,远走云南,参加新军和同盟会。"①

远走云南考入云南讲武堂,是朱德军旅生涯的开始,也是他向民主主义者转变的重要时期。

1909年4月,23岁的朱德立下"志士恨无穷,孤身走西东。投笔从戎去,刷新旧国风"②的誓言,绕道成都来到云南昆明,准备投考云南陆军讲武堂。投考讲武堂的原因,按照朱德自己的话讲就是"非得救国不可"③。至于为什么要投考云南讲武堂,是因为云南靠近边疆,是一个很重要的国防地带;另外就是云南办新军的时候,新军多半是由四川调去的人。朱德当时和好友敬镕一起投考,但受了一点儿波折,于是决定先入伍当兵,然后再找机会进讲武堂学习。这时他把自己的名字由"朱建德"改为"朱德"。当兵的生活是极其艰苦的,朱德在兵营中除了接受军事训练,还要做许多杂役。朱德对每一件事都踏踏实实地去做,加上文化程度相对较高,不久就升任队部文书。后经标统(相当于团长)罗佩金的推荐,再次投考云南讲武堂。1909年12月,朱德终于如愿以偿地跨进了云南陆军讲武堂的大门。

进入云南陆军讲武堂是朱德走上革命道路的重要转折点。1910年2月,云南陆军讲武堂正式开课,讲武堂分为甲、乙、丙3个班,又分步、骑、炮、工4个兵科,有学生400余人。朱德被分到丙班步兵科。虽然学习生活紧张,但他很快适应了军队的生活,各项成绩也名列前茅,被选拔进入特别班学习。受讲武堂总办李根源等同盟会会员的影响,通过阅读各种进步书籍和报刊,朱德反清的资产阶级民主主义思想逐渐滋生,他约集范石生、杨如轩、唐淮源、李云鹄等人以互助互励、拯救中华为宗旨组成"五华社"。一学期后他加入同盟会,开始走

① 中共中央文献研究室第二编研部:《朱德自述》,国际文化出版公司2009年版,第203页。
② 中共中央文献研究室:《朱德年谱(新编本)》上卷,中央文献出版社2016年版,第17页。
③ 中共中央文献研究室第二编研部:《朱德自述》,国际文化出版公司2009年版,第35页。

上推翻封建专制统治的革命道路。

1911年8月,25岁的朱德从云南陆军讲武堂第三期毕业进入新军十九镇,正式开始团队军旅生涯。见习期满后,他被任命为左队(相当于连)司务长,授少尉衔,负责管理全队的枪支弹药、被服补给等后勤事务。此时的中国社会正处于急剧动荡时期,清政府"皇族内阁"的骗局宣告破产后,不顾举国上下的反对,又与美、英、法、德4国银行团签订了湖广铁路借款合同,由此引发了保路运动,尤其以四川的保路运动最为激烈。在四川总督赵尔丰逮捕保路运动领导人、枪杀成都市民造成"成都血案"后,四川的保路同志军便开始了反清的武装起义。消息传到云南,朱德根据同盟会云南支部的指示,利用其司务长的便利条件,积极在士兵中开展宣传鼓动工作,"帮他们写写家信,多上上课,感情好一点,士兵便听话了"①。四川的保路运动迫使清政府从湖北抽调新军前来镇压,导致湖北力量空虚。1911年10月10日,武昌起义爆发。各地革命党人备受鼓舞,纷纷举起反清旗帜。在李根源、蔡锷的领导下,云南也于1911年10月30日(农历九月初九)举行了起义,朱德奉命担任前锋区队官(连长),首先冲入总督衙门。云南起义成功,成立了以蔡锷为都督的大中华国云南军都督府。随后朱德随第一梯团奔赴四川,对四川革命党人进行援助,其间由排长升任连长。半年后回到云南,被授予"复兴"和"援川"两枚勋章,以表彰他在"光复"云南和援川作战中的功绩。1912年秋,朱德被调到云南讲武堂担任区队长兼军事教官,"一面教军事,一面打野外,一面还要管理",加上学生很多是革命过来的,不太容易管,迫使朱德对军事学等重新温习,也使他"学术上大有进步"。②约一年后,朱德回到原来的部队,升任步二团一营营长,次年初被新任都督唐继尧调往迤南,驻防临安、蒙自、个旧等地,平定地方武装,维持地方治安。两年间,

① 中共中央文献研究室第二编研部:《朱德自述》,国际文化出版公司2009年版,第40页。
② 中共中央文献研究室第二编研部:《朱德自述》,国际文化出版公司2009年版,第47页。

朱德渐次升任团副、团长,成为滇军名将,而且在与土匪等"做了两年长期的游击战"中"练了些本事",这些作战经验和游击战术对其后来在红军和抗战时期开展游击战也有一定影响。正如朱德自己回忆说:"我用以攻击敌军而获得绝大胜利的战术是流动的游击战术,这种战术是我从驻在中法边界时跟蛮子和匪徒作战的经验中得来的。我从跟匪兵的流动集群作战的艰苦经验中获得的战术,是特别有价值的战术。我把这种游击经验同从书本和学校得到的学识配合起来。"①

正是在这两年,中国的情况正在发生着急剧的变化。孙中山领导的二次革命失败后,袁世凯更加有恃无恐,迫使国会选举他为中华民国正式大总统,随后便下令解散国民党,并解散了国会,以《中华民国约法》取代了革命的《临时约法》,对外与日本签订卖国的"二十一条",资产阶级的民主荡然无存,"中华民国"仅成为一张招牌,并随着袁世凯于1915年12月宣布恢复帝制、改中华民国为"中华帝国"而彻底烟消云散。袁世凯的倒行逆施自然会引起全国的强烈反对。1915年12月25日,唐继尧、蔡锷等人在云南组织护国军,联名向各省发出讨袁通电,宣布云南独立。随后护国军从昆明出发赴四川叙府、泸州等地向北洋军展开进攻。朱德在得知消息后,率部起义并开赴昆明。经安排他调任补充队第四队队长,负责组织训练新兵。不久所部编为滇军步十团,而后又编为第三梯团第六支队。1916年,在纳溪保卫战中,朱德一战成名,加速了全国反袁斗争的胜利,朱德也凭借着在护国战争中的杰出表现,成为护国军的名将。

---

① 转引自中央文献研究室科研部图书馆:《朱德人生纪实》(上),凤凰出版社2011年版,第56页。

二

1917年,俄国十月革命的胜利,使广大的中国人民看到了马克思主义的重要力量。朱德目睹军阀混战使国家陷入"四野萧萧风雨急,中原黯黯鬼神愁"的悲惨境地,认识到资产阶级领导的旧民主主义革命无法解决中华民族的出路问题。于是,处于军阀混战中的朱德开始自觉接受革命思潮的洗礼,搜集有关俄国十月革命和新文化运动的书籍和小册子。他和孙炳文经常埋头在书斋里,共同阅读《新青年》和《新潮》杂志,并就当时流行的无政府主义和马克思主义进行讨论,他"感到中国的革命一定是在某个根本性的问题上出了毛病"①,在比较了中国革命与苏联革命的现实以后,朱德进一步认识到"中国革命必须更深入进行,必须像俄国革命那样彻底"②。为此,他与孙炳文相约去北京寻找新的革命道路。

此后不久,倒唐形势出现了新的变化。1922年3月,唐继尧伺机反扑,重新执掌云南军政大权。3月27日,唐继尧发出缉捕朱德、金汉鼎等人的通缉令,朱德被迫逃离昆明。这是朱德逐渐走向共产主义道路的转折点,正如后来朱德回忆所说:"最后还借着唐继尧的手将封建关系代我斩断,使我更进入了共产主义的阶段的革命。"③5月,朱德回到他在四川宜宾南溪的家,几天后,应川东军阀杨森的邀请,告别妻子和儿子,启程前往重庆。在重庆,朱德受到杨森的热情款待,杨森羡慕其军事才能,以"师长"的职位挽留朱德。然而,朱德这时已决心抛弃高官厚禄,寻找新的革命道路,便以将要出国为名,婉言谢绝了杨森的好意。6月,朱德乘船抵达上海。在上海的一家法国人办

---

① 庹平:《人民的总司令朱德》,上海人民出版社2006年版,第17页。

②《朱德自述》,解放军文艺出版社2003年版,第4页。

③《朱德自述》,解放军文艺出版社2003年版,第68页。

的医院戒除烟瘾，出院后考察了上海的工人生活状况，他发现贫穷、疾病和悲惨的愁雾笼罩着整个上海工人阶级，而资产阶级却过着纸醉金迷的生活，这使他感到了现有制度的不公；而彼时苏联实行的"不劳动者不得食"的办法深深吸引了他，这坚定了朱德加入共产党的决心。

1922年7月，朱德抵达北京，与阔别了一年多的孙炳文会合。之后，返回上海，拜访了孙中山先生。孙中山希望朱德留下来攻打军阀陈炯明，并承诺给予10万元军费，助其完成使命。然而，朱德这时已经下定决心要出国学习马克思主义。因此，他婉言谢绝了孙中山先生的好意。几天之后，朱德在上海闸北见到了当时中国共产党的中央执行委员会委员长陈独秀。据朱德回忆："陈独秀说，要参加共产党的话，必须以工人的事业为自己的事业，并且准备为它献出生命。对于象朱德这样的人来说，就需要长时间的学习和真诚的申请。"[1]这次会面给朱德留下了痛苦的回忆，"我的一只脚还站在旧秩序中，另一只脚却不能在新秩序中找到立足之地"[2]。

1922年9月初，朱德和孙炳文、房师亮、章伯钧等一行10多人途经香港、西贡、新加坡、印度、埃及等地，前往法国。途中看到这些国家和地区的差距十分大，殖民地国家人民生活悲惨，而作为战胜国的资本主义国家也元气大伤，他感到世界上许多国家都充满了苦难。10月22日，朱德和孙炳文到达德国首都柏林，在这里，他们见到了当时作为中共旅欧支部负责人之一的周恩来。朱德用平缓的语调，耐心地说明了自己特殊的身份和经历以及在上海被陈独秀拒绝的过程。当他讲到为了寻求新的生活方式和新的革命道路来到欧洲寻找

---

① 艾格妮丝·史沫特莱：《伟大的道路：朱德的生平和时代》，梅念译，生活·读书·新知三联书店1979年版，第175页。

② 艾格妮丝·史沫特莱：《伟大的道路：朱德的生平和时代》，梅念译，生活·读书·新知三联书店1979年版，第175页。

共产党时,郑重地向周恩来提出,要求加入共产党在柏林的组织,并且表示,只要不让他再回到旧的生活里去,做什么工作他都愿意。等两位来客把经历说完以后,周恩来微笑着说,他可以帮助他们办理加入党在柏林支部的手续,在入党申请书寄往中国还未被批准之前,他们二人可以作为候补党员开始活动。从这时起,朱德的人生就掀开了崭新的一页。

在德国期间,朱德仔细地阅读和研究了包括《共产党宣言》《社会主义从空想到科学的发展》等在内的多部马克思主义的经典著作;同时,积极参加了工人运动。在参观了红色前线战士同盟的军事检阅、野营训练和巷战演习,看到人民群众捐献的大量食品时,他说:"这是人民武装的一次演习。一旦革命需要他们拿起武器,这就是一支强大的工人阶级军队。看来,革命要取得成功,要有人民的军队,还要有人民的支持。"①由于积极参加柏林工人阶级和外国侨民的革命活动,朱德受到多次拘捕,直至最终被驱逐出境。在国外生活的三年半时间里,朱德弄清楚了中国过去革命失败的原因以及补救的措施,认识到了建立革命知识分子和工农群众联盟的必要,为日后人民军队建军提供了重要的理论基础和实践经验。

1925年3月,朱德写信给当时在苏联学习的中共党员李季和陈启修,提出了到苏联学习军事的强烈愿望,并表达了"终身为党服务,做军事运动"的强烈愿望。10月,中共旅莫支部安排朱德进入莫斯科东方劳动者共产主义大学学习。在这里,朱德系统地学习了辩证唯物主义、历史唯物主义、政治经济学、军事学等学科知识。几个月后,朱德在莫斯科郊外的一个村庄接受了秘密军事训练,学到了城市巷战、游击战等战略战术,这使其早年的军事实践经验得到了进一步提升。

---

① 中共中央文献研究室:《朱德年谱(新编本)》(上卷),中央文献出版社2016年版,第65页。

三

1926 年 7 月，北伐战争爆发，朱德遵照党组织的安排回到了正处在第一次大革命高潮中的中国。他受党的委派到四川万县（今重庆市万州区）策动川军杨森部易帜北伐，领导万县军民开展反对英帝国主义的斗争，以及参与组织领导泸州、顺庆起义等。这些卓有成效的工作，在朱德的革命生涯中留下了浓墨重彩的一笔。

（一）策动川军杨森易帜北伐

1926 年 2 月，中共中央在北京举行特别会议，把从各方面准备广东政府的北伐作为党在政治上的第一责任，决定建立中央军委，以加强党的军事工作，同时为了支持北伐，决定从苏联抽调一批正在那里学习军事、政治的工作人员回国。遵照党的指示，朱德与房师亮、欧阳钦、章伯钧、秦青川等回到上海。7 月中旬，回到上海的朱德，会晤了时任中共中央总书记的陈独秀，接受工作任务。陈独秀对朱德谈到了两项工作：或是去四川做军阀杨森的工作，说服他割断与北洋军阀吴佩孚的关系，易帜倒向北伐军；或是到广东去准备北伐。由于军阀杨森曾经向广东国民政府表达了加入国民革命军的愿望，朱德便主动请缨，表示自己曾和杨森在护国军中共过事，而且出国前杨森曾表示对朱德"虚位以待"，可以"以国民党员和滇军同僚身份"到杨森那里工作。朱德的意见获得了陈独秀的认可。随后遵照陈独秀的指示，朱德利用他在旧军队中的关系，完成了到南京调查了解军阀孙传芳在上海、南京一带的兵力部署情况的工作。7 月 30 日，朱德致函杨森，告知自己已从德国回国，正受广东国民政府委派要去杨部开展工作一事，征求杨森的意见。8 月上旬，收到杨森表示欢迎的回电后，朱德随即从武汉登江轮前往四川万县。

1926年8月11日，朱德抵达万县，受到杨森盛情款待。朱德向杨森讲述革命的形势，宣传孙中山的三民主义和"联俄、联共、扶助农工"三大政策，规劝他参加国民党。针对杨森提出国民革命政府可以为他提供多少经费这一问题，朱德表示："我能向你提供的只不过是一个确定不移的事实，即我们这方面必然得胜，你如果不参加过来，坚持要打我们，你就毫无前途。"①然而，杨森不听从朱德的劝告，也不愿意交给朱德兵权，反而于8月14日发出通电，宣布就任吴佩孚所委任的四川省省长职务。针对新出现的情况，朱德以国民革命政府委派的第二十军党代表和政治部主任的身份，向杨森提出加强部队的思想政治工作，一时间杨森也不便直接回绝。

1926年8月下旬，陈毅受中共北方区委执行委员会总负责人李大钊的派遣，前往四川做兵运工作。朱德与陈毅会面后，决定共同做杨森的工作。在朱德的引导之下，曾经当过雇工的宪兵副司令于渊赞成"反帝反封建""打倒列强除军阀"等主张，表示愿意参加国民革命，这时杨森对国民革命的态度也有所转变。

长江流域当时受英国人控制，英国轮船在长江中肆无忌惮，经常横冲直撞，浪沉、撞沉中国船只的现象屡见不鲜，杨森不敢得罪洋人，所以时常忍气吞声。1926年8月29日，英国太古公司的"万流"号商船在四川省云阳县（今属重庆市）长江中疾驶时，浪沉杨森载运军饷的木船3只，杨森所部官兵50余人被淹死，损失枪支56支、子弹5500余发，盐款85000银圆。之后，停泊在万县的英国军舰"柯克捷夫"号还派兵强行收缴了杨森派往"万流"号查询的官兵的枪械，并掩护"万流"号逃离万县。事件发生后的当晚，朱德即与陈毅等商谈分析形势，主张要动员人民群众的力量，迫使杨森转向广东革命政府。因

---

① 中共中央文献研究室：《朱德年谱（新编本）》（上卷），中央文献出版社2016年版，第70页。

此,当杨森找朱德商议"云阳事件"的对策时,朱德要杨森采取强硬态度,将肇事英国轮船扣留,要求赔偿损失。他说:"近百年来,中国受尽外国列强的欺负,如今,你若敢同帝国主义打一仗,不论胜负,都是光荣的。"最后,杨森采纳了朱德的意见,于次日扣留了停泊在万县的同属英太古公司的另外两艘商轮"万县"号、"万通"号,迫使英国驻重庆领事卢思德来到万县商谈解决方案。

为让杨森在谈判中争得主动权,朱德和陈毅一面着手制订谈判方案,一面着手发动组织民众。1926年9月2日,朱德与陈毅在万县图书馆召开工、农、商、学、兵等各界代表会议。朱德在会上发表讲话,指出:"帝国主义列强无视中国人民的生命财产,在我内河肆意横行,草菅人命,浪沉我船只,这不是一件小事,而是关系到国家独立、人民生存的大事。只有打倒封建军阀,把帝国主义赶出中国,国家才会有真正的独立,人民才会有真正的自由。"①会议决定要发起成立"万县英轮惨毙同胞雪耻会",号召各界群众动员起来,坚决声讨英帝国主义的罪行;同时,中共万县地下组织在《万县日报》上向全国人民发表通电,号召全国人民声援万县的斗争,提出:(一)组织全国抗英大同盟;(二)不购英货,不为英人服役,不供英人食料,完全对英经济绝交;(三)收回英人在华内河航运权;(四)取消中英间一系列不平等条约;(五)责令赔偿此次生命财产之损失等一系列要求。

9月3日,杨森接到驻夔府(今重庆市奉节县)部队的报告,说英舰有到万县劫船滋事的企图。杨森连夜找到朱德、陈毅商量对策。朱德与陈毅主张:"为维护民族尊严,保护人民利益,应做有力还击的准备。"②在朱德和陈毅的影响下,杨森命令第九师在长江北岸沿江布防,开挖战壕,构筑工事,摆放山炮,密切监视英国军舰的一举一动。

9月4日,万县数万民众召开声讨英帝国主义罪行群众大会,大会

① 中共中央文献研究室:《朱德年谱(新编本)》(上卷),中央文献出版社2016年版,第72页。

② 中共中央文献研究室:《朱德年谱(新编本)》(上卷),中央文献出版社2016年版,第72页。

郑重宣告"万县英轮惨毙同胞雪耻会"正式成立,大会通过了《万县英轮惨毙同胞雪耻会宣言》。《宣言》发出"自今日雪耻会成立始,敦劝国人不达要求目的,誓不让步;不实行抵制办法,誓不为人"的号召。同时,强烈呼吁杨森采取坚决的抗英行动,放弃吴佩孚"和平了结此案,息事以顾大局"的指示。

英国人眼见形势对己方越来越不利,决心以武力夺回被扣船只,将商船"嘉禾"号改装成了武装船,同时命令驻守在重庆的"威警"号军舰东下,与在万县的"柯克捷夫"号一起抢夺被扣英船。杨森得知这一消息,慌忙找朱德商议。朱德斩钉截铁地说:"打!我们要给英国人一点教训。"而北洋政府受到英方压力,要求杨森和平了结此事。在这种情况下,一方面,朱德继续鼓励杨森坚持合理要求,拒绝妥协让步;另一方面,提议杨森做好与英方进行战斗的准备。与此同时,全国反英舆论沸腾,杨森不得不采取军事行动。

9月中旬,朱德到达汉口,向中共湖北区委和时任国民革命军总政治部主任的邓演达汇报做杨森工作的详细经过。9月23日,在汉口成立了"旅鄂川人万县惨案后援会",朱德发表讲话指出:"此次开炮,兄弟亲与此役,英人之强横,可笑亦复可怜。他以为他的枪才可以杀人。我们川军这回也不客气,为正当防卫,还他几枪,彼此都有伤亡。不过人民无辜,为他杀得太多了。""但是,我四万万民众为他打醒了!尽都知道帝国主义者非打倒不可,总望军民一致团结起来。"[1]

9月24日,国民革命军总司令部委任杨森为国民革命军第二十军军长兼川鄂边防督办,但杨森迟迟未宣布就职。9月28日,朱德率领20多名政治工作人员返回万县。此时杨森对吴佩孚还抱有一定希望,因此,趁着朱德去汉口接受委任的时机,做出了派兵增援吴佩孚的决定。10月10日,国民革命军攻克武昌,基本上消灭了吴佩孚的主

---

[1] 中共中央文献研究室:《朱德年谱(新编本)》(上卷),中央文献出版社2016年版,第74页。

力部队。其后,国民革命军第七军与第八军向鄂西杨森所部实行反攻,杨部败退,慌忙中派员赶赴武汉,请求国民政府的宽恕。受形势所迫,杨森在宜昌通电宣布就任国民革命军第二十军军长。在朱德建议下,在二十军中设立了党部,由朱德担任主任委员。经过朱德的努力,特别是有了政治工作人员的指导,二十军出现了新的面貌和气象。杨森担心他的部队会被分化瓦解,遂以二十军军事政治考察团的名义,命令朱德带团去武汉。

(二)领导万县军民抗英斗争

1926年9月5日,英方"嘉禾"号武装船抵达万县,强行冲向被扣英轮,企图用武力将其劫走。中国士兵与英国水兵展开了激烈的战斗,英国水兵伤亡很大。气急败坏的英国人于午后1时指挥"柯克捷夫"号、"威警"号军舰,向万县县城繁华地段李家花园、南津街等处发射数百枚燃烧弹,一时间万县县城成为一片火海。朱德亲自指挥军队反击,击中了一艘英舰。而彼时英舰"柯克捷夫"号在向李家花园和白岩书院等地炮击时,正巧有发炮弹击毁了法国教堂钟楼,陈毅当机立断,抓住机会,向停留在陈家坝附近的法国军舰官兵揭露英舰的蛮横及炮轰法国教堂的罪行,获得了法国官兵的支持。法国军舰向英方开炮,击中了英舰舰尾,英方在讨不到任何好处的情况下,伙同其他舰船向下游逃走。事后据万县海关外籍人员的不完全统计:此次事件共造成中国军民604人死亡、398人受伤、各项财产损失达2000多万元,战后的万县到处是断瓦残垣,"惨状之极,远过'五卅'",这就是震惊中外的万县"九五"惨案。

当晚,朱德向杨森提出"迅将惨案发生的前后经过通电全国各革命组织,并吁请北洋政府向英方提出严重抗议、交涉,要求赔偿,惩凶,道歉,内伸民愤,外张公理,以重国权,而雪耻辱"的建议,并与陈毅一起出席了各团体、组织的联席会议,商定发起成立"后援会",部署抗英活动。

1926年9月6日,"万县'九五'惨案后援会"在万县较场坝召开各界群众抗英大会。朱德在会上发表演说时指出:要提高警惕,团结一致,与英帝国主义进行坚决的斗争。中共中央也发表《告全国民众书》,要求严厉制裁英帝国主义,为死难同胞报仇。声明得到了社会各界的声援。7日,由朱德、陈毅策划,以杨森名义召开的各界人士大会,决定组建"万县'九五'公园"事务所,建设"'九五'烈士陵墓",安葬死难的同胞。会后,陈毅赶赴重庆,向中共重庆地委汇报万县"九五"惨案真相。9日,中共重庆地委以国民党(左派)省党部的名义,在巴县组织成立"万县惨案四川国民雪耻会",公开领导四川人民进行反英斗争。在中共中央的领导和影响下,全国各大中城市相继成立了声援万县人民和反抗英帝国主义的群众社团组织,掀起了声势浩大的抗英运动。受国内反英形势的影响,杨森在接见请愿群众代表时指出,英帝国主义并不可怕,只要大家齐心,团结一致,就有力量。

万县"九五"惨案,世界震惊。共产国际发表宣言,发出"全世界劳动者切实动员起来,反对英国的暴行"的号召。英国工党向当时执政的保守党政府质疑,伦敦和柏林的无产阶级还召开了群众大会,发出"不许干涉中国"的倡议。在各方压力面前,英国政府最终被迫修改了对华的部分方针政策。在中国共产党的领导和推动下,重庆、成都、上海、汉口、广州、厦门等城市纷纷组织成立了"万县惨案后援会""国民雪耻会"等组织,通过发表宣言、通电、举行示威游行,甚至是罢工罢课的方式,来表达他们对英帝国主义对万县人民大屠杀的强烈抗议。海外的华侨组织和群众团体,也加入斗争的行列中来,声援万县人民。中共重庆地委在全省各地成立了"雪耻会""后援会"等一系列组织,并于1926年9月18日在重庆举行了有十几万人参加的水陆大游行。万县的机关团体、工会、商会、学生会等纷纷致电国务院、外交部、各国驻华使馆和全国各地,陈述惨案真相,揭露英帝国主义暴行,并于9月19日在西较场举行了有5万多名群众参加的"第二次抗英大会"。次日,抗英大会向国内外发出通电,提出:"(一)请求政府对英要求条件案:一、赔偿历次惨案生命财产损失;二、惩办肇祸凶手英海军司令、舰长、船主及渝英领事等;三、英政府正式向中政府道歉;四、取消英国在华内河航权;五、撤回英国驻华海陆军;六、废除中英间一切不平等条约;七、对英收回租界及割让地。(二)对我国外交当局请愿案:一、请愿万县杨总司令,坚持前提对英条件;二、政府外交当局如对前提英条件故为让步,誓不承认;三、否认北京外交部之电对本案局部和平了结办理。(三)对英条件未达圆满目的前对付方法案:一、呈请政府限令在川英人于本年九月内完全离川,否则相当对待;二、请川当局对英封销(锁)芦(夔)巫,并在沿江施以相当防范;三、请长江下游当局制止英舰英轮上驶;四、组织全川民众,厉行对英经济绝交。综上各条,实系良心主张,且为最低限度。"①

然而,横蛮的英帝国主义拒不赔礼道歉,以"中国方面不释放船只,英国海军将采取断然措施",对北洋政府进行威胁;同时,加紧战争准备,派遣舰队,开进长江,迫使当时处于北洋军阀统治下的国务院和外交部一再发令给杨森,要求其"体谅时局艰危,避免决裂","免再发生冲突","务必将所扣之船早日释放"。在这种情况下,不可能取得谈判的胜利,最后,事件以杨森下令释放被扣的"万通""万县"两轮而告终。

"九五"惨案虽然由于帝国主义的强权政治和反动军阀的腐败无能而未能获得最后的胜利,但事件向世界各国人民表明了中国人民反抗帝国主义的坚定决心;同时,促使还在犹豫的杨森被迫转向广东

---

① 方庆秋、吴菊英等:《万县惨案电报一束》,《历史档案》1981年第1期。

国民政府。当北伐部队占领武汉以后,杨森即命朱德前去联络,表达他要效忠国民革命,愿意接受国民革命军称号的意愿。

(三)组织开展泸州、顺庆起义

参与组织和领导泸州、顺庆起义是朱德在其革命生涯中的杰出贡献之一。

大革命时期,中国共产党对军事工作的重要性有了初步的认识,特别是北伐战争开始后,进一步认识到了掌握军事力量的重要性。1926年7月,中国共产党召开第三次中央扩大执行委员会,通过了《军事运动决议案》,明确指出:"本党是无产阶级革命的党,随时都须准备武装暴动的党,在民族革命的进程中,应该参加武装斗争的工作,助长进步的军事势力,摧毁反动的军阀势力,并渐次发展工农群众的武装势力。同时此项工作就是使本党获得有条理的准备武装暴动的经验。"对如何开展军事工作,《决议案》还指出:"应设法在反动军阀的军队中,组织能接受我们指挥的兵士支部,并与士兵群众发生关系,利用军队中日常事故,口头的或文字的宣传兵士群众。同时应用全力在兵工厂军械局等处活动,并组织支部,务使反动军阀不能利用这些武器。对于农民武装团体,应首先注重训练他们的下级领袖,特别是政治训练;至于工人自卫团的进行,不在人数的扩充,而在从政治上和军事上训练工人自卫团的中坚分子。"这次会议,更是明确提出了"军事工作是党的工作的一部分"①的重要论断。这是党第一次以决议的形式阐述对武装斗争的认识。在此次会议精神的指引下,党在领导开展规模空前、以工农群众为主体的反帝反封建军阀的大革命运动中,开始了掌握并建立自己的军队、开展武装斗争的努力和探索。

---

① 中央档案馆:《中共中央文件选集》(第二册),中共中央党校出版社1989年版,第227—229页。

随着北伐战争的顺利推进,四川的重要战略地位及其在配合北伐进军、巩固和扩大革命成果中的作用日益凸显,而当时的四川也具有良好的革命基础。1926年2月,中共中央正式批准建立中共重庆地方执行委员会(简称重庆地委),作为统一领导四川境内的中共党组织和党员的组织机构;同时党准确判断革命形势、及时做出正确决策,确定军事工作策略、指导开展军运工作,紧紧依靠统一战线、合作开展军事工作,对四川军事工作给予强有力的指导。在党中央的直接领导下,通过重庆地委的努力工作,以重庆为中心的四川大革命运动很快呈现出全新的气象:党的组织和党员人数迅速发展;以重庆、成都为中心开展了罢工、游行示威等斗争;把农民运动作为重要工作,建立农民武装,这些都为党在四川地区有效开展工作奠定了基础。

特别需要指出的是,重庆地委对川军进行了有效的策反工作。四川当时是全国军队最多的省份,各派拥有数十万军队,派系较多,番号复杂。如果他们倒向北洋军阀,势必会严重阻碍北伐战争的顺利推进和革命形势的迅猛发展;反之,如果他们倒向国民政府,必然会增加革命的力量。因此,中共重庆地委成立后就开始注意争取和策反川军的工作。除了派吴玉章、刘伯承利用在川军中的威望和旧关系开展对川军的策反工作外,朱德这个时期也受党的派遣,到万县去做杨森的工作,对后来促使杨森通电加入国民革命军起了重要作用。中共重庆地委和朱德等同志"刻苦奋斗的精神"不仅受到了党中央的高度赞扬和肯定[①],也为党在四川地区开展卓有成效的军事工作打下了坚实的基础。

在党中央的正确领导下,中共重庆地委积极筹备发动武装起义的各项工作。1926年9月,中共重庆地委书记杨闇公以国民党左派临

①《四川革命历史文件汇集》(甲2),中央档案馆、四川档案馆1984年版,第3—24页。

时省党部名义,在重庆秘密召集川军中的12个"左"倾的师长、旅长或其代表开会,正式宣布成立国民革命军川军各路总指挥部,决定在顺庆(今南充市)和泸州首先举行武装起义,并对起义的时间、方法和联络方式等做出了部署,公推刘伯承为总指挥。为了加强对起义的组织领导,党中央派刘伯承、欧阳钦等20多人入川,并决定在重庆地委增设军事委员会,领导全川军事工作。1926年11月中旬,朱德与杨闇公、刘伯承等在重庆佛图关下六店子刘伯承家召开紧急会议,遵照党中央的指示,成立了中共重庆地方委员会军事委员会,杨闇公兼任军委书记,朱德、刘伯承为委员。这是中国共产党历史上成立最早的地方军委之一。重庆军委成立后即决定:争取地方军阀反对北洋政府,支持国民政府;在具体策略上,则利用军阀内部矛盾,策动一部分军队起义,以推动和争取更多的军阀武装起义,配合国民革命军北伐进军。①军委会还制定了发动起义的具体方案:策动驻守合川的黄慕颜1个旅,驻守顺庆的秦汉三、杜伯乾2个旅,驻守泸州的袁品文、陈兰亭、皮光泽3个旅,共同举行起义,以顺庆为根据地,创建以国民革命军为番号、由中国共产党实际控制的军队,先在川中站稳脚跟,然后或与北伐军会师武汉,或到川陕边接应冯玉祥部,配合北伐。②至此,党在四川举行武装起义的时机已经成熟。会后,朱德返回万县继续做杨森的工作。在朱德的推动下,1926年11月21日,杨森通电就任国民革命军第二十军军长兼川鄂边防督办职,朱德任第二十军党代表。不久,杨森又接受朱德的建议,设立国民革命军第二十军国民党党部,朱德任主任委员。朱德凭借着其卓有成效的工作和军事斗争中的贡献,在1926年11月于重庆召开的国民党四川省第一次代表大会上,当选为国民党四川省党部执行委员。

① 中共中央文献研究室:《朱德年谱(新编本)》(上卷),中央文献出版社2016年版,第76页。

② 中共中央党史研究室:《中国共产党历史·第一卷(1921—1949)》(上册),中共党史出版社2011年版,第178页。

　　在酝酿筹划泸顺起义期间,朱德曾去泸州活动。在党中央的领导和中共重庆地委的直接组织下,1926年12月1日,泸州起义爆发,12月3日,顺庆起义发动。泸顺起义极大地震动了四川军阀。刘文辉、邓锡侯为维护自己的势力范围,悍然调遣重兵将顺庆城团团围住,企图一举消灭起义军。面对敌强我弱的态势,刘伯承决定把起义部队开往开江整顿待命。朱德劝说杨森兑现援助顺庆起义的承诺,派人携款接应刘伯承。在顺庆起义军转战开江的同时,泸州起义军内部发生了变化,拒不执行北赴顺庆的命令。12月下旬,朱德与杨闇公、刘伯承在万县一起分析时局,商讨顺庆善后和泸州方面的军务。1927年1月中旬,中共重庆地委军事委员会在万县召开会议,朱德与杨闇公、刘伯承等商讨控制泸州和扩大泸州起义成果的方案,决定由刘伯承到泸州,全权指挥泸州起义军。其间,朱德向杨闇公报告了共产党在万县的发展情况,两人研究决定在川东建立地方党组织。之后,在下川东建立了由李嘉仲负责的第一个中共地方党组织,朱德将原来第二十军中共产党组织在地方上发展的党员组织关系全部转到李嘉仲手里。①1927年1月中旬,刘伯承到泸州后,建立国民革命军川军各路总指挥部。1927年3月31日,军阀刘湘在重庆"清党",制造了"三三一"惨案,杨闇公壮烈牺牲。随后,刘湘、刘文辉、赖心辉等四川军阀调集部队围攻泸州起义部队。起义部队外无援兵,弹尽粮绝,牺牲惨重,被迫撤出泸州。至此,轰轰烈烈的泸顺起义宣告失败。

　　泸顺起义虽然因为起事仓促、内部矛盾、反动派的镇压最后失败了,但起义持续了近半年,是在国共合作的形势下,重庆地委根据中共中央的指示,有计划、有组织地发动的一次英勇的武装斗争,是除北伐主战场外,国内支援、配合北伐战争的最重大军事行动,也是大革命时期中国共产党人独立掌握革命武装、开展军事斗争的一次重

----

　　① 中共中央文献研究室:《朱德年谱(新编本)》(上册),中央文献出版社2016年版,第79页。

要尝试,体现了重庆地委在大革命时期特别是在军运工作上的独特成就。泸顺起义是全党军事工作的重要组成部分,为党争取改造旧军队提供了一个范例,为党以后开展武装斗争提供了有益借鉴,在中国共产党武装斗争历史上具有重要地位,具有全国意义和影响。《中国共产党历史》一书对泸顺起义给予了高度评价:"泸顺起义是中国共产党力图掌握武装的一次勇敢的尝试,是牵制敌人配合北伐的重大军事行动,同时也有力地推动了四川革命运动的发展,成为党在大革命时期争取改造旧军队的一个范例。"[①]朱德作为中共重庆地委军事委员会委员,是此次起义的重要领导者和组织者,其贡献是不可磨灭的。之后,朱德和陈毅、刘伯承等又受党的派遣,转移到南昌,成为南昌起义的重要领导人,参与了人民军队的缔造。

(四)从南昌起义到新中国成立

1927年1月,朱德脱离杨森部队,按照党的指示,利用自己同国民革命军第五方面军总指挥朱培德及所属第三军军长王均、第九军军长金汉鼎等滇军的关系,到江西南昌开展工作,被朱培德任命为国民革命军第五方面军总参议、第三军军官教育团团长,并着手筹办实际上受中共中央军事部领导的军官教育团。尽管军官教育团的学生个人经历和阶级成分都比较复杂,朱德还是认为,大多数人经过教育后都能趋向革命。他禁止体罚和打骂学生,主动关心体弱和临时生病的学员,从不搞半点儿特殊。在他的带动和示范下,教育团的师生之间形成了一种互爱互助的新风尚。

1927年8月1日,朱德参加八一南昌起义,打响了武装反抗国民党反动派的第一枪,虽然起义最后失败了,但革命的火种却保留了下来。当起义队伍中许多战士、干部的思想出现混乱时,朱德振臂高

---

① 中共中央党史研究室:《中国共产党历史·第一卷(1921—1949)》(上册),中共党史出版社2011年版,第178页。

呼:"要革命的可以跟我走","1927年的中国革命,好比1905年的俄国革命。俄国在1905年革命失败以后,是黑暗的,但黑暗是暂时的,到1917年革命终于成功了。中国革命现在失败了,也是黑暗的,但黑暗也是暂时的。中国也会有一个'1917年'的。只要能保存革命实力,革命就有办法"。[1]他坚定地说:"只要有十条八条枪,我是还要坚持革命下去! 即使最后只剩我一个人,我敢说,我还能发动起另外的人,革命的人总会越来越多!"通过朱德的努力,扭转了起义部队混乱的思想状态,使部队摆脱了绝境。此后,又经过大余整编和上堡整训,部队的思想状况明显得到改善,为以后的整党整军奠定了基础。经历了这一艰苦卓绝的革命洗礼以后,1928年4月,朱德率领的部队与毛泽东的部队在江西宁冈县砻市(今井冈山市砻市)胜利会师,成立工农革命军第四军(后改名工农红军第四军),朱德任军长,毛泽东任党代表,在中国革命和中国人民解放军的建军史上具有重大的意义。随后,他同毛泽东、周恩来一道探索农村包围城市、武装夺取政权的中国革命道路,指挥红军粉碎国民党军队对中央革命根据地的四次"围剿",并在战略转移中领导红军进行长征。

在此后的漫漫人生岁月中,朱德一直以大无畏的革命胆略和气魄,积极投身于新民主主义革命。在遵义会议上,朱德坚决支持毛泽东同志的正确主张,为确立毛泽东在红军和党中央的领导地位做出了重要贡献。他同张国焘分裂党和红军的错误行为进行了毫不妥协的斗争,团结红四方面军、红二方面军广大指战员,实现了红军三大主力会师。毛泽东称赞朱德在这场复杂的斗争中"度量大如海,意志坚如钢"。

全面抗日战争爆发后,朱德写下"与日寇决一死战,复我河山,保我民族,保卫国家,是我天职"的誓言,率领八路军东渡黄河,开赴华

---

① 杨志诚:《星火燎原》,战士出版社1979年版,第111页。

北抗日前线。他坚决贯彻党中央战略方针,广泛发动群众,开展抗日游击战争,开辟华北抗日根据地,建立起支持长期抗战、夺取最后胜利的重要战略基地。1940年,他抵达延安,协助毛泽东指挥全国各根据地的抗日战争。为克服陕甘宁边区的严重经济困难,他亲自指导南泥湾的开发工作,推动大生产运动,培育和倡导"南泥湾精神"。在党的七大上,他做了《论解放区战场》的军事报告,系统总结了党领导武装斗争特别是抗日战争的经验,详细阐述了人民战争的基本特点。

解放战争时期,朱德参与制定了"向北发展,向南防御"等一系列重大战略决策,协助毛泽东同志指挥解放区军民粉碎国民党军队的全面进攻和重点进攻,取得辽沈、淮海、平津三大战役的胜利,进军全国,彻底打败国民党反动军队,迎来新民主主义革命的伟大胜利。立下赫赫战功的朱德,成为中华人民共和国的开国元勋。

四

新中国成立后,朱德凭借着其在中国革命战争中立下的赫赫战功,当选为中央人民政府委员会副主席、中国人民解放军总司令、中国人民革命军事委员会副主席等职,同时兼任中共中央第一任纪律检查委员会书记。

此后,朱德以极大的精力投入人民军队的现代化、正规化建设工作当中。1950年9月,朱德在总干部管理部全体会议上建议我军建立军衔制度,在他看来,授予军人军衔,确定军人在军队中的等级,是国家给予军人的一种荣誉。1951年2月,中央人民政府人民革命军事委员会发出《关于干部评级工作的指示》。1952年,依托《指示》精神在部分地区进行了先期试行,之后全军干部评级工作开始全面展开,并于当年基本结束。同年2月,以代总参谋长聂荣臻为主任,副总参谋长黄克诚、总政治部副主任肖华为副主任的军衔实施委员会正式成立。1954年12月,《中华人民共和国授予中国人民解放军在中国人民革命战争时期有功人员的勋章、奖章条例(草案)》《关于颁发中国人民解放军有功人员勋章、奖章(草案)》《关于实行义务兵役制、薪金制、军衔制和颁发勋章奖章的工作指示》颁布实施。1955年1月,《关于评定军衔工作的指示》和《关于颁发勋章奖章工作的指示》颁布实施。同年2月,《关于规定勋章奖章授予中国人民解放军在中国人民革命战争时期有功人员的决议》和《中华人民共和国授予中国人民解放军在中国人民革命战争时期有功人员的勋章奖章条例》颁布实施。自此,我军现代化、正规化建设的一系列法律法规逐步建立并完善起来。

经过5年左右的时间准备,1955年9月23日,第一届全国人民代表大会常务委员会第22次会议决定,授予朱德等10人为中华人民共和国元帅军衔。朱德凭借着其在中国革命战争和人民军队建设中的突出贡献,排在了十大元帅之首。9月27日,授衔授勋典礼在中南海怀仁堂隆重举行,中华人民共和国主席毛泽东、副主席朱德、国务院总理周恩来、全国人大常委会委员长刘少奇等出席了授衔仪式。建立军衔制和勋章奖章制度是中华人民共和国对中国人民解放军的一项褒奖法令,也是我军正规化、现代化建设的良好开端。

新中国成立初期,百废待兴。在加强军队和国防现代化建设的同时,如何搞好新生的人民政权的经济建设工作,成为党和国家领导人关注的中心。1953年,毛泽东指出:从中华人民共和国成立到社会主义改造基本完成,这是一个过渡时期。党在这个过渡时期的总路线和总任务,是要在一个相当长的时间内,基本上实现国家工业化和对农业、手工业和资本主义工商业的社会主义改造。这条总路线应该是照耀我们各项工作的灯塔,各项工作离开它就要犯右倾或"左"倾的错误。经过几年的努力,1956年底,我国基本完成了对农业、手工业和资本主义工商业的社会主义改造。社会主义建设掀开了新的一页。这一时期,为了追赶先进的工业化国家,人们爆发了冲天的干劲和巨大的热情。

朱德作为党和国家的重要领导人,在这一时期,把主要精力放在了经济工作、国防和现代化建设工作、思想政治工作和党员队伍廉政建设工作等方面。20世纪60年代初,朱德明确提出:要看到世界上还没有一个国家真正建成社会主义,我们要找出一条中国自己的建设社会主义的道路。为探索这条道路,他经常深入实际和基层调查研究。从1951年到1966年,他向党中央提交了108份反映各行各业实际情况的调研报告,其中有98份报告是他亲自主持搞的[1],提出了很多有创见性的观点和见解。他在四川和重庆的调研便是其中的重要组成部分。

1957年2月25日至3月17日,朱德在四川进行了长达20天的调研,听取四川党政负责人和主要部门的工作汇报,调研了灌县(今都江堰市)、新都、彭县、绵阳等县,以及八一农场、成都无线电零件厂、成都木材厂等工农业企业,还与四川省各民主党派人士进行了座谈。在1957年3月16日四川省工业会议上,朱德发表讲话指出:"这几年,我们在办工业问题上也出现了一些问题,就是贪大、贪多、贪新。希望大家要实事求是、勤俭办工业,勤俭是中国传统美德。今后办工业应注意以下几个问题:第一,要充分利用旧的、小的和原有的厂矿和设备;第二,要提倡勤俭办工厂,勤俭办企业,反对大少爷作风;第三,

---

① 习近平:《在纪念朱德同志诞辰130周年座谈会上的讲话》,《人民日报》2016年11月30日。

要组织当地群众办加工厂,靠山吃山,靠水吃水;第四,要多建一些茶叶工厂,这是四川省的主要出口产品之一;第五,机器制造工业要为生产和人民生活服务,搞得好还可以制造出口产品;第六,军事工业和民用工业的生产必须结合起来,有些军事工业一定要转为和平工业;第七,国营工业和地方工业,都要帮助手工业的发展;第八,要广泛深入地开展增产节约运动。"①这些讲话精神至今仍然具有重要的现实意义和指导意义。

1957年3月17日至22日,朱德到重庆市开展调研。听取了中共重庆市委书记任白戈、鲁大东等关于工业生产情况的工作汇报,视察了重庆一〇一厂、一〇二厂,和重庆市民主党派人士进行了座谈。调研期间即致电中共中央,报告在重庆市的视察情况,指出:"重庆各军工厂的生产任务不足,人员、设备浪费很大,需要很好地解决,否则,将给国家造成严重损失。军工厂转民用生产或军工厂生产与民用生产相结合的问题,是迟早非解决不可的,要转还是早转好,早转少损失些,越转得晚,损失越大。应充分发挥和利用军工设备等的有利条件,为国家生产建设服务。"②朱德在四川提出的"军事工业和民用工业的生产必须结合""有些军事工业一定要转为和平工业",在重庆提出的"军工厂转民用生产或军工厂生产与民用生产相结合的问题,是迟早非解决不可的"思想,是党内比较早地提出国防工业要走"军民结合、平战结合"的发展道路,对于时下正在深入开展的军民融合生产仍然有着重要的借鉴和启发,体现了朱德实事求是、求真务实的精神和深邃洞见、远见卓识的眼光。在关注经济工作的同时,朱德对政治问题也极为重视,在与重庆市各民主党派人士代表座谈时指出:

---

① 中共中央文献研究室:《朱德年谱(新编本)》(下卷),中央文献出版社2016年版,第1593页。

② 中共中央文献研究室:《朱德年谱(新编本)》(下卷),中央文献出版社2016年版,第1594页。

"为了建设社会主义,就要搞好团结,把过去的事丢开,把个人的事丢开,大家都来考虑建设社会主义问题。在人民内部,要发扬民主,有事大家商量,有话都可以说。以保证我们在政治上的团结。我们所反对的只是那些搞资本主义复辟的人,和民主党派人士是要长期合作的。"①

1957年3月31日,是"三三一"惨案发生30周年,中共四川省委在潼南县(今重庆市潼南区)双江镇为杨闇公烈士建立墓碑,时任全国人大常委会委员长的朱德为在1927年重庆"三三一"惨案中牺牲的烈士杨闇公墓碑亲笔题写了碑文:永垂不朽——一九二七年重庆三月三十一日惨案牺牲烈士、中国共产党四川地方委员会书记杨闇公同志之墓。

1960年3月6日,朱德再次来到重庆,视察了西南师范学院(今西南大学),并为该校题词:"用毛泽东思想武装起来,贯彻党的教育方针,攀登科学高峰,做好人民教师!"②在结束对高等院校的考察以后,朱德听取了中共重庆市委工业部负责人关于四川省天然气资源利用情况的汇报,参观了红岩村中共中央南方局和第十八集团军驻重庆办事处旧址。

1963年4月2日至13日,朱德到重庆进行了10余天的考察调研。4月2日,朱德来到重庆永川和中共江津地委负责人谈话。3日,视察了永川县(今重庆市永川区)新胜茶场、永川天然气化工厂,与中共永川县委、永川天然气化工厂负责人谈话。4日,抵达重庆市,在途经綦江县(今重庆市綦江区)三江时,视察了三江钢铁厂、拉丝厂、炼钢厂,听取了中共綦江县委负责人的工作汇报。5日,视察重庆市市政建设。6日,由重庆乘船去长寿县(今重庆市长寿区),听取中共长寿县委负责人的工作汇报。7日,在视察了狮子滩水电站和凌风人民公社

---

① 中共中央文献研究室:《朱德年谱(新编本)》(下卷),中央文献出版社2016年版,第1594页。

② 中共中央文献研究室:《朱德年谱(新编本)》(下卷),中央文献出版社2006年版,第1765页。

凌风大队第五生产队以后，返回重庆市。8日，视察枇杷山。听取重庆市有关负责人关于农业、农村供销社情况汇报。9日，在重庆市南温泉和中共重庆南岸区委负责人谈话，并赋诗《南温泉》："温泉流水出花溪，绿竹红花两岸迷。最雅还推仙女洞，游人缓缓步天梯。"[①]10日，浏览缙云山、北温泉；和中共重庆市北碚区委负责人谈话。12日，在听取身边秘书汇报重庆市委向他们所谈工业、外贸的情况后指出，重庆是出口物资集散地，主要搞畜产品、农产品，如榨油、羽毛、糖果、糕点都可以成行，水菜也是大宗；钢铁办不起，轧钢还是可以利用，调进钢来；供销社办好，是个方向。13日，听取了时任中共四川省委书记处书记兼重庆市委第一书记任白戈等工作汇报。当他听到过去云、贵、川三省的猪鬃、肠衣、皮革、羽毛、桐油、茶叶、蚕丝、药材等大宗出口物资都在重庆加工包装时，就指出："现在要把这些搞加工包装的老技术人员和手艺人都集中起来，恢复这些老行当。可以开办训练班，请他们传授技艺。"[②]当听到猪肉和蔬菜都亏损时，他指出：猪肉不能靠压低收购价格，要综合利用猪身上的各种东西。给农民合理的价格。蔬菜的销售要坚持优质优价的原则。当听到兴修水利的问题时，指出要在山上种植灌木林，以利蓄水。在听完全部工作汇报后，朱德讲了四条意见：（一）农业生产的恢复可以快一点。要多搞点电灌，天旱也可以丰收。（二）要多发展经济作物，农民才能富起来，才有力量进行交通、文化和卫生事业的建设。（三）要恢复和发展供销社，对私商单纯取缔是不行的，在边远山区还需要私人贩运，国营商业包不了。（四）重庆在历史上就是出口物资的集散地，要恢复起来。畜产品、山货、药材、土特产品等，都可以出口，你们要准

---

① 中共中央文献研究室：《朱德年谱（新编本）》（下卷），中央文献出版社2016年版，第1871页。

② 中共中央文献研究室：《朱德年谱（新编本）》（下卷），中央文献出版社2016年版，第1872页。

备多出口一些。出口的种类和数量,要一年比一年多,为国家多收入点外汇。出口产品质量要保证,还要包装好。①这些针对重庆经济社会发展和生产生活实际的讲话,至今仍然具有重要的借鉴意义。

朱德的一生是革命的一生、奋斗的一生,他参加革命近70年,经历过许多磨难和险境,为中国革命成功、为中国人民解放事业立下了丰功伟绩,为我国社会主义革命和建设事业建立了不朽功勋,深受全党全军全国各族人民爱戴和崇敬。朱德与重庆有不解之缘,他是从重庆军事运动中走出来的共和国元勋,为重庆国民革命事业的开展贡献了智慧,直至晚年仍心系重庆,为重庆地区的经济建设工作和社会发展提出了不少有创见性的主张。吴玉章称赞他:"你是护国之役的先锋队,泸州蓝田坝一战,使张敬尧落马,吴佩孚、曹锟手足失措,袁世凯胆战心惊,终将袁氏帝制倾覆,保存了中华民国之名。"②毛泽东称赞朱德是"人民的光荣",周恩来称赞朱德的革命历史"已成为二十世纪中国革命的里程碑",习近平称赞朱德"是我国民族英雄璀璨群星中的一颗巨星"③,这是党对朱德的最高评价,这是人民对朱德的最高评价。朱德在毕生奋斗中表现出来的追求真理、不忘初心的坚定信念,无限忠诚、光明磊落的坚强党性,实事求是、求真务实的思想方法,心系人民、艰苦朴素的公仆情怀,一生学习、一生向前的奋斗精神④,展现了共产党人崇高的思想品德和精神风范,是党和人民的宝贵精神财富,永远值得我们继承、发扬和珍视。

(作者单位:陈洪,重庆师范大学;刘心,重庆工商大学)

---

① 中共中央文献研究室:《朱德年谱(新编本)》(下卷),中央文献出版社2016年版,第1872—1873页。
② 吴玉章:《吴玉章文集》,重庆出版社1987年版,第1209页。
③ 习近平:《在纪念朱德同志诞辰130周年座谈会上的讲话》,《人民日报》2016年11月30日。
④ 习近平:《在纪念朱德同志诞辰130周年座谈会上的讲话》,《人民日报》2016年11月30日。

参考文献

1. 习近平:《在纪念朱德同志诞辰130周年座谈会上的讲话》,《人民日报》2016年11月30日。

2.《朱德选集》,人民出版社1983年版。

3.中共中央文献研究室:《朱德年谱(新编本)》(上、中、下卷),中央文献出版社2016年版。

4. 艾格妮丝·史沫特莱:《伟大的道路:朱德的生平和时代》,梅念译,生活·读书·新知三联书店1979年版。

5.《朱德自述》,解放军文艺出版社2003年版。

6.中共中央文献研究室第二编研部:《朱德自述》,国际文化出版公司2009年版。

7.中央文献研究室科研部图书馆:《朱德人生纪实》(上、下),凤凰出版社2011年版。

8. 张继禄、周锐京主编:《朱德与四川》,四川人民出版社1996年版。

9.余玮:《真情朱德》,人民日报出版社2013年版。

10.庹平:《人民的总司令朱德》,上海人民出版社2006年版。

11.党跃武、陈光复、陈玉峰:《从档案史料看在四川大学的朱德》,《军事历史研究》2011年第3期。

12. 中共中央党史研究室:《中国共产党历史·第一卷(1921—1949)》(上册),中共党史出版社2011年版。

13.中共重庆市委党史研究室:《中国共产党重庆历史·第一卷(1926—1949)》,重庆出版社2011年版。

14.杨志诚:《星火燎原》,战士出版社1979年版。

15.方庆秋、吴菊英:《万县惨案电报一束》,《历史档案》1981年第1期。

16.《中共中央文件选集》(第二册),中共中央党校出版社1989年版。

17.《周恩来军事文选》(第一卷),人民出版社1997年版。

18.《瞿秋白文集》(第四卷),人民出版社1993年版。

19.《四川革命历史文件汇集》(甲2),中央档案馆、四川档案馆1984年版。

20.《吴玉章文集》,重庆出版社1987年版。

21.陈石平:《泸州顺庆起义》,人民出版社1982年版。

22.中共四川省委党史工作委员会:《泸顺起义》,四川省社会科学院出版社1986年版。

忘我于"和平、奋斗、救中国"

——宋庆龄在重庆

◎扶小兰

宋庆龄（1893—1981），广东省文昌县（今海南省文昌市）人。宋庆龄是爱国主义、民主主义、国际主义和共产主义的伟大战士，是杰出的国际社会活动家，是保卫世界和平事业久经考验的前驱，是中国共产党的优秀党员。她从青年时代起就追随伟大的革命先行者孙中山先生，致力于民主革命事业。在北伐战争、抗日战争和解放战争时期，她为中国民主革命事业的成功，为中国人民反侵略战争的胜利，为中华人民共和国的诞生，建立了不朽的功勋。新中国成立后，宋庆龄同志先后担任了中央人民政府副主席、全国政协副主席、国家副主席、全国人民代表大会常务委员会副委员长和国家名誉主席等领导职务，为建设社会主义中国、加强我国和世界各国人民之间的友谊，做出了重大的贡献。宋庆龄同志的一生，是为国为民、为人类进步事业不停息的战斗奋进的一生，是不断追求、不断探索，不断认识新事物、接受新思想，紧随着时代脚步不断前进的一生。她为中国人民的革命和建设、为保卫世界和平、为人类进步事业所做出的杰出贡献和所建立的丰功伟绩，在历史上永放光芒。

1941年12月香港沦陷之际赴渝，1945年11月离渝回沪，宋庆龄在重庆"经历了五个春秋"，为民族的独立和人类的解放事业而竭尽全力、奋发工作。

一、非常道路,非凡人生

　　1893年1月27日,宋庆龄出生于上海一个"交汇着西方文明和中国传统文化,充满着开明、健康、活泼和革命气息的家庭里"[1]。她的父亲宋嘉树,字耀如,原名韩教准,后随其养父改姓宋,少年时代漂泊美国,当过学徒,做过船工,入过基督教,后入教会大学学习,毕业后回到上海,任基督教传教士,后来又经营工商业,并成为孙中山革命事业的支持者和亲密战友。母亲倪桂珍是一位大家闺秀,毕业于上海培文女子高等学校,是中国较早接受教育、反对封建的进步女性之一。宋耀如是国内最早聆听孙中山革命宣传的少数人物之一,多次在家中与孙中山一起讨论革命事宜,这使宋庆龄小时候就多次见过孙中山。孙中山不凡的为人和革命精神,在宋庆龄幼小纯洁的心灵里留下了深刻的印象。她非常仰慕和爱戴孙中山,深受其革命思想影响,企望以他作为自己政治上的楷模。

　　1900年,宋庆龄7岁时入上海中西女塾读书。1908年,偕妹妹宋美龄赴美国留学,先入新泽西州斯密特城私立学校学习英语,次年考入佐治亚州梅肯市的威斯里安女子学院文学系。宋庆龄聪敏好学,思想活跃,经常参加学校的活动。当她从父亲的来信得知辛亥革命

---

① 黄维钧:《宋庆龄——20世纪东方最伟大的女性》,中国和平出版社2002年版,第1页。

胜利的消息时,热情欢呼辛亥革命是"二十世纪最伟大的事件"。

1913年,宋庆龄毕业于威斯里安女子学院,获文学学士学位。归国途中为看望父母绕道日本,在东京她又见到了孙中山,思想上充满着对他的深深崇敬。据日本外务省档案记载,在其后半个月内,她访问过孙中山7次。当她从孙中山和她的父亲那里了解到国内政局变化的详细情况后,毅然决定暂留日本,随后担任孙中山的秘书。在共同的革命斗争中建立了深厚的友谊和感情,她不顾家人的反对,不计人们的毁誉褒贬,于1915年10月25日在日本东京与孙中山结婚。

1916年,宋庆龄跟随孙中山从日本回国,千里奔走,南征北战,讨袁反段,护国护法,用自己的言行支持孙中山进行反对帝国主义、反对封建军阀的革命斗争。在严酷的斗争环境中,她置个人生死于不顾,全力保卫孙中山的安全。1922年6月16日凌晨,军阀陈炯明叛变,炮轰总统府和孙中山的住宅粤秀楼,在危急关头,她临危不惧,以"中国可以没有我,不可以没有你"的赤诚言行,掩护孙中山脱离险境。1925年,孙中山逝世后,宋庆龄坚决维护、忠实执行孙中山的三大政策,同违反孙中山革命原则的势力进行不懈的斗争,并继续同中国共产党紧密合作支持北伐。1926年1月,宋庆龄在国民党第二次全国代表大会上当选为国民党中央执行委员会委员。1927年8月,她发表声明,痛斥蒋介石、汪精卫等背叛革命。此后,她出访苏联、德国,并当选为国际反帝大同盟名誉主席。

1931年,宋庆龄再度从欧洲回国,无情揭露蒋介石"攘外必先安内"的不抵抗政策。她确信:"只有以群众为基础并为群众服务的革命,才能粉碎军阀、政客的权力,才能摆脱帝国主义的枷锁,才能真正实现社会主义。"1932年12月,宋庆龄和鲁迅、蔡元培、杨杏佛等人组织"中国民权保障同盟",保护和营救了大批中共党员和反蒋爱国民主人士。1935年,宋庆龄和何香凝、柳亚子等率先响应中共中央发表的《八一宣言》，号召全国人民团结起来，停止内战，一致抗日。1936年5月，宋庆龄担任沈钧儒、邹韬奋等在上海发起成立的"全国各界救国联合会"执行委员。同年11月，宋庆龄发表声明谴责国民党政府违法逮捕"七君子"，次年6月领导发动"救国入狱运动"。

1937年12月，宋庆龄移居香港。1938年6月，宋庆龄与印度贾·尼赫鲁、美国保罗·罗伯逊、德国托马斯·曼及冯玉祥、孙科、宋子文等，在香港发起成立"保卫中国同盟"（简称"保盟"），一方面向国外和华侨宣传抗日运动，报道中国抗日战争的真实情况，宣传中国共产党领导的抗日根据地军民的英勇斗争，赞扬中国人民抗战到底的坚强意志；另一方面呼吁世界人民支援中国人民的抗日战争，向全世界募集医药、现款和其他物资，为支援抗战做出了不可磨灭的贡献。

1941年12月，太平洋战争爆发，在香港沦陷前，宋庆龄飞赴重庆。在重庆，宋庆龄恢复和领导"保盟"，致力于战时救济与妇女儿童事业。1945年11月，宋庆龄离开重庆回上海。

解放战争时期，她继续募集大批医疗器械、药品及其他物资，通过中共的地下交通线和其他途径，运送到解放区，给予中共及其领导下的中国人民解放军以巨大的物资支援。她以她特殊的地位和特殊的方式参加人民解放战争，为缔造中华人民共和国建立了不朽功绩。

1949年9月，她受中共中央邀请，到北京参加中国人民政治协商会议第一次全体会议，被选为中华人民共和国中央人民政府副主席。新中国成立后，她先后担任了中央人民政府副主席、全国政协副主席、国家副主席、全国人民代表大会常务委员会副委员长等领导职务，为建设社会主义新中国、加强我国和世界各国人民之间的友谊，做出了重大的贡献。

1981年5月15日，中共中央政治局决定，接收宋庆龄为中国共产党正式党员。5月16日，第五届全国人大常委会第十八次会议通过决定,授予宋庆龄中华人民共和国名誉主席的荣誉称号。1981年5月29日晚8时18分,宋庆龄因病医治无效溘然长逝。艰难困苦,玉汝于成。宋庆龄终于以自己的一生证明了对党的事业的忠诚,也终于在生命的最后时间光荣地加入了中国共产党,实现了自己多年的心愿,并荣任中华人民共和国名誉主席,写下了自己政治生命光辉历史的最后一页。这是宋庆龄的光荣,也是中国共产党的光荣。

二、离港赴渝,奋斗不已

1941年12月8日,日本军队偷袭美国海军基地珍珠港,太平洋战争爆发,随即进攻香港。"保盟"与香港人民一起处在危难之中。"保盟"的文件和刊物,为免落入敌手,不得不仓促销毁。"保盟"名誉司库诺曼·法朗士在参加城防志愿队作战时牺牲了,杰姆·贝特兰被关进了日本的战俘营,邱茉莉(爱泼斯坦的未婚妻)和英文秘书塞尔温·克拉克夫人被关进拘留营。爱泼斯坦等9名委员被迫乔装躲藏起来。宋庆龄主持的"嘉年华会"还未结束,为了多为抗战做些工作,她不顾个人安危,直到香港启德机场被日军占领前6小时,才在"保盟"工作人员坚决要求下,搭乘最后一班飞机离港。当时日军已逼近机场,飞机起飞后几分钟,机场即遭轰炸,飞机从敌人的头顶上飞越而过。在千钧一发之际,宋庆龄撤离香港,来到重庆。

此时的重庆,正处在蒋介石发动皖南事变,掀起第二次反共高潮之后的弥漫烟雾中,整个山城笼罩着令人窒息的政治气氛。宋庆龄的到来,使山城人民为之振奋。消息不胫而走,给"雾重庆"增添了新的希望和力量。

而国民党当局却大为不安。蒋介石标榜自己是中山先生的忠实信徒,并尊之为"国父",对国母孙夫人来渝态度却十分冷淡。他既不敢公开反对,也未开欢迎会。这使国民党内部的许多正直人士大为不满,有人找到国民党元老之一的覃振,覃振又找到国民政府主席林森,蒋介石才不得不同意在国府礼堂举行一次茶话会,表示欢迎孙夫人。到会的有国民党中央委员和候补中央委员等近200人,于右任、李烈钧、居正、张继、戴传贤等国民党元老都出席了茶话会,而身为国民党总裁的蒋介石却避而不露面。为了封锁消息,不让人们听到孙夫人的正义呼声,茶话会议程未安排宋庆龄讲话,引起了与会者的强烈不满。覃振代表了大部分与会者的心意,他一面哭一面说:"我们欢迎孙夫人给我们讲话,孙夫人是最民主的,是我们最敬佩的人!"宋庆龄在热烈的掌声中站起来,大义凛然,侃侃而谈,抨击了蒋介石的反共独裁政策。她说,抗战军兴已经5年,必须坚持到底,收复一切失地,方能对得起流血流汗的前方将士和广大人民。她还说,要争取抗战胜利,必须实行民主,发扬民主,搞专制,搞个人独裁,是一定要打败仗的。各党各派要团结起来,一致对外,万不可兄弟阋墙,手足相残。她不点名地斥责蒋介石说:有人名为中山先生的忠实信徒,实则是中山先生的叛徒。她说到激动处,也禁不住落了泪。这一番义正词严的讲话,使一些天良未泯的国民党元老无不动容,也使那些躲在会场一角的顽固分子如陈果夫、陈立夫之流狼狈失色不敢抬头。[①]宋庆龄这次大义凛然、泾渭分明的讲话,特别是对蒋介石倒行逆施行径的公开指责,道出了当时国统区人民心中想说而不敢说的话,冲击了"雾重庆"的沉闷政治空气,振奋了大后方的人心。

国民党蒋介石集团对宋庆龄讲话无可奈何,就竭力歧视与限制

---

① 王昆仑:《宋庆龄——毕生为新中国奋斗的忠诚战士》,载人民出版社:《宋庆龄纪念集》,人民出版社1982年版,第96—99页。

她。抵渝之初,宋庆龄暂住其大姐宋霭龄和国民政府财政部部长孔祥熙的公馆范庄,蒋介石派特务暗中严密监视,使宋庆龄没有外出和会见友人的自由,甚至在家中谈话也受到监视。到宋庆龄住处去的每个人都会受到便衣特务的监视、跟踪和威胁。当时与宋庆龄有交往的、在美国驻华使馆工作的费正清回忆说:"甚至她想离开重庆到中国别处去换换空气也不行,更不用说到国外去。"①对于宋庆龄在重庆的处境,许多进步人士和国际友人都极为关心。中共中央南方局委员邓颖超要求拜访宋庆龄,好不容易才得到"安排"。两友相见时,宋庆龄却不得不暗示"有人监视,谈话谨慎"②。友人祝世康去拜访她,她只能低声说:"这里不是谈话的地方,等我找到住处后,再约你……谈吧。"③1942年4月,周恩来在致毛泽东并中央书记处的一份电文中,历数国民党的109条反共措施,其中就有一条反映宋庆龄的处境:"孙夫人住孔家,不仅不能见客,连其住屋内都借口房子不够,有人同住监视。每逢群众集会,故意推夫人为主席团,但并不通知本人,企图使群众失望。"④后来,经过宋庆龄的争取和其弟宋子文的帮助,她终于离开孔家,搬进两路口新村三号的寓所。对宋庆龄在渝处境深为了解的邓颖超后来回忆说:太平洋战争爆发以后,你从硝烟弥漫中冲出香港,被迫转到重庆。这使消极抗战、积极内战的反共顽固头子蒋介石大为恐惧不安。他外表佯装关怀接待,让你住在大姊姊家里,暗中却派人监视你。使你没有出外的自由,没有会见友人的自由。……你被凶恶的魔鬼包围,我们时时把你的安全挂在心上。直到对你比较好的弟弟,把你安排在敌机轰炸过的断墙残壁间的一栋

---

① 转引自郑灿辉等:《宋庆龄与抗日救亡运动》,福建人民出版社1986年版,第265页。

② 邓颖超:《向宋庆龄同志致崇高的敬礼》,载人民出版社:《宋庆龄纪念集》,人民出版社1982年版,第59页。

③ 祝世康:《峥嵘岁月忆深情》,载上海市孙中山宋庆龄文物管理委员会、上海宋庆龄研究会:《回忆宋庆龄》,东方出版中心2013年版,第216—217页。

④ 尚明轩主编:《宋庆龄年谱长编(1893—1948)》,北京出版社2002年版,第571页。

楼里,使你总算摆脱魔鬼的监视,得到一楼之中的自由。然而我们和爱国进步人士去看你,仍然少有机会,而且有特务爪牙的追踪,随时都要警惕。你如挺拔的大树,岿然屹立于雾都重庆,为民族的独立和人民的解放而竭尽全力、奋发工作,经历了5个春秋。[①]

三、披荆斩棘,恢复和领导"保盟"

宋庆龄在离港赴渝之前坚定地表示,不管发生什么情况,"保盟的工作,一定要继续下去"[②]。到重庆后,如前所述,她处境艰险,面临种种障碍,但她没有停止过筹划重建"保盟"的工作,从未放弃过为实现"保盟"的宗旨而奋斗。

1942年春夏,"保盟"中央委员会的其他一些成员,也以各种方式逃离香港,陆续到达重庆。到1942年8月,"保盟"中央委员会委员在渝人数已有足够数目。同时,海外支援"保盟"工作的一些机构,如美国援华委员会、加拿大维多利亚医疗援华委员会、加拿大维尔侬中国战灾救济委员会、荷属西印度阿鲁巴爱国华侨协会及伦敦的中国运动委员会等,积极鼓励"保盟"在重庆继续香港时期的工作。他们的支持,给"保盟"工作人员带来了新的力量与信心。于是,宋庆龄在8月中旬重组"保盟"中央委员会,并继续担任主席。其成员有爱泼斯坦、王安娜、廖梦醒、约翰·福斯特、简·斯坦尼福思、贝克、苏士·陈、邱茉莉、许乃波和金仲华等。原在上海的奥地利友人魏璐诗女士也成

[①] 邓颖超:《向宋庆龄同志致崇高的敬礼》,载人民出版社:《宋庆龄纪念集》,人民出版社1982年版,第59页。

[②] 尚明轩主编:《宋庆龄年谱长编(1893—1948)》,北京出版社2002年版,第568页。

为"保盟"新成员。何香凝、孙科、冯玉祥、茅盾及印度国民大会党领袖贾·尼赫鲁,德国作家托马斯·曼,美国记者和作家埃德加·斯诺和文森特·希恩,美国著名歌唱家和黑人领袖保罗·罗伯逊,美国女作家赛珍珠,美国剧作家克莱尔·布思和路易斯·勃鲁费尔德、艾德敷·卡特夫人、理查德·沃尔士等国内外知名人士成为"保盟"的荣誉成员。周恩来特地将中共党员廖梦醒从澳门调到重庆,继续担任宋庆龄的秘书,协助她恢复"保盟"工作。"保盟"的办事处就设在宋庆龄寓所,当时,经常与宋庆龄一起办公的除廖梦醒外,还有德籍友人王安娜。廖梦醒担任秘书兼管"保盟"的来往财务;王安娜利用其外籍身份,与各国驻华使馆官员的夫人们联系,争取外援,互通消息。

重组后的"保盟",其宗旨和任务依然如初,向国内外争取援助,以资金、医药和物资,重点支援边区和敌后抗日根据地。1943年"保盟"向全世界发了一篇关于救济工作的详细报告。宋庆龄在报告序言(《给中国在海外的朋友的公开信》)中,进一步阐明了"保盟"对当前时局的主张,再次强调以解放区为救济重点的作用与意义,指明了救济工作的指导思想。在这封公开信里,宋庆龄坦率地说明"保盟"救济的重点是解放区的一贯政策,批判了所谓"中立"的救济观点。她写道:为什么要特别提到边区呢?我们是否把边区的要求放在其他中国地区和其他中国军队的要求前面呢?不,我们并不如此。我们所以把重点放在游击区,是因为他们虽然牵制了并且仍在牵制着日本在中国几乎一半的兵力,但是他们已经有三年没有得到过任何武器和金钱的援助,以及与我们的工作特别有关的医药援助。……国内政治的封锁使他们没有医生、外科器械和药品,甚至由国外友人送来的,他们也得不到。我们并不要求给他们优先待遇,而是要求平等待遇,要求取消封锁……这种封锁在中国划出了一条无形的界线,一边是每一个抗日受伤的战士都可以有资格受到治疗,一边却不然。①宋庆龄对救济解放区一事，只要求"平等待遇"，不要求"优先待遇"的提法与论证，确切而又重要，既符合事实，又很近情理，获得了广大中间势力与国际友人的广泛支持。

宋庆龄又论述道：保卫中国同盟完全致力于救济工作，但是救济工作要有一定的目的。它希望在自己的范围之内，帮助打赢这个反法西斯的战争。当世界还没有完全加入这伟大斗争的时候，本同盟反对"中立"的救济观念，主张首先把援助送给反侵略的战士们，因为如果不是他们用斗争来挡住了侵略者的路，那么，侵略者获得胜利之后就会造成那样深重的苦难，即使全世界的救济力量也无济于事了。②由此证明，在反侵略战争初期，"保盟"提出反对"中立"的救济观念，是完全正确的。不首先援助反侵略的战士们，就不能有今天的战斗成果。当抗日战争进入1943年，"保盟"又提出，现在的"救济工作应该帮助争取最后的胜利，保证维持一切反法西斯的力量的团结，不许发生新的分裂，以免既得的斗争果实受到危害"③。"保盟"支援解放区，也就是为了帮助抗日军民争取最后的胜利，并维护一切反法西斯力量的团结。宋庆龄认为，外国机构与友人对"保盟"工作的支持，对中国抗战的援助，"象征着外国对中国团结抗日的兴趣，间接地削弱了破坏团结的力量"④。因此，"保盟"反对外国对中国抗战的"不干涉"政策，主张世界各国人民都有权利和义务来帮助中国人民争取独立自由的斗争。

宋庆龄还进一步论述了救济与民主的关系问题。她认为，今天法西斯国家的军事失败已经在望。越在这个时候，我们就更需要保持并且加强用这样大代价换来的团结，我们就更需要保持并发扬民

---

① 宋庆龄：《永远和党在一起》，上海人民出版社1983年版，第45页。
② 宋庆龄：《永远和党在一起》，上海人民出版社1983年版，第46页。
③ 宋庆龄：《永远和党在一起》，上海人民出版社1983年版，第46页。
④ 宋庆龄：《永远和党在一起》，上海人民出版社1983年版，第42页。

主。她高度评价中国人民的武装部队进行斗争、实行民主,把许多孤立的游击据点扩大为敌后强大的抗日根据地,现在正在为争取最后胜利而斗争。而"只有把援助和我们自己一切的力量用在比以前更艰苦的战斗上,我们才有资格要求援助"①。宋庆龄强调指出,目前加强团结是极为重要的,因为没有团结,就不能有胜利;但是,如果没有民主,也就不会有团结。而"保盟"的工作就是为这种团结与民主服务的。宋庆龄对救济工作予以新解,认为它是属民主活动范畴的。她说:"中国救济事业,作为积极的、民主的活动,就是要按照平等按比例的原则对所有抗日的人予以援助。每一块募集到的钱,每一个为这个目的而发出的呼声,都不仅是为减除痛苦,而且是打击那些制造这种痛苦的东西。这些东西如果我们不予摧毁,它们就必然带来新的灾难。这是最真实的人道主义。"②由此,宋庆龄的结论是:"救济只是反法西斯的救济。救济只是争取民主的救济。只有这样办,才能帮助中国人民并帮助你们自己。"③

宋庆龄在这一公开信中所阐明的救济原则,是"保盟"在重庆时期坚持的根本指导思想和根本原则。在此意义上讲,这一公开信是"保盟"在重庆时期的纲领性文件,具有重要指导意义。

而在国民党统治中心重庆开展"保盟"工作却是困难重重。当时"保盟"连办公的地方都没有,只好在宋庆龄家里办公,每次开会也在她家,并由她亲自主持。这也是避免国民党政府干涉和特务捣乱的唯一办法。即使如此,宋宅仍受到严密监视,所有拜访宋庆龄的客人,一离开她家就要受到非难。国民党的社会局不断对"保盟"进行迫害纠缠,要"保盟"登记,要清查"保盟"的存款,干涉存款的用途。正如宋庆龄后来所说,在重庆"我们在国民党反动派经常不断的干扰

---

① 宋庆龄:《永远和党在一起》,上海人民出版社1983年版,第44—45页。

② 宋庆龄:《永远和党在一起》,上海人民出版社1983年版,第46—47页。

③ 宋庆龄:《永远和党在一起》,上海人民出版社1983年版,第47页。

下坚持工作。我们竟然连房子都没有,我自己的客厅成了唯一的安全的办公地点和开会场所。我们与外国朋友和海外侨胞的联系都必须加以伪装"[1]。另一方面,"保盟"对抗日根据地与游击区的救济工作也比过去更加困难。作为"保盟"主要援助对象的国际和平医院,一段时期一直是国内政治封锁的牺牲品,接受不到任何外来物资,即使是接受外汇亦相当困难。在重庆还出现了货币问题。在香港可以直接用外汇购货,但在重庆要用中国法币;而当时中国法币惊人地贬值,物价比战前涨了50~200倍,而外汇兑换率只涨了4倍。这意味着,若要支付以前同样的开支,就需要比以前多10~20倍的外汇,这就在经费方面给"保盟"带来极大的困难。再者,"保盟"的正常宣传工作也受到极大限制,对外宣传的经费大幅减少。由于政治和技术条件的限制(包括缺乏人员与印刷条件,也不可能向国外邮寄大量资料),不可能继续出版定期刊物,使"保盟"与海外朋友缺乏联系途径。对外宣传只能通过宋庆龄的文章与声明来维持,或通过外国机构帮助印刷发行。如1943年一篇关于"保盟"工作的详细报告(《游击战下的中国》),就是通过纽约一个支持"保盟"的机构印刷并分发到世界各地的。由于对外宣传大量减少,"保盟"在世界各地大规模的募捐活动大受影响,这是重庆时期的"保盟"与香港时期相比的一些不利因素。

但在重庆也有一些有利条件,这就是"保盟"可与以周恩来为代表的八路军办事处保持密切联系。宋庆龄与周恩来经常有信件来往,必要时还可以会面讨论问题。由于国民党的军事封锁与新闻检查,处在重庆的"保盟"要想得到八路军和解放区的消息非常困难。为了解解放区的情况,并征求向外宣传的资料,"保盟"经常从八路军办事处邀请从解放区回来的人员参加会议,请他们报告解放区的情

① 宋庆龄:《永远和党在一起》,上海人民出版社1983年版,第176页。

况,然后写成文章到国外去发表。外国友好团体汇给"保盟"的款项,由宋庆龄巧妙地从国民党中央银行提出,然后通过各种途径,包括美国友好人士福斯特的帮助,直接转给八路军办事处。正如宋庆龄回忆所说:"在重庆,虽然有国民党特务的跟踪,我们与周恩来同志领导的八路军办事处保持着经常联系。我们就是这样,转送经由我们募集的捐款和物资,获得关于人民游击战争和接受我们援助的事业的消息,并且把这些消息传播给全世界。"①

虽然环境险恶、工作条件极差,但宋庆龄利用其特殊身份及一切有利条件,凭着大智大勇,趋利避害,领导"保盟"巧妙地在重庆开展了为期4年卓越有效的工作,为抗日救国做出了重要贡献。

宋庆龄和"保盟"成员想尽一切方法在国内外人士和海外侨胞中募捐,并冲破国民党当局的封锁,把募集的大量前方急缺的药品、医疗器械、各种物资和款项源源不断地输送到抗日根据地去。首先是设法恢复或新建与外国机构、朋友的联系。"保盟"先和纽约联合援华会及其驻重庆代表建立了良好关系,来自此机构的捐款虽还不能适应日益增长的需求,但其捐款是经常的,且数目相当可观。与英国的联系也已开始。其他一些国家较小的援华机构,虽不知道"保盟"是否仍旧存在,仍继续汇款来。特别令人鼓舞的是,"保盟"未经申请即获得新的捐款来源,如美国的劳工组织主动向"保盟"伸出援助之手。国际皮裘制革厂工人工会,也以数目可观的捐款支援晋察冀边区的白求恩国际和平医院建立分院,并负担其一年的部分开支。同时,"保盟"还从美国全国海员工会和职员、工人中,得到大量的捐献,又和驻重庆的美国红十字会和美国医药援华会的官员建立了良好关系,得到了他们可贵的援助。这也正如宋庆龄所说:"尽管障碍重重,中国人民始终是朋友遍天下,任何封锁、阴谋诡计、中伤诋毁和其他

---

① 宋庆龄:《永远和党在一起》,上海人民出版社1983年版,第177页。

敌对行为都不能分隔我们。"①大量的外国援助仍源源而来。募集来的捐款和物品,一部分是捐赠者指定地区和用途的,"保盟"就按这些指定来分配,而大部分捐款和物品是没有指定的,宋庆龄就都拨给最急需的解放区。当时为解放区募集的物资,包括 X 光机、流动医疗队的整套用具和设备、医疗器械和药品,给孤儿们用的鱼肝油、奶粉和罐头等,给鲁迅艺术学院用的绘画用具和颜料,给医科大学的医书和实习仪器等,给前线战士的军毯、手套、衣服等。而募来的物资和款项,大部分是指定给国际和平医院的。②1943 年,国际和平医院收到"保盟"送去的物资,虽不到一吨,但都是珍贵的外科手术器械和磺胺药物。经过宋庆龄和"保盟"成员的艰苦工作,重庆期间"保盟"给国际和平医院的资助至少有 65 万美元和 17000 多万元法币。③除国际和平医院之外,"保盟"还对抗日根据地其他许多单位长期提供援助,如延安医科大学、延安合作药厂、延安"工合"事务所、延安的鲁迅艺术学院和抗日军政大学、延安技术学校、陕甘宁边区八路军医药制造厂、陕甘宁边区洛杉矶托儿所、陕甘宁边区基础学校、晋东南的延安医大分部、晋东南工合事务所和河北西部的白求恩医学院等。宋庆龄在 1945 年 12 月写的《保卫中国同盟声明》中,对在抗日战争中支援过我们的朋友们说:"这种支援对保卫中国的作用,不亚于以飞机、坦克和枪支的支援。"

"保盟"还邀请国际友人来华参加医疗队。加拿大的白求恩,印度的柯棣华、巴苏华,美国的马海德,奥地利的罗森塔尔,德国的米勒,加拿大的于文,等等,都是通过宋庆龄和"保盟"的介绍,先后到抗日根据地工作的。白求恩、柯棣华都献身于中国的革命事业。后来宋庆龄对这两位伟大的国际主义战士给予了高度评价。她说:"这两

---

① 宋庆龄:《永远和党在一起》,上海人民出版社 1983 年版,第 177 页。

② 宋庆龄:《永远和党在一起》,上海人民出版社 1983 年版,第 80 页。

③ 宋庆龄基金会编:《宋庆龄走过的道路》,中国和平出版社 1993 年版,第 56 页。

位国际主义的模范把中国人民的斗争,看作是本国人民的斗争,在前线无私无畏地服务,直至把自己的生命献给了全世界人民的共同的事业。"①当时,宋庆龄通过"保盟"的帮助,在根据地先后建立了8所国际和平医院和42所分院。②这些医院为抗日根据地的医疗事业做出了卓越贡献。据陈赓夫人傅涯回忆,1944年陈赓、傅涯两人同时患病在延安国际和平医院住院,当时根据地缺医少药的现象十分严重,连消炎用的磺胺片也非常珍贵,前方撤下来的伤病员常因无药治疗而危及生命。正在这时,"保盟"载着各种药品、医疗器械的汽车陆续开来,不仅为医院解了燃眉之急,还转送给前方不少慰问品。延安国际和平医院的全体伤病员为了表达感激之情,联名在一块二尺多长的白绸子上给宋庆龄写了感谢信。③此外,宋庆龄和"保盟"还帮助抗日根据地办起了战时孤儿院、托儿所等儿童保育机构。如1942年在延安成立的洛杉矶托儿所,就是宋庆龄等向美国洛杉矶的电影界友好人士和华侨募捐建立起来的。

外国友人和华侨支援中国抗战和宋庆龄的"感召是分不开的"。宋庆龄的高尚品格使她在国内外深孚众望,许许多多国际友人崇敬、仰慕宋庆龄,他们以与她晤见、谈话为荣。不少人为得到她的亲自签名盖章而踊跃捐款。她总是那么热情谦逊、仪态优雅,总是拥有无数同情和支持中国革命的外国朋友。不少外国友人直接参加"保盟"工作并做出了可贵贡献。如"美国医生马海德是'保盟'派驻延安的通讯记者,同时负责与白求恩在战地上进行联系;新西兰作家杰姆·贝特兰是'保盟'的战地记者;德国医生汉斯·缪勒跟随'保盟'的车队到

---

① 宋庆龄:《永远和党在一起》,上海人民出版社1983年版,第175页。

② 中国福利会:《亲切的教诲,巨大的动力:深切悼念敬爱的宋庆龄同志》,《文汇报》1981年6月5日,第3版。

③ 傅涯:《良师益友 革命情深:深切悼念宋庆龄同志》,载人民出版社:《宋庆龄纪念集》,人民出版社1982年版,第198页。

解放区参加战地医疗服务……"①路易·艾黎等还发起了支持中国抗战的"工业合作社运动"（简称"工合"），宋庆龄在重庆时期仍尽全力支持和帮助"工合"，还亲自参观了"工合"在成都的几个合作社。一些外国官员，如英国驻华大使馆科学参赞李约瑟也参加了"保盟"工作。1945年，被宋庆龄营救出狱的原"保盟"上海分会负责人吴大琨辗转来渝，想见宋庆龄，因特务猖獗，不便拜访。李约瑟知道后，特地在英国大使馆举行了一次茶会，请宋庆龄和史良等参加，趁此机会吴大琨安全地见到了宋庆龄，并向她汇报了"保盟"上海分会对新四军的援助情况，以及国民党当局在上饶集中营的种种罪行。②

宋庆龄在重庆还得到了时任中印缅联合战区指挥官、中国战区参谋长美国约瑟夫·史迪威将军的支持和帮助。史迪威对八路军、新四军英勇抗日深为敬佩，对宋庆龄也十分仰慕，他同意让美国军用飞机为"保盟"运送某些救济物资到延安，并从军用仓库里直接拨出药品、物资送给八路军、新四军，还派军医去抗日根据地。1944年外国捐来一台大型X光机，因国民党封锁边区，难以运送延安，最终是史迪威帮助把这台X光机运到延安的。据廖梦醒回忆：那时能飞到延安去的只有美国军用飞机。可是这部X光机体积很大，搬不进舱门。我请示恩来同志，他叫我去跟庆龄同志商量。庆龄同志让我去找史迪威将军的杨副官。那是一个夏威夷华侨，深得史迪威信任。我把情况说明后，他立刻报告史迪威将军。史迪威将军向来钦佩孙夫人，一口答应帮忙。他怕夜长梦多，下令马上改建一架军用飞机的舱门，把X光机装进去就飞往延安。③大型X光机运抵延安后，宋庆龄得周

① 严如平：《为祖国独立解放不辞辛劳》，《中国革命的伟大女性——宋庆龄》（七），《中国青年报》1981年6月6日，第4版。

② 吴大琨：《在宋庆龄同志领导下工作》，载上海市孙中山宋庆龄文物管理委员会、上海宋庆龄研究会：《回忆宋庆龄》，东方出版中心2013年版，第179—180页。

③ 廖梦醒：《我认识的宋庆龄同志》，载人民出版社：《宋庆龄纪念集》，人民出版社1982年版，第135页。

恩来电告,非常高兴。这是当时抗日根据地第一台也是唯一的一台X光机。这台X光机一直到1981年宋庆龄逝世时,还在解放军第四军医大学使用,而且清晰度良好。

宋庆龄对中共中央领导人寄予深情厚谊。在一次向延安运送物品时,宋庆龄亲自写信给延安救济机构的具体工作人员,叮咛他们:援救物品中有些奶粉和葡萄糖,请抽出两箱来,分送给毛主席、朱总司令和其他中央负责同志。他们的健康并不是他们个人的事情,而是关系到中国的前途。①

四、殚精竭虑,致力于战时救济和妇女儿童事业

在渝期间,宋庆龄在积极支援敌后抗日根据地的同时,还时刻关怀着在苦难中挣扎的广大民众和妇女儿童。当时山城物价飞涨,人民生活十分困难,宋庆龄外出散步时,常常停步与路上的普通民众和蔼交谈,了解他们的疾苦,并设法帮助之。1942年夏,"保盟"工作人员徐舜英从香港辗转到重庆,到宋庆龄家做客。当时,粤北一带大饥荒,宋庆龄关切地询问实情,徐舜英告之其沿途所见所闻之惨状,宋庆龄颦眉聆听,表现了无限忧虑与关切之后,随手拿起一块橙黄色底子印着红点点的料子,说:"这是西藏产品。"徐问道:"西藏人为什么喜欢这种刺眼的颜色?"宋说:"因为西藏人民生活太悲惨了,他们希望鲜亮的颜色会带来幸福和光明。"宋庆龄如此体察、同情民众苦难,

---

① 转引自蒋洪斌:《宋庆龄的足迹》,黑龙江人民出版社1988年版,第564页。

使客人们深为感动、铭记在心。①

宋庆龄领导"保盟"除个别募捐外,还大规模举办赈灾义赛、音乐会义演、足球义赛、书画义卖、歌舞义演等活动,募得大量捐款救助了上千万灾民,受到灾民们衷心爱戴。

1943年,黄河决堤,河南发生特大水灾,人民流离失所,哀鸿遍野。为此,宋庆龄领导"保盟"在重庆开展了救济河南灾民的宣传和动员工作,并设立了两个国际组织。通过义务工作人员和英、美、苏的外交和军事机构,举行戏剧义演和球类义赛,在重庆募得30万法币。由于美国援华会的帮助,"保盟"自联合救济会取得5万美元捐款,救济河南游击区灾民。还争取到美国劳工组织和驻重庆的美国红十字会、美国医药援华会等的援助。特别值得提及的是宋庆龄发起举办的"赈灾国际业余足球义赛"活动。参加这次义赛的有由沪赴渝的全国足球名流组织的"沪星"队和当地社会人士组成的"东平"队,还有英国驻华大使馆、军舰等工作人员组成的"英联"队和当时韩国在华青年组织的"韩青"队。虽然国民党当局发出"赈济豫灾的募捐活动,只有它们所属的机构才可举行"的通知,但宋庆龄对国民党当局的无理阻挠根本不予理睬,按原计划积极进行筹备。宋庆龄和英国大使卡尔及韩国代办都参加了这次国际赈灾义赛的开幕式与闭幕式。开幕前半小时,场内已是人山人海,大家都渴望见到德高望重的宋庆龄。一些国民党达官贵人乘车进场,观众反应冷淡,可当宋庆龄入场时,观众同时起立,报以雷鸣般的掌声。宋庆龄向运动员献花、握手,代表河南受灾同胞向全体运动员致谢,激励他们在比赛中赛出水平,为受难同胞赈灾做贡献,并亲自为义赛开球。义赛门票分200元、100元、50元和10元,很快销售一空。在入场口处还设立了捐献箱,观众入场时自觉捐献。参加义赛捐赠的观众多出于爱国热忱,

① 徐舜英:《我们时代的一颗巨星——忆宋庆龄居留港渝时》,载人民出版社:《宋庆龄纪念集》,人民出版社1982年版,第217页。

也有不少纯粹是出于对孙夫人的崇敬来观赛的。义赛中,宋庆龄每场必到以鼓励观众。经过三轮五场比赛,义赛圆满结束。在闭幕式上,宋庆龄亲自向各队赠送奖旗,并向每个运动员赠送印有"参加筹赈豫灾足球义赛纪念孙宋庆龄赠"的珍贵纪念章。宋庆龄号召将义赛所得全部捐赠灾民,得到了队员、广大群众和国际友人的热烈响应。赛毕,大会又在闭幕式上义卖比赛用球,以500元法币拍卖给一位爱国人士。这次义赛净收入为125530元法币,全部汇给宝鸡豫灾赈济委员会主席卢广绵,赈济河南灾民。义赛的意义,不仅募集了钱款,更重要的是增强了人民战胜严重灾害的信心和力量。

1943年7月,为赈济广东灾民,宋庆龄在重庆道门口银行界同人进修社发起举办了赈济粤灾国际音乐会,得到中外音乐界人士的热烈响应,由英大使薛穆的夫人担任主席,并由在渝的中、美、苏、英人士参加演奏。音乐会净得收入19万余元,全部汇往广东灾区。9月12日,粤灾筹赈会妇女总队,在新运会模范区举行义卖会。内分义卖、寄卖、茶点、钓鱼、占算5部分,义卖、寄卖部分有衣料饰物,化妆品多种。并陈列赈灾奖品400余种,其中宋庆龄所赠手提包、陈淑英所赠名画、王秘书长所赠二十五史及象牙筒等皆极珍贵,被列为特奖。[1]

1944年4月,为赈济湖南灾民,在她的号召主持下,湘灾筹赈委员会在重庆夫子池新生活运动服务所举办了为期一周的"古今书画物品义卖展览会"。宋庆龄捐出珠宝粉盒一个,当场义卖;并在义卖会上购买3幅画及物品,以示提倡。接着冯玉祥夫人李德全捐出古画《牧牛图》。除书画物品义卖之外,还有中大艺专名教授画像、象棋比赛等项目。商务印书馆、家庭工业社、中国皮鞋社等23家企业,临时在会场设立商店,以所得20%助赈。此外另有汉、唐、宋、元、明、清名

---

[1] 尚明轩主编:《宋庆龄年谱长编(1893—1948)》,北京出版社2002年版,第594、598页。

贵书、画、古物。义卖第一天上午就接待5000多人,全天所得超过40万元。第二天,因展览会物品都是廉价义卖,购者特别踊跃。棋王谢侠逊与重庆名手赛棋,花纱布管制局准备大批平价布,在全场平价发售。全日参观者不下4000人。外宾也争相购买,有美国贺恩将军,美英法军官多人。闭幕时,苏联大使馆郭秘书等还在争购书画。4月14日,宋庆龄还特邀著名舞蹈家戴爱莲、斯义桂和中国舞蹈艺术社、中华交响乐团,在国泰大戏院举行音乐舞蹈义演。宋庆龄与周恩来、邓颖超观看演出。这次义演的净收入45万余元。直到5月27日宋庆龄发起的湘灾筹赈舞蹈音乐会才结束。共筹得国币555255元,除开销88727元及缴付节约储蓄券款6880元外,所余459648元,由孙夫人拨交湖南省政府驻渝办事处转汇薛主席代为施赈。[①]

1944年,宋庆龄还为援助国统区贫病作家组织募捐活动。这些作家不甘当亡国奴,以笔作武器,进行文化救亡运动,写出大量作品打击侵略者,反对独裁统治,为中国抗战做出积极贡献。可他们大部分从沦陷区流亡到内地,又不断受到日、伪及国民党反动统治的迫害,没有固定的工作和收入,加之重庆物价飞涨,受着"贫"与"病"的困扰,生活极其窘迫。从7月开始,中华全国文艺界抗敌协会(简称"文协")在中共的推动下,发起各界大力援助贫病作家运动,在《新华日报》上进行宣传和发动工作。《新华日报》《新民报》上刊登了成渝两地文艺界艺术家在贫病中去世的消息,以及当时很多作家、艺术家在贫病交迫中"病不能医,贫无所靠,死不能葬"的悲惨境遇。宋庆龄看到这些触目惊心的消息,非常痛心。即对廖梦醒说,"保盟"要发起救助,帮助那些贫病作家。她召集"保盟"成员商讨,决定以举办慈善舞会的形式进行募捐,但当时蒋介石倡导的"新生活运动"禁止跳舞,更不准举办舞会。为避开禁令,大家就以招待盟军盟友为名,在专门接

---

① 尚明轩主编:《宋庆龄年谱长编(1893—1948)》,北京出版社2002年版,第609页。

待盟军的"胜利大厦"举办舞会。宋庆龄还特别邀请重庆市市长夫人倪斐君女士担任慈善舞会的筹备委员。经过精心筹备,慈善舞会于9月29日至30日顺利举办了两场,收入共计70万元。慈善舞会结束时,宋庆龄代表"保盟"将全部收入交给中华全国文艺界抗敌协会,郭沫若、老舍代表文协和全体贫困作家、艺术家向孙夫人致以谢意,场内掌声雷动,经久不息。"文协"很快将全部捐款发放到贫困作家手中,使40多位为救亡图存、用笔作刀枪的进步作家得到救助。这些贫困作家和他们的家属含着热泪感动地说:"孙夫人对我们文化人的关怀,真是雪中送炭。"

宋庆龄开展的这些救济活动,赢得了人民的爱戴,却使国民党顽固派极为不安。"据美国陆军情报机构在战时提出的报告说,当她举办足球比赛的时候,蒋的安全人员警告球迷不要去看,肯定不要为宋庆龄的球队喝彩,否则就要被逮捕。"[①]但这并没有吓倒群众,整个比赛自始至终顺利进行。宋庆龄的崇高威望与群众对宋庆龄的由衷尊敬和爱戴,震慑了国民党特务,使他们不敢捣乱。

在渝期间,宋庆龄是在极为艰难的环境中奋斗前进的。斯特林·西格雷夫在《宋家王朝》中是这样描写此时期的宋庆龄的:"她在重庆度过战时的岁月,她没有被软禁,但是同其他中国人和大多数西方人隔绝,因为这些中国人怕逮捕,而大多数西方人则误认为她是'赤色分子'。她举办音乐会和体育比赛来筹款救济伤兵,可是却受到流言蜚语的指责,因为有人硬说得到救济的只是'共产党地区'。她之所以把重点放在共产党地区,是因为除了……少数例外的情况以外,在蒋控制的地区没有发生过严重的战争。"[②]这是宋庆龄在重庆生活、斗争处境的真实写照。

儿童工作是缔造未来的工作,救济战灾儿童,是帮助保存中国未

---

① 斯特林·西格雷夫:《宋家王朝》(全译本),澳门星光书店1985年版,第440页。

② 斯特林·西格雷夫:《宋家王朝》(全译本),澳门星光书店1985年版,第440页。

来的有生力量。在渝期间,宋庆龄为儿童福利事业亦倾注了极大心血。1944年8月22日,宋庆龄与宋霭龄、李德全等发起召开儿童福利工作会议,并组成筹备委员会。为集思广益,检讨战时儿童福利工作及研讨战后儿童福利计划,以求培养健全之民族后代,宋等拟召集全国各地儿童福利工作人员举行会议。已组成的儿童福利工作人员会议筹备委员会,经数月之筹备商洽,决定大会于9月18日在中央图书馆开幕,会期一周。参加会议者有对儿童心理、优生及儿童营养学有深切研究之专家20人,共计100人。当日重庆《大公报》对此予以"此种有规模正式讨论儿童福利工作之会议,尚属创举"的高度评价。经筹备委员会数月的筹备商洽,儿童福利工作人员会议于9月18日在中央图书馆如期正式举行,着重讨论战后儿童福利设施计划。

宋庆龄还把较多的精力放在妇女工作尤其是动员妇女参加抗战工作方面。早在1938年上半年,由于全国出现了团结抗战的高潮,也形成了全国妇女运动的高潮。7月,所有的妇女组织(包括妇女救亡协会、旧的中立性团体如青年会等、新的战时团体如全国妇女救济会以及全国战时孤儿收容会等)在庐山举行会议,成立了一个统一的妇女组织,即"妇女指导委员会"。其任务是援助孤儿和受伤的军民,用文娱形式慰劳前方军队,教育农村妇女,出版妇女杂志,恢复和改良手工业方法来发展地方生产,以及训练妇女干部等。"这个委员会发展得很迅速,因为它在一开始就是一个真正的统一战线组织。国民党、共产党和无党无派的妇女站在平等的地位,参加会议的讨论。"[1]邓颖超、史良、沈兹九、刘清扬、吴贻芳等都是委员。宋美龄由于是蒋介石的夫人,所以当然地做了指导长。宋庆龄对妇女指导委员会的工作,也给予了热情的支持。

妇女指导委员会的会议,宋氏三姐妹有时一起参加,表现了团结

---

[1] 宋庆龄:《中国妇女争取自由的斗争》,《宋庆龄选集》(上卷),人民出版社1992年版,第355页。

一致,但有时也有斗争。据史良回忆:在妇女指导委员会里,斗争也是尖锐的,主要表现在宣传工作和联系群众工作方面。每年三八节,都要为宣传口号问题发生严重争论。国民党的唐国桢、陈逸云等人,连"全国妇女动员起来参加抗战"的口号都反对……每次争论我们都胜利了。国民党里的人虽然和我们争得厉害,但宋美龄本人从不表示态度。只有一次,为一个训练班的教育方针问题,有一点脸红。那是以各省主席夫人为主体的训练班,宋美龄在会上说:你们都将有机会参加接待外国朋友的工作,一定要学会有关仪节,例如吃西餐,怎样用好刀叉,就要学习。她讲完后,宋庆龄就提出异议:今天中国妇女和中国人民不是会不会用刀叉吃饭的问题,而是有没有饭吃的问题。宋美龄很窘,于是宋霭龄就出来打圆场说:今天妇女界的问题,我看还是团结问题。①这段文字生动地描绘了妇女指导委员会内又团结又斗争的情况。尽管妇女指导委员会内主张迥异,但在以宋庆龄、邓颖超等为代表的进步力量的影响和推动下,妇女统一战线工作得到了发展,在抗日民族解放运动中起了它应有的作用。

宋庆龄经常会参加一些妇女组织的活动。如1942年11月16日,她与邓颖超、李德全、史良、刘清扬、张晓梅等,出席了妇女界在嘉陵宾馆为欢迎英国议会访华团而举行的茶会,会后同大家参观了妇女指导委员会工作成绩展览,观看了保育院小朋友的精彩表演。1943年1月30日,在重庆国际妇女联欢会上发表书面讲演。3月8日,为纪念三八国际劳动妇女节题词:"平等自由,声气相通,精诚奋斗,共建大同。"并接受《新民报》记者采访,发表对于目前妇女工作的意见:战争发生之初,中国妇女曾被世界上的妇女们所钦仰,因为她们是对抗战工作最活动的一群。但现在我们更需要加强动员妇女们参加抗战工作,同时妇女自身亦得求取技术上的进步,不让联合国家的妇女超

---

① 史良:《史良自述》,中国文史出版社1987年版,第48—49页。

过我们,成为战争中很重要的一环。

宋庆龄还不断在妇女运动理论、方针等重大问题上提出一些可贵思想。1942年7月,她为纽约《亚细亚》杂志撰写《中国妇女争取自由的斗争》一文,这是她到重庆后第一次在海外发表文章。她指出:"中国的妇女,和中国的男子一样,正在为他们的祖国而战。在目前有关整个国家前途的斗争中,她们已经证明自己是我国历史上女英雄们的好女儿了。"并指出:"我们的国民革命运动一开始就将妇女的解放列为它的基本要求之一。争取我国妇女在法律地位上、教育机会上和社会地位上的平等,过去曾经是而且现在仍旧是中国走向真正独立民主的大进军的一个不可或缺的部分。""对于中国的爱国妇女们,像对其他的人民一样,抗日战争是一个伟大的考验。中国妇女经得起这考验。在卢沟桥事变后的最初几天中,妇女就组织了救护队、绷带队和政治宣传队,配合当地驻军二十九军进行工作。"在保卫上海的大战役中,"仓促间成立的护士训练班在两个月中就训练出2000名临时护士。许多妇女、工厂女工、交际妇女、女学生和女童子军都并肩在火线上一起工作。""需要特别强调指出,因为'妇女委员会'虽然做了极其重要的辅助作战的工作,但是,只有在陕甘宁、晋察冀和其他的边区,才产生了承继1925年到1927年的伟大传统的真正的妇女运动。在这些地区,被组织起来的妇女人数不是以千计而是以十万计的,同时她们不仅从事救济工作而且全面参加作战,全面参加政治和经济的工作。""我国妇女的斗争史不允许我们相信,她们将来会有一天听任民族敌人或者国内的社会反动势力奴役她们。"并向世界呼吁:"只有扩大民主,包括妇女权利在内,才能取得抗战的真正胜利。这种靠人民一致努力所赢得的胜利,将不允许任何不民主的制度存在下去。"宋庆龄号召:所有的妇女,不论种族和阶级,都应该站到前列来反对这种耻辱,参加政治斗争。她向世界介绍了中国妇女参加抗日战争的情况,指出,在全国每一条战线上,都有成千穿军装的妇女。有的从事实际的战斗,有的在火线上从事勤务工作,在后方的妇女也负起了重大任务,照顾伤员,收容和教育战时儿童,等等。总之,千百万妇女都在以实际行动参加抗日斗争。因为她们深深懂得,只有抗日战争胜利,才能获得妇女的解放。

五、坚贞不屈,为和平、民主、团结而奋斗

尽管宋庆龄的行动受到国民党特务的严密监视与限制,她仍然与在渝的中共领导人周恩来、董必武、林伯渠、邓颖超等密切联系,以得到及时的指导与帮助。为此,她让长期在身边工作的秘书、中共党员廖梦醒充当联络员。

1942年12月,宋庆龄在自己寓所举行茶餐会,邀请周恩来、邓颖超、冯玉祥、李德全、陈乙明夫妇、徐舜英等参加。徐舜英记述当时的情景:大家围坐在壁炉前面,凝神聆听周恩来分析西北抗日战场的战绩和当时国内外的形势,整个客厅一片肃静。窗外雪花飞舞,室内炉火正红。壁炉架上交叉地垂摆着两株新割的禾穗,炉壁里跳跃的火焰映着金黄色的穗粒,显得黄澄澄的,十分可爱。李德全指着两株禾穗大声赞叹:"你们瞧,多么好看啊! 这两株禾穗简直像金子铸成的一样!"宋庆龄笑着说:"这比金子还要宝贵呢! 我们的国家自古以来就是农业大国,农民占全国人口的绝大多数,年年五谷丰登,人民才有好日子过。在几亿农民的心目中,这饱满的禾穗不是比金子还好吗?"周恩来双手抚弄着禾穗,点点头说:"将来打了江山,人民坐了天

下，一定要把这两株禾穗画在新中国的国徽上面去！"大家齐声赞成，并举杯祝愿新中国早日诞生①。

1943 年，《新华日报》在化龙桥报馆的操场上举行创刊五周年庆祝活动，宋庆龄应邀参加，邓颖超陪同她观看了演出节目（其中有荣高棠参加演出的《兄妹开荒》）。因为她长期被国民党特务监视，除"保盟"重大的募捐活动需她当面主持外，一般深居简出，难得有机会来到自己人中间，这一天她兴致极浓，特别高兴。

1945 年，毛泽东来重庆谈判期间，宋庆龄于 8 月 30 日下午，会见毛泽东、周恩来等人。毛泽东深情地对宋庆龄说："孙夫人，边区人民让我转达他们对您的问候和谢意！在抗日战争最艰苦的年代里，您为边区、为八路军和新四军提供了最急需的药品和物资，我无法告诉您，这一切对我们的帮助有多大。"9 月 1 日，她和毛泽东、周恩来、王若飞、冯玉祥等人，出席由中苏文化协会主持召开的、为庆祝签订《中苏友好同盟条约》的盛大鸡尾酒会。9 月 3 日晚，她和毛泽东、周恩来、王若飞、冯玉祥夫妇以及民盟的张澜、章伯钧、左舜生、沈钧儒，并和英、美、法等国的大使，荷、比等国的使节，我国政府与外交人员等，出席苏联大使彼得罗夫夫妇在大使馆举行的茶会，并观看苏联最新纪录片《胜利大检阅》。9 月 6 日，她以"保卫中国同盟"主席的名义，在重庆寓所设晚宴招待毛泽东、周恩来、王若飞等人，金仲华出席作陪。9 月 8 日，她代表"保盟"出席毛泽东、周恩来为招待在重庆的各国援华救济团体负责人在桂园举行的茶会。茶会上，毛泽东致辞衷心感谢各方人士八年来"对边区及解放区的诸多援助，并希望继续这种援助"。宋庆龄在讲话中表示："过去救济多为战时救济，今后进入和平建设时期，在建设方面仍将继续予以帮助。"9 月 9 日，宋庆龄专程到桂园会见毛泽东、周恩来、王若飞。当她乘车到桂园时，毛泽东已到门口迎

---

① 人民出版社：《宋庆龄纪念集》，人民出版社 1982 年版，第 218—219 页。

候,然后到客厅亲切交谈。会见中,毛泽东、周恩来对宋庆龄"忠诚不渝信守孙中山的革命三大政策,对她同蒋介石法西斯统治的不懈斗争,对她的不计个人安危,献身国家民族的高贵的革命气节,表示了由衷的敬意"。宋庆龄赞扬了八路军、新四军英勇抗战的业绩,表示对中国共产党争民主、争自由、反独裁、反内战政策的坚定支持,并对光明前途充满信心。①宋庆龄离开时,毛泽东又亲自送到大门外,"一直看着她上了汽车才离开"。

1945年10月8日晚,八路军驻重庆办事处秘书李少石(廖梦醒的丈夫)在行车途中不幸身亡。李少石遗体停放在重庆市市民医院,宋庆龄异常悲痛,亲自赴医院吊唁。周恩来率领办事处和《新华日报》社同志为李少石送葬,宋庆龄也亲自参加,并为之执绋。她身穿黑色旗袍,手拿雪白手帕,不断拭去泪水。中途,周恩来要求她先返回,她坚决不同意,继续和大家一起把李少石遗体送到墓地,表现了她对革命战士的无限怀念与对国民党反动派的无比愤恨。宋庆龄又安慰廖梦醒,鼓励她并要她好好休息一段时间,使她获得了巨大的精神力量,还让她和女儿一起暂住到红岩村,回到革命的大家庭中,让同志们的温暖帮助她在悲痛中坚强起来。

在渝期间,宋庆龄不畏强暴,经常参加各种进步聚会,与国民党反动派做斗争。1944年9月25日,宋庆龄领衔和董必武、林伯渠、于右任、张澜等72人,发起召开邹韬奋追悼会,并在重庆《新华日报》刊登启事。10月1日,追悼邹韬奋大会在重庆道门口银社隆重举行,参加者数千人②。对追悼会蒋介石是既恐惧又仇恨,千方百计企图破坏,《新华日报》《时事新报》报道大会消息,竟被国民党检查官将版样铲去多处。为阻止人们参加大会,国民党特务活动频繁,在签到处竟明目张胆地围上来监视签名的人。到会的群众却越来越多,连走道、

---

① 尚明轩主编:《宋庆龄年谱长编(1893—1948)》,北京出版社2002年版,第628—630页。

② 尚明轩主编:《宋庆龄年谱长编(1893—1948)》,北京出版社2002年版,第616、618页。

窗外都挤满了人。祭坛正中悬挂着宋庆龄亲自题写的"精诚爱国"四个大字，表彰邹韬奋一生的爱国奋斗精神，以示对其的深切哀悼。追悼会上，沈钧儒详细讲述了邹韬奋被迫害至死的惨痛经历，听众们唏嘘、啜泣，对蒋介石集团的愤恨达于极点。郭沫若号召大家拿起笔为"人民解放"战斗起来。邓初民则振臂高呼："一切热爱自由民主的人民，现在是时候了，是我们向法西斯进军的时候了！"他呼喊出大家久压在心头的话，激昂的战斗情绪如怒涛，冲击着蒋介石的反动统治。宋庆龄虽未发言，但她面对虎视眈眈的特务，意态舒展安详，聆听着台上的讲话，脸上不时浮现出笑意。她的在场给大会增添了巨大的力量，鼓舞了人们的斗志，震慑着国民党特务，使他们不敢公然扰乱。

宋庆龄还担任"鲁迅纪念委员会"的主任委员。纪念会每年举行一次，会前由宋庆龄在其寓所召集预备会议。一次局势险恶，预备会上大家就请宋庆龄届时务必出席坐镇，以免特务捣乱。宋庆龄欣然同意，并准时出席了大会。大会顺利进行到一半时，宋庆龄因有急事便对主席团说："看来今天大会可安全度过，大家照料一下，我因事须先退席。"大家也都估计问题不大，同意了。不料宋庆龄刚离开，"场内彪形大汉一声呼啸，全场桌椅齐飞，会场被捣毁了……"沈钧儒体弱行动慢，险些被打。这样的场面在宋庆龄一生的大风大浪中只能算一个小小的浪花，却可看出她为革命为人民不顾个人安危的献身精神。1945年10月19日，宋庆龄和周恩来、邵力子、沈钧儒等联名发起举行鲁迅逝世9周年纪念会。纪念会在重庆白象街西南实业大厦举行，约有500名中外人士出席。周恩来在会上发表演说："全国如何进入和平建设（文化建设也在其内），这是全国各界人士所关心的，这次政府与中共的会议，绝非两党的事情，这是关系全国人民的事情，自然也为文化界所关心。鲁迅先生说过，革命的文学家至少是必须和革命共同着生命，或深切地感受着革命的脉搏的。"冯玉祥等也发表了演说。这次纪念会发出了一个强烈的音响："跟着鲁迅的道路前进！"①

邓颖超后来在回忆宋庆龄的文章中,歌颂她在重庆的斗争生活时写道："这五年里,任何阻力,任何威胁,都没有、也不可能截断你和党的联系。越在危难艰险的时候,愈显出你同我们党的一致,愈显出你对人民事业的忠诚,愈显出你不畏强暴不畏威胁的大智大勇,愈显出你是我们党的亲密同志,是完全可以信赖的战友。"②这崇高的评价于宋庆龄完全是当之无愧的。

六、深谷幽兰,俭朴生活③

宋庆龄的生活非常节俭,体现了她一再强调并身体力行的原则："把每一枚铜圆用到祖国的抗日战争中去！"她把所有的钱都捐赠给了救济事业。她衣着朴素,夏天穿四川产的麻织的衣服或黑胶绸长衫,冬天则穿长旗袍和大衣。她安步当车,如御清风。所有这些,与当时许多国民党军政官员(包括她的姐妹兄弟在内)大发国难财、侵吞国内外救济财物的景象,形成鲜明对比,更加凸显她无比高尚的人格。人们把她比作深谷幽兰,是人民在苦难中"力量和精神延续的源泉"。

她在重庆时的生活情况,当时亲历者有所记述。据王安娜记述,

① 尚明轩主编:《宋庆龄年谱长编(1893—1948)》,北京出版社2002年版,第632页。

② 人民出版社:《宋庆龄纪念集》,人民出版社1982年版,第59页。

③ 本部分参考伊斯雷尔·爱泼斯坦:《宋庆龄——二十世纪的伟大女性》,沈苏儒译,人民出版社2008年版,第447—450页。

宋庆龄的生活很俭朴,穿当地出产的荨麻布做的衣服,有些她所需的穿着因经济问题而置备不起。对于她的姐妹们从美国进口奢侈品,她曾直率批评。据美国艺术家和作家格雷厄姆·佩克的记载,尽管她有一所房子住,她的兄弟们又借给她一辆车,但她作为孙逸仙博士遗孀所领的恤金远远跟不上通货膨胀。她想在屋里置一个座钟,但自己没有钱买,又不愿去求她的亲戚。据爱泼斯坦记述,她特别喜欢外出走走而不被人认出来。有时她同王安娜一道在长江南岸乡间小路上长时间散步,就很感高兴。"……在路上擦肩而过时不期而遇,常常有许多人目瞪口呆地站着不动,不由得喊出:'孙夫人!'这时候,她像一个年轻少女似的,脸顿时变得通红,立即匆匆离去……在路上的小茶馆里歇息时,她不必担心那些令她讨厌的视线。……抬滑竿的苦力或农民……大概连孙逸仙是谁也不知道。而在农民们看来,她的妹夫蒋介石就像是一个寻常人见不到的有权势的皇帝。蒋介石那黑色的大型华贵轿车被警卫和随从的车辆保护着,以最高速度在街上行驶。如果说重庆市民有机会看到蒋介石,也只是这个时候而已。"谢伟思回忆说:"……她几乎成了一个旅游热点。到重庆来的许多重要的访问者、将军们等等,常常想去拜访她,如果他们能事先找到人介绍……她不大出门……人们能进去看望她,但他们得准备挨骂,因为她被(国民党政府)认为是'出圈'的。"格雷厄姆·佩克写道,"秘密警察监视着她的住所",因此对中国人来说,去看望她"可不是件随便的事"。她自己"对于接见外国记者或外交官也很谨慎",因为她怕他们想要利用她。"但她喜欢招待普普通通的年轻人——有中国人,也有外国人。……"

她来往的主要是老朋友和一些对她工作有过帮助(或可能有帮助)的人。那种单纯的社交来往,她很怕(见了一个人之后就难以拒绝会见另一个人,否则会得罪人),并竭力避免,认为那是毫无意义地浪费时间。但她并不想当隐士,她喜欢同年轻人无拘无束地在一起,因为他们不会在她面前毕恭毕敬地坐着一言不发,也不会想从她嘴里得到一些有趣的或政治上有调和色彩的话语。她爱跳舞,特别是华尔兹,但在"保盟"举办的活动中,她为了不失自己的身份,从来不跳。在她所喜欢的年轻人中有一些是盟军的士兵,同军官们不同,他们在重庆没有什么社交娱乐场所。她有时在家里专门为他们举办圣诞或其他晚会,愿意去就可以去,不用专门邀请,这使他们感到特别温暖(因为军官们反而要接到邀请才能来参加)。这样的场合使宋庆龄从离开威斯里安女子学院以来第一次有机会同年轻的美国人在一起。她在一封信中说:"一帮子真正的山姆(美国人的绰号)。我喜欢他们那种活泼直率的样子。"又在另一封信中说,为了举行一次这样的聚会,他们差不多来了60个人,把她家里的地下室装饰一新。一个驻重庆的外国记者说,这些美国小伙子认为,"在他们在重庆参加过的所有晚会中,这一次是最棒的"。格雷厄姆·佩克记述她这些小型晚会说:"它们常常使人们度过愉快的夜晚——聚餐、交谈,可能还跳跳舞。她很少谈政治。她只是用旁敲侧击的方式或者用语调来表示她对她那些亲属的意见。譬如在提到她的妹夫(蒋介石)时,她会把他的头衔'Generali-iissimo'(大元帅)这样拖长声调来念并且瞪大了眼睛,带着一点温和的讽刺。我还记得有一个晚上,她在脚脖子上拍了一下蚊子,笑着说,没穿袜子,你瞧。我破坏了'新生活运动'的规则,可是我不能像我那位小妹妹'皇后'那样到美国去买尼龙丝袜呀!"佩克插叙说,"在她自己的国家里,她比妹妹蒋夫人名气更大并且更受人尊敬","有时她被称作'中国的良心',因为她对她那些贪婪的亲属以及他们曲解她丈夫的理想的作法十分不满,并且对此从不掩饰"。在对国事的立场上,她是一位"坚如磐石的妇女";但对待私交,她总是"轻松自如,毫无架子并且爱找乐趣"。

七、姐妹情愫，政治分歧

宋氏三姐妹从小感情甚好，后因走上不同的政治道路，感情有所冷淡。一段时期宋庆龄和宋美龄曾不相往来，偶有一两封信，宋美龄也是由秘书代笔。西安事变发生时，宋庆龄从抗日大局出发，力主释放蒋介石，并拟与何香凝等飞西安劝张学良、杨虎城释蒋。为此，宋美龄深深感动，称"二姐深明大义"，姊妹关系因此好转。1940年2月，宋美龄手术后到香港休养，住在沙通街大姐霭龄的寓所，随后，宋庆龄接受姐妹的邀请，也搬了过去。三姐妹住到了一起。"在这些快活的日子里，三姐妹完全忘记了她们各自的公开作用，这是多年来她们第一次心安理得地摒除政治上的分歧，'联合阵线'已在这所房子里成为事实。三姐妹一起闲聊，一起烹饪，一起开玩笑——这些都是外人无法理解的、昔日家中的笑话。"①她们一起欢快地沉浸在姐妹的情谊与久别重逢的天伦之乐中。在港期间，三姐妹一起参加了纪念三八妇女节的茶话会，一起出现在香港饭店并在那里用餐。这些公开活动，引起了香港社会的惊奇与注意。因为十余年来，人们从未看到过她们三姐妹团聚在一起。据美国作家埃米莉·哈恩记述，宋氏三姐妹同时出现，人们简直不敢相信自己的眼睛，但事实"千真万确，宋氏姐妹在那里，全都在一起——孔夫人温文尔雅，风彩卓著。新近康复的蒋夫人容光焕发。孙夫人穿一身黑衣服，她头发平滑光亮，双眼流露出欢快的神情"②。三姐妹还经常一起发起募捐活动，开展对难民和伤兵的慰劳和救济工作。在抗日救国这个总目标下，分道已久的宋氏姐妹走到了一起。

① 埃米莉·哈恩：《宋氏家族：父女·婚姻·家庭》，李豫生等译，新华出版社1985年版，第316页。
② 埃米莉·哈恩：《宋氏家族：父女·婚姻·家庭》，李豫生等译，新华出版社1985年版，第319页。

1940年4月1日，宋氏三姐妹联袂飞渝。甫抵山城，三姐妹就展开了多种形式的活动：视察访问新生活运动妇女指导委员会；参观重庆第一儿童保育院，慰问难童；到重庆第五陆军医院等地慰问伤病员；视察防空洞并多次会见各界民众，发表演讲，号召国人加强团结，坚持抗战，反对汉奸卖国贼。4月7日，宋美龄在黄山官邸举行了一次盛大欢迎会，欢迎孙夫人宋庆龄、孔夫人宋霭龄，蒋介石出席并致欢迎词。4月18日，三姐妹到重庆中央广播电台播音室，向美国发表广播演讲，由美国NBC电台向全美转播。4月22日，三姐妹同机飞往成都，参观访问了成都工业合作社等多处，受到蓉城的"工合"社员和妇女界的热烈欢迎。5月9日，宋庆龄返回香港。临行前，蒋介石、宋美龄希望宋庆龄"长住重庆领导妇女工作，辅助国民政府"。宋庆龄答以"香港有更有益的工作等待我"相辞。

1941年宋庆龄迁渝后，蒋介石对宋庆龄采取十分冷漠的态度，三姐妹仍保持往来。为联系方便，宋美龄令其部下给宋庆龄安装了一部对外不公开的、并由长途军用电话台接转的电话，还把自己的秘密电话号码告知宋庆龄，以便姐妹间通话。姐妹俩经常在电话中用上海话共叙家常，而未涉及政治问题。姊妹见面，事先都是由宋美龄通过电话联系，取得宋庆龄同意后才去。间或三姐妹会在范庄孔祥熙官邸会面，有时一起去慰问伤兵、难民。虽然宋庆龄和宋美龄恢复了来往，同时为抗日大局，在渝期间，宋庆龄未再公开点名抨击过蒋介石个人，但这并没有改变她对蒋介石反动本质的看法。1942年，宋庆龄在重庆有事急需要钱，便叫人把自己的皮大衣卖到拍卖行。当晚一陌生人送来一包裹，说是妹妹送来的，宋庆龄打开一看，原来是卖掉的皮大衣。之后，宋美龄又亲自送来钞票。宋庆龄是有气节的人，不愿接受宋美龄的馈赠，当即语带双关地说："妹啊，这叠钞票被很多人用手拿过，太脏了，你知道我是有清洁之癖的人！"蒋介石也曾想利用宋庆龄与宋美龄的特殊关系来软化宋庆龄,并给自己的孙中山叛徒嘴脸涂脂抹粉,以欺骗群众与舆论。但宋庆龄决不上当。据当时担任国民党军事委员会委员长侍从室电话监听员职务的王正元回忆,一次,当宋子文、宋子安到重庆后,蒋介石曾在电话中向宋美龄提议说:"我要子文、子良、子安他们邀请阿姐和大阿姐一起到黄山聚餐。"宋美龄说:"让我问问阿姐后再说。"宋美龄旋即和宋庆龄通电话邀她来聚,并说:"……这是我侃姐弟自家聚会,其他人没有呀……"宋庆龄听后思索了一下,即说:"不来啰,这两天我正犯病,身体很不适意……"宋美龄一听即说:"那么我马上派医生来给看看……"宋庆龄说:"不用了,我正在服药。"①蒋介石倡议的这次所谓家宴,就这样被宋庆龄回绝了。宋庆龄在重庆的5年中,除在国民党中常会开会时和蒋介石会面外,从未私下与蒋会晤过。她对蒋介石始终保持警惕。

在渝期间,因宋庆龄经常参加各种爱国进步集会,支持人们公开批评蒋介石集团的反共政策,蒋十分不满,他在公开场合有意冷待宋庆龄,暗中还布置大批特务严密监视她的行动。凡是她外出,少不了特务跟踪,每一个到宋庆龄住处的人,都会受到特务的监视。即便如此,蒋介石仍然对她很不放心,总想除之而后快。因此,宋美龄对宋庆龄的安全非常担心。据王正元回忆,宋庆龄到重庆后,国民党特务头子们曾遵照蒋介石的旨意,对宋庆龄是要有所举动的,但蒋夫人宋美龄却坚决反对,并对宋庆龄暗中予以保护。一天,宋美龄给宋子文打电话:"你关照他们(指戴笠)一下,不准在阿姐那里胡来,如果我听到有什么的,我是决不答应的。"宋美龄当时讲话声音很高,且语音十分尖厉,这是她气愤时的惯常表现。宋子文回答:"好的,我马上就通知他们。"宋美龄知道戴笠经常向孔祥熙、宋子文伸手要钱,因而也很听他们的话。宋美龄转来的话,使戴笠有所顾忌。据当时的一个特

---

① 王正元:《宋美龄的姐妹情谊》,载《江苏文史资料选辑》(第9辑),第57页。转引自吕明灼:《宋庆龄传》,上海人民出版社1988年版,第343页。

务头目——重庆航空检查所主任姚某曾对人说:"戴老板对此非常为难,很伤脑筋,照委员长意旨办嘛,夫人不答应,闹出乱子来,委员长还是拗不过夫人,大家都有所顾忌。底下人都知道,闹出乱子来吃罪不起。而且戴老板也深知夫人是不好惹的。"①因此,以后不管蒋介石怎么催,怎么骂,戴笠始终抱定一个主意:什么事都听你的,就是孙夫人这事不能听你的。这样,前面的戴笠死活不动,后面有宋美龄盯着,加之蒋介石考虑到宋庆龄在国内外的崇高威望,不能不有所顾忌,特务们也就一直没敢对宋庆龄下手。

抗日战争胜利后,1945年11月,宋庆龄离开重庆回到上海。12月,代表"保盟"中央委员会发表《保卫中国同盟声明》,宣布"保卫中国同盟"改名为"中国福利基金会"(1950年8月改名为"中国福利会"),会址也随之由重庆迁往上海。之后,宋庆龄在上海、北京致力于国家的和平、民主和团结,为新中国的建立和建设呕心沥血,为世界和平奋斗不已,直至其生命的最后岁月。宋庆龄在重庆虽然只度过了短短5年,但她所留下的光辉业绩却永载史册。

(作者单位:中共重庆市委党校)

---

① 王正元:《宋美龄的姐妹情谊》,载《江苏文史资料选辑》(第9辑),第58页。转引自吕明灼:《宋庆龄传》,上海人民出版社1988年版,第342页。

参考文献

1.尚明轩主编：《宋庆龄年谱长编（1893—1948）》，北京出版社2002年版。

2.尚明轩、陈民、刘家泉等：《宋庆龄年谱》，中国社会科学出版社1986年版。

3.《宋庆龄选集》（上、下卷），人民出版社1992年版。

4.宋庆龄：《永远和党在一起》，上海人民出版社1983年版。

5.人民出版社：《宋庆龄纪念集》，人民出版社1982年版。

6.宋庆龄基金会、中国福利会、宋庆龄陵园管理处：《宋庆龄书信集（续编）》，人民出版社2004年版。

7.中国中共党史人物研究会：《中共党史人物传》（先驱卷），中共党史出版社2010年版。

8.伊斯雷尔·爱泼斯坦：《宋庆龄——二十世纪的伟大女性》，沈苏儒译，人民出版社2008年版。

9.尚明轩、唐宝林：《宋庆龄传》（上、下），西苑出版社2013年版。

10.上海市孙中山宋庆龄文物管理委员会、上海宋庆龄研究会：《回忆宋庆龄》，东方出版中心2013年版。

11.尚明轩、唐宝林：《宋庆龄传》，北京出版社1990年版。

12.吕明灼：《宋庆龄传》，上海人民出版社1988年版。

13.陈兆丰主编：《宋庆龄》，上海教育出版社2009年版。

14.邹英毅：《宋庆龄》，昆仑出版社1999年版。

15.蒋洪斌：《宋庆龄》，江苏人民出版社1987年版。

16.蒋洪斌：《宋庆龄的足迹》，黑龙江人民出版社1988年版。

17.刘家泉:《宋庆龄传》,中国文联出版公司1988年版。

18.刘家泉:《宋庆龄的非常之路》,人民出版社2001年版。

19.黄维钧:《宋庆龄——20世纪东方最伟大的女性》,中国和平出版社2002年版。

20.郑灿辉、季鸿生、吴景平:《宋庆龄与抗日救亡运动》,福建人民出版社1986年版。

云水襟怀，松柏气节

——杨尚昆传略

◎ 沈柄宏

杨尚昆（1907—1998），号诚五，四川省潼南县（今重庆市潼南区）双江镇人。伟大的无产阶级革命家、政治家、军事家，坚定的马克思主义者，党、国家、人民军队的卓越领导人。他为中国人民的解放事业，为社会主义革命和建设事业，建立了不可磨灭的历史功勋。

青少年时代，杨尚昆目睹旧中国内忧外患的悲惨情景，立志寻求救国救民的真理。1925年，他开始投身反帝反封建的革命斗争，同年加入中国共产主义青年团，1926年初转为中国共产党党员。1931年初，杨尚昆从苏联学习回国，先后担任中华全国总工会宣传部部长和中共中央宣传部部长等职，参与工人运动和抗日救亡运动的组织领导工作。1933年初，杨尚昆进入中央革命根据地，随朱德、周恩来转战前方。1934

年担任红三军团政治委员,参加了中央苏区反"围剿"斗争和长征。在遵义会议上,杨尚昆坚决拥护毛泽东的正确主张。在同张国焘分裂主义的斗争中,他旗帜鲜明地维护党中央的正确领导。中央红军长征到达陕北后,杨尚昆先后在西北革命军事委员会和红军前敌总指挥部等红军领导机关工作,为红军政治工作做出了重要建树。

抗日战争全面爆发后,杨尚昆奔赴华北抗日前线,协助刘少奇,同朱德、彭德怀指挥的八路军主力部队一起,创建华北敌后抗日根据地。后来,他担任中共中央北方局书记,领导华北敌后抗日根据地的斗争。并协助八路军总部,粉碎国民党顽固派的第一次反共高潮,参加组织威震中外的百团大战。1941年初,杨尚昆回到延安,在中共中央机关工作。

解放战争期间,杨尚昆担任中共中央机关和中央军委总部机关日常事务的主要负责人,协助周恩来处理党中央和中央军委日常工作。

中华人民共和国成立后,杨尚昆继续担任中共中央副秘书长、中央办公厅主任,兼任中央军委秘书长等职。"文化大革命"中,杨尚昆蒙受冤屈,遭到迫害,被监禁12年之久。

党的十一届三中全会后,杨尚昆先后担任党、国家、人民军队的重要领导职务,作为以邓小平为核心的党的第二代中央领导集体的重要成员,参与党和国家各项重大决策,满腔热忱地推进改革开放和社会主义现代化建设。1992年和1993年,杨尚昆先后从党和国家的领导岗位上退下来。1998年9月14日,杨尚昆在北京逝世,享年92岁。

杨尚昆的一生,是光辉的一生、战斗的一生。在70多年的革命生涯中,杨尚昆以坚韧不拔的意志、不屈不挠的精神,书写了为党和人民不懈奋斗的壮丽人生。

一、立志革命，参与中央苏区反"围剿"斗争

杨尚昆1907年8月3日出生于双江镇一个书香门第的大家庭。按杨氏家族的字辈得名尚昆。因排行第五，故又号诚五。父亲杨宣永，思想开明，同情进步活动，具有反对帝国主义、倾向人民革命的爱国思想。杨尚昆幼年就读于本镇的私塾和重庆泰邑小学。1920年，进入成都高等师范学校附属小学学习一年，后考入成都高等师范学校读书。在成都读书期间，四哥杨闇公从日本留学返回成都。杨闇公与成都高等师范学校校长吴玉章及刘伯承等结为好友，进行马克思主义的启蒙宣传和革命组织工作，成为中共四川地方组织的创建人和领导人。杨尚昆在五四运动革命新思潮感染和四哥杨闇公指引下，加入"社会科学读书会"，积极投身学生运动，阅读《共产党宣言》《新社会观》《劳农政府》《新青年》《赤心评论》等进步书刊，开始接受马克思主义学说，立志做"新社会催生者"。

1925年，杨尚昆高师毕业，离开成都到重庆。那时，中国的大革命正进入高潮。他的四哥杨闇公是中共重庆地方执行委员会创建人之一。当时，重庆党团地委经常在重庆二府衙街他家中开会，他深得党组织信任，担任会议记录、油印传单、交通联络等工作。1925年10

月左右,杨尚昆被吸收为共青团团员;1926年初,又加入了中国共产党,介绍人都是童庸生和张锡畴。此后,他更积极地投身于反帝反封建、反军阀、反官僚的革命斗争。

1926年春,杨尚昆考进上海大学,学习社会科学。他持党组织介绍信,见到了罗亦农(时任中共浙江区委书记),被编入学校党支部。他牢记四哥"要努力在斗争中学习和锻炼"的嘱咐,以"四川同学会"名义在几个大学的同乡中开展工作,上街散发宣传品。9—10月间,党领导上海工人阶级准备第一次武装起义,他被派往南市区训练工人纠察队,负责政治训练,一位黄埔军校的教官负责军事训练,主要是使用步枪。这次武装起义,由于准备不足而失败,但开展武装斗争的革命思想在他头脑里留下了深深的烙印。11月初,中共重庆地委决定派杨尚昆到莫斯科中山大学学习。1927年初,他到达莫斯科,入中山大学就读。在校期间,先后担任学习班长、党小组长、支部委员、宣传部副部长等职。1929年,他与李伯钊在苏联结婚。1930年,考入苏联中国问题研究院做研究生,并参加世界工联第六次代表大会,在职工国际担任中国代表的翻译。他在中山大学攻读四年,系统学习了马克思列宁主义理论,并了解到如火如荼的国际共产主义运动,更加坚信中国革命必须走俄国十月革命武装夺取政权的道路。

1931年2月,杨尚昆从苏联学成,一个寒冷的冬季夜晚,他同张闻天一起跟随地下交通员越过中苏边境,踏着冰道和积雪返回祖国,经过哈尔滨、长春、沈阳、大连、青岛,到达上海。他找到了党组织,被留在上海做地下工作,先后担任中华全国总工会宣传部部长、上海总工会联合会党团书记等职,在国民党统治区的险恶环境下,积极恢复工会组织,发展党员。1932年春,任中共江苏省委宣传部部长;秋季,又任中共中央宣传部部长。"九一八"事变后,东北三省被日军占领;上海发生"一·二八"事变,日军悍然向闸北第十九路军进攻。严重的民族危机激起全国人民的抗日怒潮。上海各界群众在党的领导下，组织反日救国会，杨尚昆担任这个组织的党团书记，兼任上海日本纱厂工人大罢工的党团书记。他深入群众，动员成千上万青年工人和学生支持援助第十九路军抗战，支持沪西工人总罢工。上海民众纷纷参加运输队、救护队，支援前线，他成功地组织指挥了这次声势浩大的群众性抗日反蒋斗争。

　　1933年1月，由于当时中央领导推行的"左"倾错误路线，使白区的党在组织上和工作上都遭受严重损失，中共临时中央被迫由上海迁往江西中央苏区。杨尚昆奉命调中央革命根据地江西瑞金工作，担任中央苏区中央局宣传干事，并参与编辑党的机关报刊《红色中华》和《斗争》。2月，任成立不久的红色中华通讯社（新华社前身）总负责人。3月，任苏区中央局创办的马克思共产主义大学副校长。6月，担任红一方面军政治部主任，随朱德总司令和周恩来总政委转战于江西石城、广昌、宁都和福建的建宁、泰宁地区。9月，他随入闽作战的东方军到延平、沙县一线，并受中央革命军事委员会的委托，率领军委当时仅有的一个炮兵团至延平地区，加强红三军团的火力。

　　1934年1月，杨尚昆调到彭德怀任军团长的红三军团任政治委员。在部队向福建沙县进军途中，他到达军团指挥部，见到了彭德怀。彭德怀一见面就紧握杨尚昆的双手，用浓重的湖南口音说："欢迎你。"杨尚昆说："我带兵打仗是外行，到苏区的时间也很短，希望你多帮助。"[①]从此，他俩行军宿营朝夕相处，亲密无间，一起度过了中国革命战争中最艰苦最困难的时期。

　　沙县战斗是杨尚昆到达红三军团参与指挥的第一仗。1月16日，彭德怀、杨尚昆发布第三军团《关于先期攻取沙县，同时准备侧击援敌的命令》。沙县守敌凭借又高又厚的城墙，异常骄狂。主攻部队多

---

　　① 《杨尚昆回忆录》，中央文献出版社2001年版，第85页。

次攻城不果。杨尚昆和参谋长邓萍随同彭德怀军团长深入前沿观察,决定挖地道炸城。第二天凌晨发起总攻,引爆了西门坑道里的炸药,城墙被炸开20多米。彭德怀、杨尚昆指挥部队一气冲进城内,敌人已准备好的早饭还没有来得及吃就完蛋了。这时,敌机飞临内城上空撒传单,要敌师长卢兴邦"固守待援"。彭德怀、杨尚昆顿生妙计:让被俘的敌电台台长发报,说沙县县城尚在固守中,急需钱粮弹药。第二天,敌机果然飞来投下大量现钞、弹药和物资。

沙县战斗是第五次反"围剿"中打的一次漂亮的攻坚战。这次战斗,全歼守敌两个团,俘虏1300多名,缴获炮8门、枪1500多支、子弹10万余发及大量物资,如粮食、盐、布匹等。

1933年1月,党中央召开六届五中全会,杨尚昆被选为中央候补委员。同月,在第二次全国工农兵代表大会上被选为中华苏维埃共和国中央执行委员会委员。

1月下旬,蒋介石镇压了"福建事变"之后,重新调整部署,命令东路、北路两军对中央苏区继续进行第五次"围剿"。当时中共中央、中革军委领导顽固推行处处设防、"御敌于国门之外"的"左"倾冒险主义路线,致使中央红军不断遭受严重损失。3月,敌北路第三路军7个师由南丰一带向广昌推进,占领了三溪圩、三坑以北地区。中革军委命令彭德怀、杨尚昆统一指挥红军第一、第三、第九军团进行反击。红三军团攻击五都寨,击溃敌九十四师;红一、红三、红九军团经过激战,协力攻占了东华山。敌人主力集结于石鼓岭、立壁岭、三坑等地,凭堡垒固守,我军久攻不克。彭德怀、杨尚昆电告军委,"如继续攻击将徒耗兵力,丧失机动",并命令部队立即撤出战斗。

国民党北路军向南丰以南地区进犯的同时,其东路军也加快了进攻速度。敌军第十纵队和第三纵队实施南北对击,直扑新桥、太阳嶂等红军阵地。防守新桥地区的红五军团第十三师主力协同红一军团奋起反击，将敌第十纵队的4个团击溃。与此同时，红三军团第四师十二团二营和师直侦察队，依托太阳嶂阵地，顽强抗击，粉碎了敌第八十九师3个团的多次进攻，毙伤敌团长以下官兵600余人，俘敌200余人，缴获枪200余支，迫击炮4门，枪弹10万余发。第二天，红三军团在际头村召开祝捷大会，杨尚昆将"铁的红五连"锦旗授予在这次战斗中勇立战功的英雄连队——四师十二团二营第五连。

1933年4月，蒋介石在南丰、泰宁地区得手后，集中11个师向中央苏区的北大门——广昌筑垒推进。当时负责军事指挥的李德等人，不顾红军连续作战、十分疲劳、减员很大的情况，以中革军委的名义命令红一、红三军团和红五军团第十三师，会同原在广昌的红九军团，共9个师的兵力，进行保卫广昌的阵地战。位于旴江两岸的广昌，周围地势平坦，难以固守。杨尚昆同彭德怀一起向李德建议放弃广昌，进行机动防御作战。而博古、李德仍要求坚守广昌，并于4月26日下达了《坚守广昌的作战命令》，亲临前线督战。27日，敌以10个师沿旴江两岸会攻广昌。敌飞机轮番轰炸，炮火连续轰击，步兵反复冲锋。红军奋起反击，在巴掌形阵地，红三军团主力依托阵地打退敌十多次冲锋，予敌重大杀伤后转移。在西华山阵地，进行了反复争夺，战斗异常激烈。彭德怀、杨尚昆亲临前线指挥，组织多次反击。在敌人即将从东、北、西三面包围的情况下，为保存实力，彭德怀、杨尚昆不顾"左"倾冒险主义者的阻挠，断然下令部队撤出，转移阵地，避免了全军覆没的严重后果，历时18天的广昌保卫战，予敌重大杀伤，但红军也受到很大损失，红三军团伤亡2705人，占军团总人数近四分之一。

战斗刚停，博古、李德约彭德怀、杨尚昆到总部谈话。彭德怀当面痛斥李德等人，说他们的指挥"从一开始就是错误的"，断送了辛辛苦苦积蓄起来的革命力量，是对革命的犯罪，是"崽卖爷田心不痛"，

当时翻译未译后面的话。杨尚昆对李德的"御敌于国门之外""短促
突击"的错误指挥,也与彭德怀有同感,立即指向李德,补充翻译了这
句话,李德听到后暴跳如雷,大声咆哮。这时,彭德怀、杨尚昆未理睬
李德的那一套,愤然离开了总部。①

红军撤出广昌后,敌兵分六路,向江西苏区中央根据地腹地推
进。彭德怀、杨尚昆指挥红三军团在高虎脑等山头构筑工事,铺设地
雷、竹签,顽强阻击,重创敌八十九师。但是,面对重重围来的敌军和
林立的敌堡,中央根据地的丧失已无可挽回。

第五次反"围剿"的失败,使中央红军被迫撤离江西苏区,进行战
略转移——长征。

二、率部参加长征,坚持北上抗日

1934年10月,杨尚昆和彭德怀率红三军团全体指战员在江西于
都河旁告别中央苏区人民,开始了举世闻名的二万五千里长征。按
照中革军委的部署,以红一、红九军团为左翼,红三、红八军团为右
翼,红五军团为后卫,向南突围,准备沿赣、粤、湘、桂边境西去,与红
二、六军团会合,开辟新的革命根据地。

10月17日凌晨,担任右路前锋的红三军团冲破迷漫的大雾,渡过
于都河,逶迤西去。22日,突破敌在信丰、安远间设置的第一道封锁
线。11月4日,越过敌在汝城至城口设置的第二道封锁线。10日,彭

---

① 谢景星、葛楚民:《杨尚昆军事传略》,载《家乡人民的怀念》,内部出版2001年版,第
254页。

德怀、杨尚昆指挥红五师和红六师攻占宜章城，突破敌人第三道封锁线。11日，中革军委通令表彰"（红）三军团首长彭、杨同志及三军团全体指战员在突破汝城及宜、郴两封锁线时之英勇与模范的战斗动作"①。11月下旬，红三军团到达湘江以东，首先抢占渡河点，在界首以南的光华铺、枫山铺坚守两昼夜，抗击数倍敌军的攻击，完成了掩护中央纵队和后卫部队渡江的任务。自于都出发，红三军团一路斩杀前进，兵员折损过半，付出了极大代价。

12月18日，中共中央政治局在贵州黎平召开会议，接受毛泽东的正确主张，改变红军去湘西与红二、六军团会合的计划，向黔北敌军兵力薄弱地区前进，创建川黔边根据地。杨尚昆支持黎平会议的决定，与彭德怀一起向中央、军委提出了创建川黔边新根据地的具体建议。

1935年1月15日至17日，党中央在遵义召开政治局扩大会议。在会议召开期间，黔军柏辉章率兵从南面向遵义扑来，在这危急关头，彭德怀、杨尚昆受命离开遵义会议会场，急奔刀靶水，率部奋击柏辉章部，打退了敌人疯狂的进攻，保证了遵义会议的顺利召开和圆满结束。刀靶水战斗是遵义会议的一场保卫战，是彭德怀、杨尚昆对遵义会议确立以毛泽东为代表的正确军事路线的杰出贡献。杨尚昆、彭德怀从前线赶到遵义时，遵义会议已经召开半天了。他们在会上批评李德在军事指挥上的严重错误，支持毛泽东的正确主张。这次会议增选毛泽东为政治局常委，撤掉了李德、博古的军事指挥权，结束了王明"左"倾教条主义在党中央的统治，确立了毛泽东同志在红军和党中央的领导地位，开始确立了以毛泽东同志为主要代表的马克思主义正确路线在党中央的领导地位，开始形成以毛泽东同志为核心的党的第一代领导集体。遵义会议之后，红军开始北进，红三军

---

① 《杨尚昆回忆录》，中央文献出版社2001年版，第109页。

团担任后卫,掩护各部队撤出遵义。由于蒋介石已令川滇军队集中在长江一线布防,中央决定停止向四川发展,遂二渡赤水,回师黔北,把敌军甩在长江沿岸。同年2月25日,中革军委命令红一、红三军团统归彭德怀、杨尚昆指挥。部队掉头向桐梓、遵义挺进,强攻天险娄山关,由红三军团第十三团对黔军进攻,当晚占领主阵地。彭德怀、杨尚昆指挥红一、红三军团主力从两翼向该敌后方迂回攻击,守军仓皇南逃。26日,红三军团在董公寺、高坪等地将黔军第六、第九、第十五团击溃。27日,在十字铺等地将黔军第一、第五、第八团击溃,直逼遵义城下,当日,红三军团攻击遵义老城,在战斗中,军团参谋长邓萍不幸中弹牺牲。杨尚昆十分悲痛,号召全军团化悲痛为力量,奋力消灭敌人。第二天,激战4小时,重占遵义城。这时,援敌吴奇伟部赶到,红军趁势回击,在遵义城北歼灭其大部。遵义之战红军在3天内连下桐梓、遵义,击溃黔军王家烈8个团、蒋军吴奇伟两个师,缴获枪支1000以上,俘虏3000余人。这是中央红军长征以来打的第一个大胜仗,极大地鼓舞了全军的士气。

当中央红军四渡赤水,把敌重兵甩在赤水河沿岸时,蒋介石自重庆飞抵贵阳督战,决定运用堡垒战术,把红军消灭在遵义地区。彭德怀和杨尚昆当即致电朱德,就红军的行动问题提出建议,认为:"目前向西南寻求机动很困难,首先要突破周(浑元)、王(家烈)、孙(渡)纵队,很难完成达到黔西、大定地域的战略任务",目前"转到东南之乌江流域比较有利"。①朱德接受了彭德怀、杨尚昆的意见。1935年3月下旬,彭德怀和杨尚昆指挥红三军团迅速向乌江前进,出敌不意,渡过乌江,直指贵阳城,以两个团佯攻贵阳。正值蒋介石在贵阳城内,慌忙调云南部队"入黔保驾"。此时云南空虚,使红军主力得以从贵阳、龙里之间穿过湘黔公路南下,跨北盘江,直抵金沙江南岸。4月25

---

① 《杨尚昆回忆录》,中央文献出版社2001年版,第127页。

日,红三军团进军到沾益县白水镇以东地区,遭敌机轰炸,伤亡多人,杨尚昆和组织部部长欧阳钦、宣传部部长刘志坚等负伤。杨尚昆右小腿受伤,继续指挥作战。当天,一个俘虏过来的军医给杨尚昆开了刀,3块弹片,取出了两块,另一块进得很深,只好留在肌肉里。这块弹片留在杨尚昆体内63年,直到他逝世遗体火化才"现身",让后人得以目睹。

按照中革军委的命令,红三军团部队以每天80公里强行军速度直达金沙江畔,主力在皎平渡跟随中央纵队渡江。1935年5月9日,红军部队顺利渡过金沙江,摆脱了几十万国民党军队的围追堵截,取得了红军长征战略转移中具有决定意义的胜利。

渡过金沙江后,红三军团和干部团在彭德怀、杨尚昆指挥下围攻会理城,掩护部队进行休整补充。中央政治局在会理城外铁厂举行扩大会议,主要是由于红军领导层中出现了一场风波:遵义会议后,毛泽东为了摆脱敌人追堵包围,指挥红军进行频繁战斗和回旋转移,红军中的一些战士、干部由于不了解情况出现埋怨情绪。红一军团长林彪写信给中革军委,借口部队的情绪,要求改换中央的军事领导人。毛泽东在会上批评了林彪。杨尚昆支持会议讨论的意见,坚决维护遵义会议确定的军事指挥负责人的正确领导。

6月初,红三军团经泸定桥飞渡大渡河,并击溃了在天全河一线设防堵截的川军杨森部队,准备翻越大雪山——夹金山。时值6月,山下烈日炎炎,山上白雪皑皑,空气稀薄,山路险峻,天气一日数变。红军战士辗转苦战数月,身体虚弱,翻越雪山十分艰难。红三军团到达山下,杨尚昆、彭德怀下令部队暂憩,恢复体力,进行筹粮等准备。杨尚昆深入部队边检查工作边做动员,说明翻越雪山、进入川西北与红四方面军会师的重要意义,要求各级加强思想政治工作,鼓励大家克服困难,相互帮助,决不掉队。第五次反"围剿"和长征以来,杨尚昆领导的"红三军团政治思想工作是很活跃的","红三军团打仗很勇敢、很出色,和强有力的政治工作是分不开的"。①"他很爱护干部,凡是在长征途中负了伤的,他一定要求用担架抬着走,不让放在老乡家中,如钟赤兵、李寿轩等同志都是用担架一直抬到陕北的。"②杨尚昆深入部队做思想工作和关心爱护干部的作风,深深印在许多长征老干部心上,并成为人民军队的优良传统。6月中旬,红三军团在彭德怀、杨尚昆指挥下翻越夹金山,抵达懋功东南达维镇。这时,中共中央、中革军委机关和中央红军主力全部到达懋功地区,与红四方面军胜利会师,中央红军改称第一方面军。6月下旬,中央政治局在两河口召开会议,讨论确定集中红军主力向北进攻,首先取得甘肃南部,进而创造川陕甘根据地的战略方针。杨尚昆参加了会议,拥护中央关于北上抗日的战略方针。

1935年7月初,彭德怀、杨尚昆指挥红三军团翻越梦笔山、长板山、打鼓山和仓德山等大雪山,到达黑水、芦花地域,前方是茫茫草地。红军部队忙于割麦筹粮,准备越过草地。杨尚昆兼任红军筹粮委员会副主任,指挥红三军团在则格地区割麦7天。7月下旬,中革军委做出关于一、四方面军组织番号和干部任命的决定,红三军团改为红一方面军第三军,杨尚昆仍任第三军政委(军长仍为彭德怀)。

8月,杨尚昆调离第三军,任红一方面军总政治部副主任(陈昌浩为主任)。接着,一、四方面军混合编组,组成左、右路军分别北上,杨尚昆随毛泽东率领的右路军行动。

极目无垠的草地,浓雾弥漫,浊沼横陈,晴雨变化莫测,自然条件极其恶劣。由红一方面军第一、第三军和红四方面军第四、第三十军、军委纵队一部等组成的右路军,战胜重重困难和敌骑兵袭扰,终于在8月底走出了茫茫大草地,到达班佑、巴西地区,等待左路军到来

① 萧华谈杨尚昆领导红三军团政治工作的采访记录。
② 王平谈杨尚昆在红三军团工作情况的采访记录。

会合。这时，张国焘率左路军先头部队到达阿坝后按兵不动，拒不执行中央的北上方针，反而要已走出草地的右路军和党中央南下西康，并密电陈昌浩，令右路军"南下，彻底开展党内斗争"，阴谋危害党中央。电报到达右路军指挥部时，参谋长叶剑英首先看到，立即报告了毛泽东。毛泽东感到事关重大，立即在红三军驻地与中央常委周恩来、张闻天、博古等紧急磋商，为推动抗日民主运动和避免红军内部可能发生的冲突，决定率右路军先行北上，脱离险境。毛泽东向杨尚昆交代，说张国焘不安好心，要右路军南下。中央决定单独北上，你快回去找叶剑英和罗迈，走时把总政治部的干部带出来①。杨尚昆回到驻地，同叶剑英商量，约定以部队全部出动为南下筹粮去割青稞麦子为名把总政治部的人带出来，朝红三军方向走。时间是1935年9月9日凌晨两点，分头行动。第二天凌晨，总政治部"筹粮"的队伍出动后，杨尚昆按约定的时间只身离开驻地，到达约定地点水磨房，同叶剑英和罗迈会合，他们不带行李，不带警卫员，不骑马，只有叶剑英提了个小箱子，里面装着甘肃省的军用地图。当走出七八里地时，忽地从后面冲过来十几个骑兵，疾奔而去。杨尚昆他们在路边避开了。后来才知道，这是张国焘下令追赶他们的，因为他们没有带警卫员和马匹，不像他们追赶的对象而被放过去了。他们继续赶路，向红三军驻地行动与毛泽东、周恩来、彭德怀等会合。在火药气味浓郁的气氛中，杨尚昆等跟随毛泽东脱离了险境。后来才知道，张国焘已向四方面军布置了警戒，诬蔑一方面军是"逃兵"。前敌总指挥徐向前深明大义，说："哪有红军打红军的道理。"关键时刻得免于兵戎相见②。

9月12日，中央政治局在俄界召开扩大会议，杨尚昆参加了会议，拥护这次会议做出的《中央关于张国焘同志的错误的决定》。会议还决定，将北上红军改编为中国工农红军陕甘支队，杨尚昆任支队政治

①《杨尚昆回忆录》，中央文献出版社2001年版，第144页。
②《杨尚昆回忆录》，中央文献出版社2001年版，第144—146页。

部副主任（王稼祥任主任）。1935年9月27日，陕甘支队到达陕北榜罗镇。红军在一所小学校里发现许多报纸杂志，从中了解到日本侵略我国北方的情况和陕北苏区红军的情形。中央政治局在此召开会议，正式决定向陕北苏区进军，与刘志丹领导的陕北红军会合，将陕北作为抗日的前沿阵地。

10月，陕甘支队翻越六盘山到达陕北根据地吴起镇。杨尚昆同当地的党组织和陕北红军取得联系，并将了解到的情况报告党中央。中央决定在吴起镇休整7天，召开中央政治局会议，做出巩固和发展陕甘革命根据地，和在陕甘领导全国革命斗争的决定，至此，中央红军胜利地结束长征，取得了战略转移后新的落脚点。

11月，中央决定成立西北革命军事委员会，杨尚昆任西北革命军事委员会政治部副主任（主任为王稼祥）。同时决定撤销陕甘支队，恢复红一方面军番号。杨尚昆任红一方面军政治部副主任（主任为王稼祥）。下旬，红一方面军与陕北红军胜利会师，杨尚昆参加直罗镇战役，这次战役彻底粉碎了蒋介石对陕北红军的第三次"围剿"，为党中央把革命大本营放在西北举行了一个奠基礼。

12月，杨尚昆参加中央政治局召开的瓦窑堡会议。这次会议确定了党的抗日民族统一战线的策略，做出了《中央关于目前政治形势与党的任务决议》《中央关于军事战略问题的决议》。从此，中国革命开始了由国内革命战争向抗日民族革命战争的转变。

1936年2月，杨尚昆任中国工农红军抗日先锋军总政治部主任（彭德怀为司令员，毛泽东为政委），参加东征战役。他签发了"红军总政治部关于东征部队的政治工作"训令和"对敌军工作指示"，随部队东渡黄河，进入山西作战。杨尚昆署名发布《中国抗日红军第一方面军政治部布告》，向战区宣告："……本军东征，志在救国救民。打倒卖国汉奸，驱逐倭寇日本……"5月初，回师陕北。东征历时75天，消灭敌人7个团，俘敌4000余人，缴获甚多，迫使"进剿"陕北的晋绥军撤回山西,扩大了共产党和红军的政治影响。①

1936年6月,党中央和总政治部回驻瓦窑堡,杨尚昆参与筹办中国抗日红军大学,任"红大"政治部主任,并兼授政治理论课程。

10月,红军第一、二、四方面军三大主力在甘肃会宁县胜利会师。红军总部根据中央军委批示,成立前敌总指挥部,杨尚昆任总政治部主任。11月,杨尚昆率总政治部移驻前方,在红军中进行政治工作,参加山城堡战役。12月,中央为适应三大主力会师的新情况,成立新的中央革命军事委员会,杨尚昆任军委总政治部副主任(王稼祥任主任),负责领导对杨虎城部队的统战工作。西安事变发生后,红军主力向西安以北的三原、泾阳地区集中,靠拢杨虎城部队。

1937年4月,杨尚昆根据战争形势和各部队情况,向中共中央提出关于加强红军政治思想教育的意见,强调必须加强基层和政治机关建设,使党的组织和红军中的党支部成为坚固的堡垒,努力巩固部队,提高战斗力。受到党中央的高度重视。杨尚昆在很长时间内担任军队政治工作的领导职务,对红军的政治思想建设做出了重要建树。1937年5月,杨尚昆率领红军代表团参加党的全国代表会议(当时称苏区代表会议),被选为大会主席团委员。

三、战斗在华北抗日前线

1937年7月7日,日军进攻卢沟桥,抗日战争全面爆发。8月,杨尚昆参加中共中央政治局洛川会议,被任命为军委秘书长。随后,调

---

① 葛楚民、谢景星:《杨尚昆军事传略》,载《家乡人民的怀念》,内部出版2001年版,第260页。

任中共中央北方局副书记(刘少奇为书记)。杨尚昆经风陵渡去太原到北方局工作。1937年8月,中央军委发布中国工农红军改编为国民革命军第八路军的命令,朱德任总司令,彭德怀任副总司令,率八路军主力赴山西前线抗日。9月,杨尚昆到八路军总部同朱德、彭德怀一起讨论华北抗战形势和八路军行动方针,确定八路军在晋北五台山地区创建抗日根据地,扩大人民武装,开展游击战争。在北方局,杨尚昆直接领导山西工委、"牺盟会"的党团工作,还领导山东、冀南、冀西、热河、内蒙古等地党组织的工作。年底,北方局移驻山西临汾汾河西岸的刘村。杨尚昆主持招收平津和华北地区的知识青年,举办学兵队,培训青年抗日骨干,并开办干训班,轮训县、团以上干部,为抗日战争培养领导骨干。

1938年初,刘少奇返回延安。杨尚昆率北方局机关撤出吉县,经隰县、永和、石楼到达孝义地区,驻在第一一五师部队防区。杨尚昆直接指导山西决死第二纵队工作,并担负军队干部的政治教育,讲授联共(布)党史。4月,他组织动员晋东南民众和地主武装,支援八路军粉碎日军的"九路围攻"。在朱德、彭德怀统一指挥下,该战役歼敌4000余人,巩固和扩大了晋冀豫抗日根据地。9月至11月,杨尚昆赴延安参加党的六届六中全会,在会上做了晋冀豫区地方工作报告(刘少奇做北方局工作报告)。这次会议确定了"巩固华北,发展华中和华南"的战略方针。此后,杨尚昆任北方局书记(刘少奇调任中原局书记),主持北方局的全面工作。

1939年初,北方局机关到达晋东南长治地区,同八路军总部会合。从此,杨尚昆领导的中共中央北方局与八路军总部朱德、彭德怀紧密联系,相互支持,共同抗击华北地区日本侵略军。在此期间,杨尚昆加强了太行区党委、太岳区党委、冀南区党委和山东工委的工作指导,并指导山西决死第一纵队、第三纵队的斗争,及对阎锡山的统战工作。1939年8月，杨尚昆向中央报告晋冀豫区党组织情况：该区辖5个地委，即冀中地委（15个县），冀豫地委（11个县），太南地委（17个县），晋豫地委（19个县），太岳地委（8个县），计7万余名党员，4300余个支部。又报告了冀南区及山东分局所属党组织状况，着手加强各地党组织的指导工作。①

1940年4月，中央指示北方局和中原局，提出党和军队的基本任务是"巩固抗日进步势力，抵抗投降倒退势力，力争时局好转，克服时局逆转"。着重指出，在华北以继续巩固为主，在巩固中求发展。根据中共中央指示和敌后战场形势，杨尚昆领导的北方局同八路军朱德、彭德怀共同签发了整军训令，贯彻执行党中央的方针、指示。杨尚昆在区委组织的联席会上做《论目前形势和战争动员》的报告，贯彻中央关于华北"以继续巩固为主，在巩固中求发展"的方针，要求各地方党委学会领导战争和掌握武装，将其作为第一等重要任务；要求区委、地委努力学习军事，加强对军区、军分区领导，确实掌握地方武装（游击队、自卫队）工作，提高战斗力。

蒋介石从1939年12月至1940年3月发动了第一次反共高潮。在山西，阎锡山反共是从反"牺盟会"、决死纵队下手的。12月，阎下令驻晋西的决死第二纵队向同蒲线灵石、霍县举行破袭。同时密令晋绥军陈长捷等与日军勾结，夹击决死第二纵队，以实现其"借剿叛军名义北上，肃清共党势力"的诡计，制造了山西"十二月事变"。

1940年4月，北方局和八路军总部共同在晋东南黎城召开高级干部会议。杨尚昆在会上做政治报告，提出加强党的建设、军队建设和政权建设的三大任务，强调必须时刻做好反"扫荡"准备，以打破敌之分割与"囚笼"封锁，巩固华北根据地。他还通过一系列活动，组织和号召晋冀豫区各级政府和人民支持，配合八路军的抗日反顽斗争；支

---

① 《杨尚昆回忆录》，中央文献出版社2001年版，第319—320页。

援八路军全歼了进攻太行区的国民党朱怀冰等3个师;支援决死纵队同阎锡山的斗争,使山西新军40个团完全过渡到共产党领导之下。"搬起石头砸了自己的脚",这就是国民党在华北掀起第一次反共高潮的结果。

反对国民党制造摩擦的斗争刚刚结束,华北大地又酝酿着一场对付日军的不寻常的军事行动。1940年7月中旬,八路军总部在山西武乡的小山村砖壁驻地召开军事会议,杨尚昆到会参与初议和决策。八路军总部于22日部署了被称为"百团大战"的对日军交通线的总破袭战:"趁目前青纱帐与雨季时节……大举破袭正太路。""其他各重要铁道线,特别是平汉、同蒲线,应同时组织有计划之总破袭,配合正太铁道战役之成功。"这次战役从正太路发起,之后迅速扩展到除山东以外的整个华北地区和重要交通线。敌人苦心经营的"囚笼",一时被砸得支离破碎。10月初,日军开始报复,对华北根据地展开"大扫荡",八路军转入反"扫荡"作战。日军进入根据地烧杀抢掠,残暴至极,许多村庄成了一片废墟。八路军总部一再转移。杨尚昆和彭德怀率领北方局、八路军总部,迎着绵绵秋雨,从砖壁村到王家峪,再转移到黎城县拴马庄、宋家庄,顽强地同日军周旋抗击其进犯。

这次战役历时3月余,毙伤日伪军2.5万余人,俘虏1.8万余人,破坏铁路900余公里、公路3000余公里,拔除据点2990余处,取得了巨大胜利。在战斗中,杨尚昆积极动员和组织华北各级政府和群众踊跃支援前线,配合八路军作战。仅冀南一个区群众参战即达25万余人,除协助军队作战外,还组织起来随军征战,运送伤员、弹药、粮食,为作战的胜利做出了贡献。①

在反"扫荡"的紧张战斗中,利用战斗间隙,杨尚昆先后在华北高级干部会议上做了《论华北抗日根据地的建立与巩固》《敌后抗日根

---

① 谢景星、葛楚民:《杨尚昆军事传略》,载《家乡人民的怀念》,内部出版2001年版,第263页。

据地建设中的几个问题》的报告，总结3年来敌后斗争经验，论述了根据地建设中的军事建设、政治建设和党的建设问题，强调这三方面的建设是不可分割的整体。根本的问题是一切为了"保证战争，争取战争的胜利"，要把"爱护军队，建设军队看成是第一等重要的任务"。他具体论述了抗日民主政权的民主建设，实行普选制和"三三"制的问题，论述了党的领导和加强党组织建设是巩固根据地的中心问题；论述了民主政权的武装政策问题。他强调，扩大与充实主力部队，是全党的任务，要动员青年补充正规部队，新兵送达部队的数量应作为检验地方工作的重要内容。他坚决贯彻中共中央和毛主席制定的基本上是游击战、不放弃有利条件下的运动战的军事战略方针；在作战指导思想上强调贯彻"趋利避害"的原则，既反对所谓"与土地共存亡"的硬拼主义，不利时应即行机动，转移作战方向或活动地区；又反对"游而不击"和"不游不击"的保守主义，坚持积极作战，不放过打击和消灭敌人的每一个机会。他根据毛泽东关于人民战争的思想，确定在华北地区建立军区、军分区制度，建立军区领导下的地方正规军、脱产游击队和不脱产游击队（即自卫队）的军事系统。华北地区建立的这种武装力量体制，加速了地方武装和群众性抗日队伍的发展，为坚持敌后根据地建设创造了重要条件。杨尚昆主持创建的这种地方部队、游击队（自卫队）与支持正规军建设的体制，可以说是以后发展为野战军、地方军、民兵三结合的武装力量体制的雏形①。

1940年底，杨尚昆奉中央指示返回延安，参加整风学习。

1941年初，杨尚昆回到延安。2月，中央决定由他协助王稼祥管理华中华北工作委员会的工作。8月，中共中央北方局改组，杨尚昆仍担任北方局书记。其后，参加延安整风，参与中央调查研究局党务研究室等工作。1944年10月，杨尚昆任中央军委外事组组长、陕甘宁

---

① 谢景星、葛楚民：《杨尚昆军事传略》，载《家乡人民的怀念》，内部出版2001年版，第264页。

边区政府交际处处长。在毛泽东、周恩来等领导下,他负责中外记者
西北参观团和美军中缅印战区驻延安观察组的接待工作,为打破国
民党的新闻封锁和反共宣传,向世界展现中国共产党及其领导的抗
日武装在抗日战争中的战绩和作用,做了大量工作。1945年4月,出
席党的第七次全国代表大会。

1945年8月,中共中央决定撤销北方局,成立晋冀鲁豫军区。杨
尚昆任中共中央军委秘书长。9月,主持中共中央书记处办公厅工
作,成为中共中央机关和中央军委总部机关日常事务的主要负责人。

四、指挥中央三次"大搬家"

解放战争期间,中共中央机关经历了三次大搬家:第一次是胡宗
南进攻延安,中央机关主动东渡黄河,到山西临县的三交镇;第二次,
是从三交镇搬到河北平山县的西柏坡村;第三次,是从最后一个农村
指挥所进入即将成为中华人民共和国首都的北平。三次搬家都是杨
尚昆主持的。因此杨尚昆也曾谈道:他在解放战争时期的重要工作
内容之一,就是组织指挥中共中央机关的三次"大搬家"。

1.第一次"大搬家"——撤离延安

1946年6月,蒋介石撕毁停战协定和政协决议,内战全面爆发。
11月,蒋介石调动100个旅的兵力攻打解放区。这时,胡宗南手中仅
有的20个旅,用10个旅封锁陕甘宁边区的南线;在西线,马鸿逵、马
步芳部袭扰边区,国民党的飞机不断来延安侦察,延安一派备战气
氛。11月9日,为保卫延安,中共中央书记处决定组织战争准备,疏散

笨重器材及有关人员，成立中央直属纵队。1946年11月11日，中共中央召开保卫陕甘宁边区、保卫延安干部动员大会。刘少奇在会上宣布杨尚昆为中央直属纵队司令，邓洁为副司令，李涛为参谋长，一共3个人，负责疏散工作。

延安是中国革命的圣地和中心。自从红军长征到达陕北后，党中央在这里已"经营"了十余年时间，其疏散和搬迁的烦琐程度可想而知。面对艰巨的任务，负责指挥中央机关撤离延安向后疏散任务的杨尚昆不敢有丝毫马虎。

文件和档案如何处理的问题，解决起来就颇费周折。1946年底到1947年初，中央机关开始文件转移的准备工作。首先，是集中文件档案，将被撤销部门（例如北平军调处执行部）、分散在高级干部个人手中的文电集中起来。当时毛泽东、刘少奇、周恩来、朱德和一批高级领导人就将自己保存的大量文件交给了中央秘书处。其次，将各部委文件适当集中。1946年11月，中央秘书处收到交来的文件16000多件。再次，是销毁不必留存的文件。1946年11月3日，《中共中央关于处理与保存密件的指示》下达：重要而机密的文件"指定专人妥善携带"，不必留的事务性文件"应即销毁"。根据这一指示，仅中央秘书处就烧毁文件十几箱，机要处烧毁的电报达13355件①。然而，有些部门行事比较仓促，结果将一些不应销毁的文件也销毁了，另外有一个单位一次就烧毁10余箱次要档案。这引起了一贯重视档案保护、留藏的毛泽东的注意。毛泽东立刻发出指示："疏散档案，不要惊慌失措，确实不需要的文电可以销毁，重要文电一定要保护好，片纸只字也不要落入敌人之手。"②这以后，中央各部门开始向延安以外疏散档案，中央秘书处先期将16箱档案疏散到保安县（今志丹县）的安条岭农场，另外13箱送到清涧县十家塬子。

---

① 中共潼南县委、潼南县人民政府：《家乡人民的怀念》，内部出版2001年版，第146页。

② 《杨尚昆回忆录》，中央文献出版社2001年版，第236页。

人员的转移更是相当繁杂而沉重的任务。延安有许多文职机关、后勤行政部门都要撤离。这支队伍十分庞大,行动起来不免拖沓,因为其中包括许多老人、妇女、年龄不等的孩子,以及大量的辎重。有鉴于此,在杨尚昆担起撤离延安的组织领导工作后,于1947年初就立即行动起来,将一批老人、领导人的夫人、孩子共3000多人和一批笨重的物资器材,陆续护送出延安,集结到了瓦窑堡。然而,事情并不像想象的那么简单。春节临近了,胡宗南的部队仍未发起对陕北的军事进攻,中央领导机关仍然留在延安,于是先行到瓦窑堡的家属们便有点想家了。有人便提出:"敌人又没有打延安,让我们回延安过年多好。"面对家属要回延安过年的请求,杨尚昆考虑到将这些人转移到瓦窑堡不容易,所以没有轻易应允。但时任中共中央副秘书长、中央组织部部长的饶漱石却几次出面,并亲自跑到王家坪,请杨尚昆同意让家属们回延安过春节。面对饶漱石的一再请求,杨尚昆无奈,只得同意有限制地放回了1000多人回延安过春节。谁料这些人回到延安还不到一星期,胡宗南就发起了对延安的攻击。杨尚昆随即又组织这些人转移。此时情况紧急,各部门都在撤退,对这些人照顾也就不能要骡子有骡子、要马有马了,甚至有些人只好步行。虽然从延安到瓦窑堡只有50多公里,但是仍然有些人怨声载道,埋怨脚上走起了泡。延安虽小,毕竟是个城市。到了山西临县三交镇,环境和条件都发生很大变化:一是从原来相对和平的环境转入了战争生活;二是从城市转到农村,加上"扶老携幼",生活上有许多不便。经过这一番折腾后,杨尚昆深深地体会到中央服务工作的庞杂与繁难。

当胡宗南发起进攻后,杨尚昆马上通知预先集结在瓦窑堡的人员向东转移,东渡黄河。因为有中共中央机关,有部队,还有地方机关和群众,人马如潮,在撤退和渡河过程中难免出现一些混乱局面。

麻烦出在曾三率领的材料保管委员会。这支队伍由中央秘书处、机要处、中组部和军委总政等组成，带着一个班的武装押送15箱档案和一些金条、银圆，几十个驮子的队伍离开延安。不承想，一开头曾三就失去联系。此时，胡宗南开始进攻延安，前面驮队没人指挥，后边曾三失去联系没有赶上，情况很危急，任弼时为此很着急。他要杨尚昆赶快到曾三那里，说："你赶快到黄河边去指挥，不然一堆人渡河就乱套了！前面归你统一指挥。"①杨尚昆立即赴命，他想办法搞到一辆吉普车，连夜赶到黄河边。先去看望了董必武、谢觉哉等人，问他们有什么困难，解决了他们需要的骡马交通和急需物品后，让他们先东渡黄河，到山西贺龙那里，进入安全地带。接着杨尚昆在河东、河西来回穿梭：走西向前线中央报告情况，回东边又组织队伍过河。经过一番折腾，终于把疏散混乱的部队理顺，安排渡河。直到完成任务，杨尚昆才向三交进发。叶剑英带着王家坪军委机关的同志也来了。1947年3月底，中央和军委直属机关需要撤离过河的人员已经分别安置在晋西北的柳林、临县和兴县地区。4月11日，中央电告叶剑英、杨尚昆：中央工作机构分为三部分：（1）毛泽东、周恩来、任弼时等率领一部分工作机构留在陕北；（2）刘少奇、朱德、董必武等组成中央工作委员会，率领一部分工作机构经五台转移到太行；（3）中央及军委大部工作机构成为中央后方，暂留晋西北，组织以叶剑英为书记、杨尚昆为后方支队司令的后方委员会。②同日，杨尚昆和叶剑英一起，率中央和军委直属机关4800多人抵达山西临县三交镇一带。

这次中央机关大迁移的组织，是杨尚昆接手办公厅后经受的第一次重要考验，证明了他的智慧和能力是完全胜任这一领导工作的。

2.第二次"大搬家"——从三交到西柏坡

1947年11月12日，石家庄解放，将晋察冀解放区和晋冀鲁豫解放

---

①《杨尚昆回忆录》，中央文献出版社2001年版，第327页。

②《杨尚昆回忆录》，中央文献出版社2001年版，第238、334页。

区连成了一片,使西柏坡的周边有了一个比较大的安全环境,而先期到达河北西柏坡的以刘少奇、朱德为首的中央工委已经在西柏坡打开了局面。为了更便于领导全国的解放战争,偏居陕北13年之久的中共中央和毛泽东决定前往河北西柏坡同中央工委会合,指挥全国的解放。

1948年1月20日,叶剑英和杨尚昆接到周恩来和任弼时来电:后委的迁移,按计划在3月中旬开始行动。接到电令后,杨尚昆立刻开始着手指挥和组织中共中央机关进行第二次"大搬家"。

根据以往的经验,中央领导机构搬迁转移时,情报、通信工作是一刻也不能中断的。所以,在1948年1月初,杨尚昆就派军委三局局长王净到河北平山县同中央工委接头,预先布置通信接转工作。1月中旬,杨尚昆派军委供给部范离到晋绥和晋察冀军区接洽,解决运输力量和沿途食宿问题,商定由晋绥军区负责护送,晋察冀军区负责接应。据查,当时从安全方面考虑,转移的路线分南北两路。南路由三交镇经岚县、静乐、轩岗到崞县,这时崞县一带常有阎锡山的部队出没,所以到聂营需从豆村南下进入平山;北路从三交镇经兴县、岢岚、五寨、神池、代县、繁峙、五台到聂营,这一线可以走大车。沿途经过的村庄小,粮草供应困难,只能由精干人员以小分队行军方式进行。聂营是个转运站,再往前就由晋察冀军区接运。1948年1月下旬,按杨尚昆的要求,军委二局、三局抽调400多人组成先遣组,携带必需的通信器材首先离开三交镇,接着第二批520多人又携带部分物资出发。1948年3月12日,叶剑英和李涛、李克农离开三交镇。这样,军事和情报系统的电台都已经沟通。杨尚昆仍留在三交镇,一边做后委的结束工作,一边等候毛泽东等中央领导的到来。3月23日,中共中央和毛泽东、周恩来、任弼时率领中央机关的队伍东渡黄河,前往河北建屏县西柏坡村(今属平山县)。

1948年3月24日，毛泽东、周恩来和任弼时等一行人到达三交镇的双塔村，并由杨尚昆接待。当晚，杨尚昆陪同毛泽东等到三交镇看望后委的同志们。随后，毛泽东、周恩来、任弼时等一行带一架电台和部分警卫人员共100多人，于3月25日经兴县蔡家崖，在晋绥军区所在地小住数日后，走北线前往西柏坡。毛泽东经过三交镇时，给杨尚昆留下深刻印象的有两件事情。一是批评晋西北的土地改革搞得很"左"。这件事虽然是由康生和陈伯达指挥的，但毛泽东说："你们后委就住在这里，这些事情都知道，可是你们根本不反映，你们读的马列主义到哪里去了？"另外一件事情则是毛泽东对解放战争的形势做了评价。毛泽东谈道："同蒋介石的这场战争，可能要打六十个月，六十个月者，五年也。这六十个月又可分为两个三十个月：前三十个月是我们'爬坡''到顶'，也就是打到我们占优势；后三十个月，叫做'传檄而定'，那时候，我们是'下坡'，有的时候不用打仗，喊一声，敌人就投降了！"①后来战争形势的发展完全证实了毛泽东的预言。

1948年3月25日下午，召开了搬迁动员大会，周恩来和任弼时分别讲了话。3月底，杨尚昆率领最后一批人员分批出发。1948年4月22日，解放军收复延安的消息传来。在胜利的喜悦中，杨尚昆率领大家到达了西柏坡。毛泽东、周恩来、任弼时一行于4月13日到达晋察冀军区所在地阜平城南庄。10天后，周恩来和任弼时先到西柏坡。毛泽东因准备访苏暂住城南庄，直到斯大林建议推迟访苏时间后，才于5月27日来到西柏坡。至此，中共中央和中央工委、后委合并。

应该说，第二次"大搬家"是一次很顺利的转移。

3.第三次"大搬家"——从西柏坡到北平

杨尚昆在1949年1月24日的日记中写道："形势发展迅速，移动有提早之可能。需积极作这种准备。"②1月27日，又在日记中写道：

---

① 《杨尚昆回忆录》，中央文献出版社2001年版，第259页。
② 《杨尚昆日记》（上），中央文献出版社2017年版，第27页。

"晨回夹峪,约邓典桃(当时任中共中央直属机关供给部部长)等谈准备移动问题。"①2月1日,杨尚昆又在日记中写道:"约同廖(廖承志)、祝(祝志澄)、刘(身份不详)等共商移动中广播的接替问题……"②从杨尚昆的这些日记中可以看出在北平和平解放前,杨尚昆已经开始部署中共中央的第三次大搬家。

随着北平的和平解放,1949年1月底,叶剑英即来电,要求杨尚昆去北平,筹划把中央机关迁往北平。1949年2月1日,杨尚昆同李克农商谈先遣工作。杨尚昆在日记中对这次搬迁的重要性有比较详细的记载:"自延安起,3年来均在搬与安二字上工作,而此次移动则大有不同:①由乡村到城市(而且是大城市);②时局正在最紧张的关头,不如延安的偏安,也不如三交时之安宁,指挥工作是一刻也不能中断的;③北平是局部和平而得解放者,未经清洗,一切微生物(中外的)都很多,应当引起最高的警惕。驻地问题,我们有一方案,夜间请示周(周恩来),他均同意。"③从这篇日记中可以看出:面对复杂的时局,杨尚昆在当时不敢有丝毫疏忽。尤其对安全和驻地问题更是千思百虑。2月1日,杨尚昆与廖承志谈中央机关移往北平时,新华电台不中断广播问题;同日,又与从北平来的滕代远、吕正操和黄克诚谈移动时的铁路交通安排。

但是杨尚昆并没有立刻动身,1949年2月10日,杨尚昆与罗荣桓谈移动时的警戒、运输问题。正如杨尚昆所料,安全和驻地问题是中共中央第三次"大搬家"的重中之重。

进入北平,首先要考虑的而且最重要的问题就是安全警戒。北平虽然已经解放,但北平毕竟曾是国民党华北"剿总"的所在地,原来特务机构林立,包括国防部的保密局、二厅、党统局,阎锡山的特务系

---

① 《杨尚昆日记》(上),中央文献出版社2001年版,第29页。

② 《杨尚昆日记》(上),中央文献出版社2001年版,第33页。

③ 《杨尚昆日记》(上),中央文献出版社2001年版,第33页。

统，还有美、英的国际间谍，再加上从东北、华北和西北流窜进北平的暗藏特务，一下子也不可能全面搞清楚。国民党在北平的党政军机关虽然已被人民解放军实行了军管，但社会政治环境一时还来不及清理。为了做到万无一失，1949年初党中央就成立了"转移委员会"，由周恩来主管，杨尚昆和曾三具体负责，并着手进行筹备。

杨尚昆在回忆录中专门提道：1949年2月底，李克农来电，对香山驻地的安排提出了一个方案。为了保密起见，中央机关对外称"劳动大学"。第一站称劳大的筹备处，设在市内弓弦胡同15号。第二站称劳大收发处，设在青龙桥。第三站称劳大招待处，就进入香山。中央机关分驻在香山，军委机关分驻在西山一带。工青妇等群众团体为了便于联系群众，驻在城内。

1949年的3月5日至13日，中共七届二中全会在西柏坡召开，全会详细规划了新中国建设的宏伟蓝图。会后不久，中央书记处决定：3月23日启程向北平进发。杨尚昆在此以前，已经经历过两次"大搬家"。那两次，都是骡马驮运和两条腿走路，还要时刻提防国民党军的骚扰和空袭。这次从西柏坡进北平，已大不相同，共产党已经在军事上、政治上都掌握了主动权，交通运输也有汽车和火车了。撤离延安时，为了轻装，大家生怕东西丢不掉。这次相反，什么东西都舍不得丢。有的人连一张木板床都想运走，说这张床睡着舒服，坚持一定要运到北平。杨尚昆等人做了大量细致的工作，说服大家。

1949年3月19日，周恩来在西柏坡主持召集各单位负责人会议，由赖祖烈报告香山驻地的情况。会上宣布中央书记处在25日抵达北平，指定杨尚昆24日提前到达北平。

3月23日，毛泽东和中央书记处的同志们率领中央机关和人民解放军总部，离开西柏坡，向北平进发。

3月23日下午，杨尚昆和伍云甫一起坐小吉普离开西柏坡。为了赶在中央的队伍之前到达北平,他们走捷径,终于在24日黄昏赶到香山。3月25日上午,杨尚昆和伍云甫上香山查看毛泽东和中央书记处的驻地。中午,杨尚昆去颐和园看望中央书记处的同志后,即与李克农一起到西苑机场,检查中央领导人会见前来欢迎的各界代表和民主人士及检阅部队的准备工作。检查完毕,又立刻赶回香山。为此杨尚昆没有能够参加中央入城检阅这一盛事。

1949年6月15日,因召开新政治协商会议,毛泽东暂住中南海丰泽园菊香书屋,此后进城均住此处。9月21日,中国人民政治协商会议开幕前夕,毛泽东由香山双清别墅移居菊香书屋。随后,中共中央和军委机关也陆续迁入北平市内。

在中央机关进驻北平的同时,1949年3月24日,那批两经辗转的档案文件,在周恩来和杨尚昆的统一指挥下,曾三次率领工作人员将所有档案文件装上车,历时两天完整运抵北平。

至此,第三次"大搬家"才算正式结束。

五、甘作"磨灭方休"的"马掌铁"

中华人民共和国成立后,杨尚昆担任中共中央副秘书长、中央办公厅主任、中央军委秘书长、中直机关党委书记等职。他积极探索使中央办公厅工作迅速适应党掌握全国政权的新形势新任务,更好地为党中央服务的问题,致力于建立健全中央办公厅办事机构、工作制度和运转机制,提高工作效率和服务水平,保障党的路线方针政策的贯彻实施,保证党中央对全国各项事业的全面领导。在机构设置方面，为提升服务中央领导同志的水平，为安全快捷有效地处理大量往来电报和机要信件，为方便办理人民群众来信来访事务，杨尚昆领导设立了中央办公厅研究室、机要局和政治秘书室等机构。他善于发现和使用人才，领导组建中办翻译组，负责处理党中央与苏共中央各项沟通联络事务。他还十分重视档案管理、公文处理、警卫服务及中央领导同志的保健工作，许多行之有效、严谨周密的制度举措，一直沿用至今。

1956年，杨尚昆参与筹备党的第八次全国代表大会，为大会的成功召开特别是几个主要报告的起草做了大量事务性、协调性的工作。大会的一项重要议程是修改党的章程、起草修改党章的报告。杨尚昆作为党章修改小组成员，对党章修改报告初稿提出多条修改意见并被采纳。同年9月，在党的第八次全国代表大会和八届一中全会上，他分别当选为中央委员、中央书记处候补书记。

在全面建设社会主义时期，杨尚昆为加强党的建设、探索中国社会主义建设道路发挥了积极作用。作为中直机关党委书记，他长期参与领导中央各直属机关和各人民团体机关党的工作，为中直机关党组织不断扩大、党的工作不断发展、机关党组织建设逐步健全付出了不懈努力。党的八大之后，作为中央书记处候补书记，杨尚昆"分工联系中监委、全总党组、团中央、全国妇联党组和调查部"，为这些部委党的建设和各项工作的推进做了大量工作。1962年2月，杨尚昆任中央精简小组组长。在国民经济处于严重困难的紧要关头，他积极协助刘少奇、周恩来、陈云、邓小平等全面贯彻调整国民经济的"调整、巩固、充实、提高"八字方针，参与全国精简职工和减少城镇人口的工作。至1963年6月，中央精简小组圆满完成任务，精简职工人数1887万，减少城镇人口2600万，为全国平稳度过困难时期、争取国家财政经济状况根本好转创造了重要条件。

从1945年10月，杨尚昆在延安从李富春手里接过中央办公厅的工作重担算起,到1965年11月离开这个岗位为止,他在毛泽东身边整整干了20年。20年,在革命事业迅猛发展的岁月里,一个干部固定在一个岗位上,踏实工作,没有三心二意,没有见异思迁,这是难得的。杨尚昆甘心在党的中枢,在毛泽东身边做一块"磨灭方休"的"马掌铁"。正是在杨尚昆接任中央办公厅主任以后,党中央的中枢机构和运行机制,完成了从雏形到完善,继而走上正规化轨道的进程。在此后的几十年里,虽然经历了几番风雨变迁,但中央办公厅始终未脱离杨尚昆为之创立的主旨、机制和大格局。

杨尚昆在中央机关工作20年,始终对党忠诚、埋头苦干。他常说,"中央让我干什么就干什么",要做党的事业的"听用","哪里有需要,我们就做哪里的工作,执行什么任务"。他敢于负责、勇于担当,为做好工作宵衣旰食、夜以继日,一刻不曾懈怠,一事不曾推诿。他遇事考虑周全,不避繁难,兢兢业业做好为党中央服务、为干部群众服务的工作。他公道正派,作风民主,关心爱护干部,受到同志们的拥护和爱戴。

1965年11月,杨尚昆离开中央办公厅工作岗位,赴广东工作。"文化大革命"中,他蒙受冤屈,受到林彪、江青反革命集团的残酷迫害,被监禁长达12年之久。面对逆境,他始终相信党、相信群众,始终忠于党和人民,始终关注社会主义建设事业的前途和命运。

六、营造钢铁长城

1981年2月,杨尚昆和李伯钊回到北京。7月,中央任命他为军委常委兼秘书长。1982年9月,任中央军委常务副主席兼秘书长。1989

年11月,在中共十三届五中全会上被任命为中央军委第一副主席。

早在1974年,邓小平复出时,就指出军队"好多优良传统丢掉了",突出的表现是"肿、散、骄、奢、惰",要继承和发扬传统。他说:"第一步需要一些老同志出来工作,进行整顿,把作风搞端正。"不幸,"批邓"的风暴骤起,只能搁置。直到1981年,他担任中央军委常委兼秘书长后,蹉跎数年的军队整顿改革任务已迫在眉睫了。1981年7月,杨尚昆重返军委领导岗位,于是,协助邓小平整军的重任,就落在他的身上。上任之前,邓小平交代杨尚昆:"要多做调查研究,把军队建设理出个头绪来,下决心把关系理顺,拟几个制度,解决'一出二进'的问题;同时要设想五年内把这支军队建成什么样子,以后又怎么办?"①这是一个总题目,一篇大文章。杨尚昆毅然挑起这副重担。

1981年至1992年,杨尚昆主持军委日常工作期间,坚决贯彻党中央和邓小平关于新时期军队建设的思想和军事战略,严格执行党中央和中央军委的决策,对"文化大革命"中由于林彪、"四人帮"的干扰对军队造成的严重破坏进行了拨乱反正,对新的历史条件下军队现代化的一系列重大问题做了深入讨论和研究,强调中国人民解放军应减少数量、提高质量,走有中国特色的精兵之路。他坚决贯彻执行军队建设指导思想的战略性转变、改革军队体制、精简整编、建立新军衔制和各种条例法规、改进政治思想工作、加强基层建设、组建武装警察部队、加强后勤建设、调整国防工业体制、加速实现武器装备现代化等一系列重大措施,保证人民解放军走上和平时期建设现代化、正规化革命军队的轨道。

杨尚昆根据党中央对国际形势的正确分析和判断,积极贯彻邓小平关于新时期军队建设的指导思想。他强调,全军要认真学习和领会邓小平建设有中国特色社会主义理论;在党和国家工作重点转

---

① 章学新、谢景星:《杨尚昆重返政坛之后》,载《家乡人民的怀念》,内部出版2001年版,第243页。

移到以经济建设为中心的新的历史时期,军队要坚决支持国家集中力量进行经济建设,同时也要大力加强国防建设,保持一支常备不懈的、战斗力很强的人民军队,为国家经济建设和改革开放提供安全保障。他指出,军队建设要以现代化为中心,以战斗力为标准,加强军事训练;要重视经略海洋,维护海洋权益,加强对海岛、海岸线的实际控制,以捍卫国家主权和领土完整。他和中央军委其他领导人一道,具体组织合并大军区,组建集团军,调整军事院校,创办国防大学,加强海空军、战略导弹部队、民兵和预备役部队的建设,突出重点,建立过硬的"拳头"部队,使军队建设和国防建设取得了重大成就。

杨尚昆坚决贯彻执行邓小平提出的关于精简整编的战略决策。1982年6月,他主持召开中央军委座谈会,提出改革军队编制、精简指挥机关、裁并重叠机构、精干领导班子的具体原则和措施。通过实施会议制定的《军队体制改革、精简整编方案》,军队组织臃肿庞杂的状况有了初步改变。在军队已经进行多次精简的基础上,1985年中央军委按照邓小平裁军100万的重大决策,在杨尚昆的具体主持下,胜利地完成了这项光荣而艰巨的任务。

杨尚昆坚决贯彻执行邓小平关于坚持党对军队的绝对领导的思想,始终不渝地加强军队中党的政治建设和组织建设。他强调必须从军队实际出发,贯彻执行党中央关于整党的决定,领导军队的整党工作,增强党的凝聚力。在他主持下,中央军委《关于新时期军队政治工作的决定》明确规定了新时期军队政治工作的指导思想和主要任务,指出"政治工作是军队的生命线,生命线的真正含义是在建设现代化军队和完成各项任务中发挥'保证'和'服务'的作用"。

1988年12月,在杨尚昆主持召开的军委扩大会议上,确立了新时期的军事战略和军队建设的根本标准,进一步明确了军队改革和建设的方向,使人民解放军走上了和平时期建设现代化、正规化革命军队的轨道。

杨尚昆坚决贯彻党中央关于"和平统一、一国两制"的方针，积极开展对台湾当局和台湾人民的工作，以各种方式推进祖国的和平统一事业。他广交朋友，团结和争取大量港、澳、台和海外爱国知名人士。他在会见这些人士时指出：海峡两岸虽然因历史原因隔绝了几十年，但祖国的统一是大势所趋，人心所向，台湾的出路在于祖国统一，"一国两制"是实现祖国统一的最好办法；如何实现"一国两制"，应由国共两党平等地坐下来商谈。他呼吁台湾当局顺应民心，以实际行动化解敌意，消除障碍，促进两岸人员交往和经济合作，使两岸关系有一个新的发展。他的讲话，在海内外产生了广泛影响。

1993年3月，杨尚昆退出了中央军委的领导岗位。从1981年重回军队任职到1993年3月卸任的13个年头里均致力于军队建设。

2007年7月20，时任中共中央总书记胡锦涛在纪念杨尚昆同志诞辰100周年座谈会上的讲话中指出：杨尚昆同志"在担任中央军委常务副主席兼秘书长、中央军委第一副主席期间，他先后协助邓小平、江泽民同志主持军委日常工作，高度重视加强军队党的建设，积极推动军队走中国特色精兵之路，深入研究新的历史条件下军队现代化建设的重大问题，认真组织和实施军队各方面工作，积极推进军队体制编制等方面的改革，特别是组织完成了裁军100万的重大任务，为人民军队革命化、现代化、正规化建设作出了突出贡献"。胡锦涛的讲话全面、客观、准确地反映了杨尚昆在人民军队建设中建立的卓越功勋。

1988年4月，在第七届全国人大第一次会议上，杨尚昆当选为中华人民共和国主席。他不辞辛劳，深入调查研究，坚持到工厂、农村、部队、建设工地和经济开发区视察，关心人民群众疾苦，广泛听取干部群众和各界人士意见，了解经济发展和改革开放的进程，指导工作，解决问题。他密切关注国际形势的发展与变化，参与制定和调整新时期的国家外交政策,同时承担繁重的外事活动,会见了来访的许多外国领导人和民间重要人士,并先后出访亚洲、非洲和拉丁美洲许多国家,向世界各国阐明中国独立自主的和平外交政策,介绍中国改革开放和社会主义现代化建设的巨大成就,进一步增进了中国政府和各国政府,中国人民和世界人民之间的了解和友谊,为提高中国的国际地位,为维护世界和平和人类进步事业,做了大量工作,赢得了国际社会的尊敬和信任。

杨尚昆作为以邓小平为核心的第二代中央领导集体的重要成员,参与党和国家各项重大决策,为新时期社会主义现代化建设和改革开放事业做出了重大贡献。在1989年11月中共十三届五中全会上,他完全赞成邓小平的意见,维护和支持以江泽民为核心的第三代中央领导集体,对以邓小平为核心的第二代中央领导集体向以江泽民为核心的第三代中央领导集体顺利过渡,发挥了重要作用。

1992年10月和1993年3月,杨尚昆以实际行动响应邓小平的号召,先后从中共中央政治局委员、中央军委副主席和国家主席的领导岗位上完全退下来,但他仍然关注社会主义现代化建设事业和祖国统一大业,对祖国的繁荣昌盛、兴旺发达和完全统一寄予厚望。

1998年9月14日1时17分,杨尚昆因病医治无效在北京逝世,享年92岁。2001年5月,杨尚昆骨灰运回家乡潼南安葬。

(作者单位:潼南区档案史志局)

参考文献

1.《杨尚昆回忆录》，中央文献出版社2001年版。

2.《杨尚昆日记》，中央文献出版社2001年版。

3.中共潼南县委、潼南县人民政府:《家乡人民的怀念》，内部出版2001年版。

一颗早陨的将星

——记中国工农红军第六军军长、
红二军团参谋长汤慕禹烈士

◎ 曾佑华

汤慕禹,男,汉族,1903年秋出生于四川省巴县木洞太平桥村仰天湾(今重庆市巴南区双河口镇)。原名汤慕禹,别号育才、茂如。黄埔军校第四期毕业。1926年7月,参加北伐战争。大革命时期加入中国共产党。1927年,参加八一南昌起义。1927年底,由中共中央派赴苏联莫斯科高级步兵学校学习,1930年8月回国。历任中国工农红军第二军团(以下简称红二军团)参谋长、红六军军长、红三军教导团团长、红九军第二十五师师长、红军中央军事政治学校第二分校学生总队总队长、红九师参谋长、红八师师长、红九师二十五团团长,曾在湘鄂西、湘鄂边、巴兴归、鄂西北等苏区英勇作战。1932年10

月初,率红三军九师二十五团在湖北荆门半边街突围战斗中不幸中弹,英勇牺牲,时年29岁。1945年中共"七大"召开前夕,中共中央组织部、中央军委总政治部明确其为革命烈士。1992年11月24日,四川省人民政府追认汤慕禹为革命烈士。

胸怀济世救国志

汤慕禹的父亲汤绍荣,母亲蒋德静,有兄弟姊妹4人,排行老大。因其三叔早逝,三房无嗣,为照顾三婶,父母亲将他过房给三婶汤刘氏为子。

汤慕禹自幼勤奋好学,聪慧勇敢。在家乡读私塾十余年,能写古雅畅达的文言文和一手浑厚遒劲的颜体字。在家时,尊重长辈,对兄弟姊妹非常友爱。由于他读书多、学问高,族戚乡邻都争相请他当私塾教师。1924年,他把自己主办的私塾学馆设在汤家祠堂,在此教了一年多的书,名声远播,周围数十里的学童都纷纷到他的学馆来读书。

1925年,中国军阀混战,内乱猖獗,外国列强侵略,世态凄凉,民不聊生之时,汤慕禹对国家民族前途忧心忡忡。他怀着"以祖国立将沦亡,吾曹青年负有国民分子之责"[1]的思想,满怀济世救国之志,于1925年9月,跪拜父母、长辈,瞒着自己新婚不到一年但已怀孕的妻子汤符氏,同本乡青年耿天锡、耿伯超一起到重庆美专校街投考黄埔军校(中央陆军军官学校),录取后被编入黄埔军校第四期步科第一团,成了一名英姿飒爽的革命军人。他到军校报名时,因仰慕大禹治水,

---

[1] 汤慕禹在黄埔军校读书时写给母亲的信。

造福国家和人民,遂改名为汤慕禹[1],以表明自己的远大志向和立志救国救民的决心。从此,他如饥似渴地学习军事、政治等科学文化知识,成绩优良,学校按期将他由预备生转入正式生。

汤慕禹在黄埔军校学习期间,经常给叔叔汤绥之和堂弟汤美道等亲属寄回许多革命进步书刊和文章资料,如孙中山著的《建国大纲》、漆南薰著的《经济侵略下的中国》等进步书籍和恽代英、邓演达等撰写发表的进步文章。同时还寄回黄埔军校面貌全景、孙中山大元帅和军校党代表廖仲恺被害等照片及自己的全身和半身着军装照片。他在寄给母亲的相片上题写道:"男以祖国立将沦亡,吾曹青年负有国民分子之责,于是去秋禀别大人,奔驰出外,四海为家,学习军事,研究政治,蠢蠢拙志,欲将来为国效力,同挽狂澜。今而昏定晨省之职,置诸不理,俯首自思,罪莫大焉。但远恨天涯,非欲能为,所图国事,岂甘中弃。此将照片寄回,待于大人之侧,不骄不忤,以赎男罪万一,是所思愿。小儿于蒲月初十在黄埔本营晚间自习谨白。"表明了立志为中国革命事业奋斗的勇气与决心。

义无反顾参加南昌起义

1926年7月1日,广东国民政府发出《北伐宣言》,接着,国民革命军8个军约10万人从广东誓师出发,兵分三路,其中一路由四、七、八军组成,进攻湖南、湖北。汤慕禹在军校成绩优秀,军校批准他提前毕业,被编入担任北伐革命军先遣队、以共产党员为骨干的有"铁军"

---

[1] 在此之前汤慕禹名为"汤国良"。

之称的第四军叶挺独立团,任见习排长,参加北伐战争。在大革命时期加入中国共产党。第四军叶挺独立团在兄弟部队的配合下,于1926年7月11日和8月22日,先后攻克长沙和岳州,继而又在农民的大力支持下,攻克军事要塞湖北咸宁汀泗桥、贺胜桥。在两次战役中,汤慕禹和战友们一起,英勇奋战,冲锋在前,经受战斗洗礼,圆满完成任务。北伐国民革命军9月6日占领汉阳,7日占领汉口,9日开始攻武昌城,于10月10日攻下武昌城。

在北伐革命军转战江西的时候,汤慕禹在景德镇购买了数十件瓷器寄回家里,以期做女儿结婚时的陪嫁物品。其中一件是黄铜制的方形茶壶,约一尺高,由两部分组成,上面部分刻有"北伐战争胜利"6个字,下面部分可以烧炭煮茶,做得很精致。

1927年4月12日,蒋介石背叛了孙中山先生的联俄、联共和扶助农工的三大政策,公然背叛革命,大肆捕杀中国共产党人和工农革命民众,使轰轰烈烈的大革命惨遭失败。

1927年7月底,汤慕禹随国民革命军第十一军二十四师(叶挺部队)一道,参加了中国共产党领导的八一南昌起义。在周恩来、叶挺、贺龙等参加的2万多起义军中,目前知名知姓的很少,但汤慕禹名列其中。起义失败以后,汤慕禹到了汉口准备回四川组织武装斗争。他在武汉听说重庆发生了震惊全国的"三三一"惨案,"四川的'气候'也不好",便折回去了。之后,他从湖南醴陵县给家里写信说:"急需200块大洋。"①家人接信后随即将200块大洋汇去。但当汇款到达醴陵县之后,他接中共中央军委急令已经离开了湖南去安徽助战。战斗中他中弹负伤,党中央将其潜送上海共和旅馆医治。

---

① 1991年3月29日汤慕禹堂弟汤美道口述。

跟随红二军团南征激战

1927年底,伤愈不久的汤慕禹由中共中央派赴苏联莫斯科高级步兵学校学习。他在苏联学习期间,学习十分用功、刻苦,还给自己取了个俄文名字:索柯洛夫。他在给叔叔汤绥之的信中写道:"我近来的学习,可总是令自己满意,因为在俄文方面,目前能独自地看书,并且达到直接听讲,只有会话较困难;这个困难,总要被我打破;在学习方面,我们是专门的,研究近代的科学影响到技术的进步,生产的合理化,以及对机械的结构等等都很有兴趣;在精神方面,也能够关注到学习中去,觉得有相当的成绩。"[①]从1927年到1929年,他一直和他的母亲、三弟汤国庆及他叔叔汤绥之保持通信联系。他在信中说:"我最后的希望,请你不弃绝的快给我回信吗?我很不愿把故乡及家庭的关系就一下断了。我不知木洞方面变迁到什么样哪?"[②]这是汤慕禹对亲人、对家乡无限眷恋的真实写照。

1929年下半年以后,国内革命战争日趋激烈,蒋介石反动派及各地反动军阀大肆"反共剿共",屠杀革命进步人士,并迫害其家属、亲人,从此,汤慕禹与家里及亲人中断了联系。新中国成立后,家里及亲人曾多方打听、查找汤慕禹的下落,在没有任何结果的情况下推测他可能在抗日战争爆发回国时,牺牲在中苏边境。这是后话。

1930年8月,汤慕禹从苏联莫斯科高级步兵学校毕业回国。1930年9月29日,中国工农红军第二军团前敌委员会(以下简称红二军团前委)在朱河召开紧急会议,研究红二军团的人事问题:汤慕禹被任命为红二军团参谋长。从此汤慕禹开始了在湘鄂西两年多异常危

---

① 1929年1月28日,汤慕禹在莫斯科写给叔叔汤绥之的信。
② 1929年1月28日,汤慕禹在莫斯科写给叔叔汤绥之的信。

险、激烈、艰苦、紧张、曲折的战斗生活。

1930年10月5日,汤慕禹同贺龙率领红二军团在中央独立一师一部、沔阳赤卫队3000余人的配合下,兵分两路向仙桃、岳口进发,以期实现开辟湘北,向荆(门)当(阳)远(安)地区发展的计划。10月6日,红二军收复沔阳城后,又在张家沟击溃敌军前卫部队并占领彭家场,缴获了两个连的枪械弹药,并将残敌追至新里仁口。红六军从东路经尤拔和彭家场,也消灭了敌人的前卫。10月7日,汤慕禹率红二军团进攻仙桃,歼灭敌守军一部,缴枪200余支。敌军退过汉水河,与红军隔河对峙。10月8日,红二军团兵分两路撤出了仙桃。红六军退至彭家场,击溃援敌,缴枪200余支,子弹数万发,俘敌200多人。10月9日,红六军全部撤到峰口,进行休整。

红六军在峰口休整一周为南征做准备:加强了军政训练,整顿了各级机关、裁减了勤杂人员和行李马匹,充实了一线战斗部队力量。10月15日,部队自峰口等处出发,红二军由石首渡江经鲢鱼须、梅田湖径取南县。红六军在兄弟部队的配合下,经多次反复拉锯战,先后占领了南县、华容、藕池、石首、公安、石门、津市、临澧县等城镇及广大乡村,壮大了红军,扩大了江南苏区,取得了很大的胜利。南征作战至此结束。

汤慕禹作为军团参谋长协助贺龙,指挥了红二军团、红六军南征的许多重要战斗,积累了战斗的指挥经验,为取得南征战役的胜利做出了自己的贡献。

湘鄂边区持续战斗

红二军团南征作战结束转移后,汤慕禹同邓中夏判断敌军对我军"必有大举包围"的趋势,建议采用"集中兵力,选择阵地"的战术来粉碎敌人的进攻。红二军团前委在召开会议讨论对敌策略时,采纳了这一意见。可是,一方面由于前阶段南征战役的节节胜利,致使红军中一些指挥员、战士产生了麻痹大意思想;另一方面当时红军的侦察工作很差,在敌人发动进攻前,竟没有觉察敌人有向我红军进攻的迹象。正是以上种种原因,使红二军团前委通过的应对、粉碎敌人进攻的战略战术未能实行,部队基本上原地未动。

1930年12月12日,湘鄂西特委给红二军团前委送来急信,告知自红二军团南征后敌军就向洪湖苏区周围集中,最近可能发动大规模的进攻,而苏区只有数百人枪,要求红二军团迅速回师洪湖。12月14日,红二军团前委召开会议,决定红六军军长职务由汤慕禹继任。

就在红二军团前委等候洪湖苏区特委成员来松慈开会的时候,敌军趁红军没有准备,于1930年12月17日拂晓,由敌军李觉率18个团,陈渠珍带3个旅,分三路突然向杨林市发动大规模的袭击,从西斋、宝塔寺及关桥、石子滩一线向红六军十六师发起猛烈进攻,数路敌军突入红军阵地,使红六军各部被动迎敌。面对如此被动局面和严峻形势,汤慕禹命令红六军奋力反击,但因防线过宽、过长,兵力分散,未能有效击退敌人。红军两个团被敌人隔断,与主力失去联系。12月18日,一部分敌军突入街河市以北地区,一部分敌军接近杨林市西南8公里的蜈蚣岭,直接威胁红二军团指挥机关,形成了对红军分割包围的严重态势。汤慕禹立即命令红十六师迅速抢占蜈蚣岭,并和贺龙亲赴蜈蚣岭前沿阵地指挥战斗。由于红军攻打津市、临澧县之后,弹药没有补充,加上大雾弥漫,看不清战场态势,反击非常被动,尤其是驻扎在军团指挥部附近的新收编的土匪武装临阵"反水",突然向我军发起进攻,构成里应外合之势。幸亏卢冬生带领警卫营坚守军团指挥部顽强作战,才打退了敌人的进攻。此时,红二军团指挥部只得向刘家场转移,下令各部迅速撤退。红二军获悉军团指挥部危急,迅速增援,但已无法挽回败局。红六军十七师一部被打散后回洪湖。此次战斗异常惨烈,造成红六军损失四分之一多,军部警卫部队几乎全部被打光。

红二军团从杨林市退到湘鄂边的五峰鹤峰地区以后,红二军团前委决定把这一地区建成巩固的根据地。五峰鹤峰地区位于湘鄂两省交界处,又靠近四川东部(今属重庆),地势险要,崇山峻岭绵延千里。这里国民党反动统治薄弱,受苦群众觉悟较高,是开展游击战争的理想地区。为了实现这个计划,1930年12月28日,红二军团首先在鹤峰县的五里坪,以邀请川东土著武装头目甘占元、覃伯卿、张轩等赴宴的方式,当场将他们逮捕,并处决了团以上官佐30余人。12月29日,在五里坪将川东土著武装全部缴械,除从中挑选出千余人编入红军外,其余的全部遣散。此举消灭了到处流窜的川东土著武装头目甘占元、覃伯卿、张轩等部2000多人,缴枪2000余支。这给了红二军团一次很大的补充。

1931年1月2日,红军向石门进攻。正值敌人在石门西北乡一带"清乡"。红军进至白沙渡一带,与敌十九师及新三十四师顾家齐支队遭遇,激战一日,敌向东南方向败退。汤慕禹率红六军跟踪追击,红二军经新关占领石门,断敌退路。次日拂晓,红六军进至爪子峪、圹市、七家峪一线。敌军在笔架山、油家坪一线高地进行顽抗,双方形成对峙局面。为歼灭该敌,军团命令红二军自石门经新关进至松栋峪、白云山一线时,与自新安、合口方向赶来增援的敌十九师遭遇。

敌人除地面部队以外,还有飞机助战。战至下午5点左右,红二军团主力撤出战斗,向磨岗隘方向转移。敌人随后尾追。转移途中,红军在石门群众和赤卫队的支援下,在桐子溪、袁公渡、磨岗隘等地同敌军进行了顽强的阻击。红二军一部从九里坡向敌侧翼猛烈攻击,予敌以重大杀伤后退出战斗。

1931年2月,红二军在当地游击队的配合下,在建始县官店口一带,消灭了窜入该县活动的川军杨明部六七百人,缴枪400余支。为解决部队的军需问题,红二军团在鹤峰的下坪、左坪建立了枪炮局,专门为红军修理枪炮和制造子弹;又在鹤峰城关建立了被服厂;在二仙岩、五里坪、平山等地建立了红军医院,为受伤的红军将士疗伤。

红二军团在打击、消灭敌人的过程中相继解放了一些县城和大片地区,并配合地方党组织,在鹤峰、五峰、长阳、桑植、石门等县建立了各级苏维埃政权,组建了农会、妇女会等群众团体,扩大了地方武装。在前委的领导下,经过几个月的艰苦斗争,根据地初具规模,范围也在不断扩大。

在长乐坪,汤慕禹主持召开了红六军中营以上干部大会,传达了军团指挥部的决定:为了行动方便,决定将许光达任师长的十七师改编成3个游击大队。

1931年3月27日,夏曦取代邓中夏担任湘鄂西中央分局书记。他以湘鄂西中央分局书记和湘鄂西特委的名义,命令红二军团改编为红三军,并立即返回洪湖根据地。于是,红二军团前委在长阳县的枝石坪召开会议,决定立即将红二军团改编为红三军,下辖七、八两师。邓中夏任前委书记和红三军政委,贺龙任红三军军长,汤慕禹任红三军教导团(由湘鄂西联县政府赤卫总队一部组成)团长。

撞县冲州挺中原

1931年4月初,红三军在邓中夏、贺龙、汤慕禹等率领下,告别了湘鄂边根据地的人民,向洪湖苏区前进,开始了"斩关夺隘、撞县冲州"的1000余里的长途征战、行军。

1931年4月上旬,红三军攻克巴东,渡过长江,进入了巴兴归苏区。在巴兴归红四十九师的配合下,红三军连克秭归、新山等地,击溃了盘踞在巴兴归的戴天明一个旅。同时,从红三军中抽调一批干部和枪支弹药充实红四十九师,又将100多名伤病员交给其护理,然后继续挺进荆门、当阳、远安地区,于4月中旬占领远安县城。这时,洪湖苏区的大部分已被敌人占领,正处于敌军的重重包围之中,红三军如冒险返回洪湖,极易被占优势的敌军包围歼灭。为了既能援救洪湖苏区,又能保存并发展自己,汤慕禹、邓中夏、刘鸣先提出,在荆门、当阳、远安地区开辟一个新的根据地,从外线牵制和打击敌人,以配合洪湖苏区的反"围剿"斗争。

为了开辟这一根据地,4月间,红三军再攻荆门。在进攻当阳时,却未奏效。敌军郭勋旅和徐源泉等部大举增援,使红三军被迫退到马良坪。这时宜昌、当阳之敌也相继赶到,向红三军大举进攻。红三军八师两个团被敌军包围,经过激战后一部突围北上,红三军主力被迫向鄂北撤退。马良坪战役的失败,使红三军被迫放弃了开辟荆门、当阳、远安地区新根据地计划。

1931年5月3日,邓中夏、贺龙、汤慕禹等率红三军主力翻越武当山来到鄂北房县。红三军进入房县后,在当地游击队和群众的配合下,1931年6月18日,占领了房县县城,先后打了几个大胜仗,消灭了马大脚、刘玉普等几股反动武装,在以保康、房县、均县、如县为中心的武当山地区站稳脚跟。邓中夏和红三军前委认为,这里是我军建立根据地极为理想的地区,便决定在鄂豫边特委的配合下,将这里建成一个巩固的根据地。为此,红三军抽调了大批干部从事地方工作,并建立了以汤慕禹、柳克明、朱勉之、张棋、蔡祝封等人组成的鄂西临时分特委。在分特委的领导下,1931年6月23日后,房县、均县、谷城等地建立起了苏维埃政府,建立了105个乡苏维埃政权。各县除组织了工会、农会、妇女会、儿童团外,还组织了群众武装赤卫队等。

1931年6月下旬,汤慕禹任红三军教导团(由均县、房县地方武装组成)团长。

1931年7月,国民党军队为吃掉这块根据地,以第一五二旅李柱中部纠集均州、郧阳地区的张连三、马大脚,房县土匪张牛脚以及谷城的赵文启等反动武装,共约9个团的兵力,自东、北两面进攻房县。汤慕禹率军部教导团和红七师一道于石花杰以西的梅花山、河口一线成功地阻击了妄图"围剿"根据地的国民党第一五二旅李柱中部和房县、均县等县的地方反动武装。

1931年8月10日,松香坪劣绅赵月川、尚发梅、胡成霸、胡成汉等勾结保康县白带会头领刘茂云、房县圣坛会头领张平基部入境企图践踏古水区区、乡苏维埃政府。8月18日,贺龙与汤慕禹商量,决定由汤慕禹和蔡祝封(教导团政委)率300余红军入境配合当地赤卫队、红军作战。他们重创了白带会、圣坛会,迅速恢复了原有区、乡苏维埃政府,还新建了盘水河、八卦庙、紫竹、梨子坪、麻湾、举人坪乡苏维埃政府。

1931年8月23日,汤慕禹又率部与红八师一起,经黄连树、观童堂从敌军一五二旅侧后猛烈攻击,给敌人以极大的杀伤。教导团追歼其一部并重创敌一五二旅。至此,敌人的进犯被粉碎。

1931年9月13日,房县保安团团总陈茂丙,乘红军主力撤走之机,勾结土匪武装侵占了房县县城。在地方游击队的配合下,汤慕禹率红二十五师趁敌立足未稳之机,穷追猛打,在北峪沟歼灭匪首李治成部300余人,随即冲进城内,击溃房县保安团等匪徒3000多人,当日中午收复房县县城。

1931年10月8日,红三军返回洪湖苏区,邓中夏把巩固和发展鄂北的重任交给了汤慕禹、朱勉之、柳克明等,并组建了红九军(未成立军部,辖二十五师、二十六师),二十五师辖七十三、七十四两个团计1400多人、2000多支枪,以红三军教导团、军政治保卫队为骨干与鄂西北游击队合编组成,汤慕禹任红三军第二十五师长、朱勉之任政委、蔡祝封任参谋长、曾又延任政治部主任、贺彪任医务处处长,与鄂西临时分特委书记柳克明一道,统一领导巩固根据地的工作,开展斗争。

1931年12月29日,国民党保康保安旅旅长刘正增(兴安警备旅)带了两个团近3000人窜至房县。当时,红二十五师一个团在外执行任务,县城只有一个团,连同赤卫队不过千余人,且武器弹药奇缺。汤慕禹经过缜密思考和对形势判断,决定采取诱敌深入、奇袭取胜的打法。于是,红九军主动撤离县城,转移到马栏河一带。敌人得知这一消息后得意扬扬,以为红军自知不是对手,望风而逃了。敌团长宋江楚急不可耐地要乘虚而入,占据房县县城;而老奸巨猾的旅长刘正增知道红军的厉害,下令停止前进。他命令参谋长带一个团驻扎在三教堂,自己带一个团驻在上达河,同时传令派岗布哨,严加防范。由于敌情变化,汤慕禹和柳克明决定,擒贼先擒王,先打上达河。红二十五师抓住战机,集中兵力,采取奇袭的办法。汤慕禹命令红军兵分三路:一路由柳克明带领,从正面下街头进攻;二路由他亲自带领,从上街头围歼;三路由魏国龙团长带领,从后街堵截逃跑之敌。布置妥当后已时至午夜二更时分,柳克明带领的一路红军,清一色便衣短枪,顺河边悄悄摸到下街头,活捉了一个敌哨兵,从而掌握了敌人的分布情况,然后分兵向敌旅部、团部摸去。在一片"缴枪不杀"的叫喊声中,敌旅长刘正增和团长宋江楚被活捉。夺路逃窜的敌人被汤慕禹带领的二路红军拦截痛击。一小部分从后街逃出镇外的敌人又受到第三路红军的追歼。三路红军会合后,又一鼓作气将驻扎在教堂的另一团敌军歼灭。这次重大的胜利共歼敌1000余人,缴步枪、手枪近千支,机枪72挺和大批弹药。此次战斗中,汤慕禹显示了卓越的军事才能、高超的指挥艺术和英勇作战的精神。

1932年1月下旬,大刀会、白极会等会匪一万多人和国民党均县、房县、谷城三地保安3000多人,在总指挥余希珍率领下,杀气腾腾扑向房县。红二十五师撤至房县张家湾,敌进占房县县城。我军分散活动,以游击战与敌人周旋。接着,红二十五师又撤至上达河。此后,红二十五师会合房县游击大队,在房县四周开展游击活动,准备相机收复房县县城。就在此时,红九军接到了中共湘鄂西省委的指示,命令红三军教导团返回洪湖根据地。于是,教导团从二十五师中调出,由汤慕禹、朱勉之、蔡祝封等率领,经过洋坪、东巩向洪湖地区转移。

临危受命挑重担

汤慕禹回到洪湖后,1931年12月担任了中国工农红军中央军事政治学校第二分校学生总队总队长。该学校前身是湘鄂西联县苏维埃政府设立的洪湖红军军事政治学校。1931年三四月间,红三军团在经川东,过长江,打当阳,战荆门,建立鄂西北房县等根据地时军校停办,组建教导团,汤慕禹任参谋长兼教导团团长、蔡祝封任政委,学员为班、排、连干部,在红军返回洪湖根据地后又重新招收学员,其后改名为中国工农红军中央军事政治学校第二分校。

汤慕禹原来所指挥的红九军二十五师(红三军教导团,后改称鄂西独立团),与红三军独立团合编为第八师,下辖二十二团、二十三团、二十四团,由段玉林(黄埔六期生)任师长。1932年4月底,汤慕禹到达潜江,5月接替段玉林任红三军八师师长职务(段玉林在潜江八角庙"肃反"中被捕)。此时,红八师由于在瓦庙集战役中人员、装备损失巨大,已经"元气"大伤。

瓦庙集战役发生在1932年3月下旬和4月上旬。当时,红三军15000余将士在苏区数万群众的支援下,和敌军3万左右的兵力展开了7天7夜的大决战。敌军以7个旅(15个团以上)的兵力,以第十军(鄂军骨干第四十八师)为主力对洪湖苏区发动新的攻势。3月30日上午,敌军先头部队在瓦庙集以东和梅家湾、卫家场附近与红军侦察警戒分队接触后,抢占了瓦庙集、梅家湾一带村庄。红八师在左,红九师(1932年3月至4月汤慕禹任红九师参谋长)在右,背靠猴迹山、佛祖山、西龙尾山,从瓦庙集西北、西面和西南各高地及梅家湾、卫家场以西地区全线向敌猛烈进攻,并以一部插入敌军两个卫队的中间地区。敌人发现红军主力,立即转入防御,在所占地区拆屋砍树,修筑工事,顽强抵抗。敌机也不断轰炸扫射,战斗十分激烈。3月31日下午,红七师主力进入战斗,从阮家沟向东攻占了何家湾、张家湾、戴家河。同时,红九师一部也进至敌人侧后,基本上形成了对敌第二支队的合围。但因敌兵力大,且利用工事固守,红军虽然将敌军分割为以瓦庙集和梅家湾为中心的两个集团,段德昌(九师师长)、段玉林(八师师长)、王一鸣(七师师长)不断组织发起集团冲锋,红军指战员的鲜血把佛祖山下的邹夫子堰洇成了黑黑的一塘血水,瓦庙集外的饮马涧变成了一条血流之河,但敌人的阵地仍然无法突破。尤其是红八师在强攻丫角庙时伤亡十分惨重。战士们端着刺刀,举着手榴弹向敌人阵地拼命地冲锋,前边的倒下了,后边的又冲上去。然而,刺刀、手榴弹怎能敌过敌人的炮弹和机枪子弹?这场战斗,红八师伤亡很大,弹药消耗殆尽。

瓦庙集战场上红三军的凌厉攻势使敌人大为震惊。于是敌军四十四师、四十一师、新三旅、独三十七旅等部向瓦庙集战区合围。国民党第十军军长徐源泉于1932年4月1日亲率一四四旅一个团和军特务团从应城出发,前往皂市坐镇指挥。

敌军四路援军分别从皂市、天门、张家港蠢蠢而来,在正面攻击已成僵局的情况下,贺龙命令红七师、九师由段德昌统一指挥,以主要兵力回头打援,将援敌消灭于运动之中。可是,敌军援兵第四十四师师长肖之楚也是个老奸巨猾的家伙,他一路摸着石头过河,走高岭不走山谷,歇村庄不歇野地,刚遇到红军的伏击,立即占领村庄及丘陵有利地形,就地构筑坚固的工事。这样打援也成了攻坚。而被围于瓦庙集一带的敌军,乘红军调兵打援之机,全线发起了反攻。致使红三军处于腹背受敌的危险境地,若再纠缠下去,就将陷入重围了。4月5日,贺龙命令撤出战斗,徐源泉也将部队拖回应城休整,留下瓦庙集方圆数十里的一片废墟的村庄,夕阳残照,满目凄凉。

1932年5月,湘鄂西根据地开始第一次"肃反"。万涛、周小康、孙德清、柳克明、段玉林等大批党政军干部被诬害。红三军战斗力遭到又一次削弱。

这时的红八师,弹药殆尽,减员严重。尤其是红八师很多干部因"肃反"被捕,更使红八师雪上加霜。如红八师政委王鹤、政治部主任戴君实、参谋长胡慎己、二十四团政委苏继汉等一批干部蒙冤,极大地影响了部队的领导力、战斗力和指战员士气。即便如此,汤慕禹师长在极为困难的情况下,以惊人的毅力、超凡的胆识、勇于牺牲的大无畏的英雄气概,为保卫根据地,在贺龙军长的指挥下,带领红八师仍取得了很多胜利。

1932年5月23日,红三军主力向"清剿"之敌一、二、三旅进攻,毙伤敌旅长余兆龙等800余人。

6月13日,国民党川军分四路进犯洪湖根据地。红三军主力急从襄北折回。贺龙命令红七师(王一鸣)经张家港渡河,攻击潜江方向之敌;红九师(段德昌)于黑流渡渡河,直接进入苏区中心;汤慕禹率红八师为全军后卫,稳步梯次南撤,以牵制襄北之敌。

这一仗,打得真漂亮。红九师在七、八师的配合下,歼灭敌范绍增部3个团,俘敌3000余人,缴获了大批枪支弹药。同时,在贺龙指挥下,红七师和红八师击溃了敌军另外两路向苏区的进攻。

红七师击溃了由江陵东进敌二十一军教导师第三旅和第二师第九旅共5个团的进攻。

红八师在汤慕禹师长指挥下,击溃了由监利北上,进攻沱子口,威胁到新沟嘴的敌四路敌军二十一军独立二十团团长佟毅指挥的两个团进攻,因而确保了新沟嘴战斗的最终胜利。

7月初,敌十三师、十九师、三十三师、三十四师、四十一师、四十四师、四十八师、五十一师、八十二师、新三旅、新七旅、独立三十四旅、独立三十七旅、独立三十八旅、第二十一军第一师第一旅、第三师、第四师、教导师第三旅和独立一、二团等部队,约10万人,向洪湖苏区发动了第四次大规模"围剿"。

7月2日,红八师围攻京山城,红三军主力集结于京山东南地区等待时机。

7月15日,红三军掉头向东,一部分撤至敌侧,一部分撤至襄南,一部分进至京山、应城、皂市、安陆之间地区，以牵制敌人。

1932年7月31日，在军委警卫师的配合下，红三军八师、九师在曾家集、范家集、沈家集、半边街一带与川军郭勋部接触，激战到8月3日，因敌援军赶到，未达到消灭敌人的目的，部队撤退至熊口、莲花市一线。

8月13日，红七师和红八师奉命进攻沙市、草市。在一家煤油厂内，贺龙部署了攻城方案，决定由红七师进攻沙市，红八师进攻草市。汤慕禹指挥红八师以突然动作，乘敌不备，袭占了草市，歼灭敌人800余人，缴枪数百支，后留少数部队在草市打扫战场，主力进至市区南部并向江陵派出警戒。

8月22日夜，军情万分危急。红三军八师（二十二团、二十三团、二十四团），九师（二十五团、二十六团、二十七团）及警卫师一部共计7000余人、2000多匹战马，在贺龙、关向应、汤慕禹、段德昌等的率领下从潜江县的浩子口、高家场之间的小路穿过西荆河到达万里镇。在进攻幺口未得手后，即转敌侧后荆门地区牵制敌人，与敌周旋作战。在荆门横街突遭川军郭勋部8个团的偷袭，而敌鄂军十八师和十四师亦配合堵击，贺龙见敌势大，急令汤慕禹红八师二十四团掩护主力转移。由于急促迎战，二十四团指战员来不及挖工事，只得利用地形地物展开战斗。战斗打响之后极为激烈，敌连续发起冲锋，二十四团指战员虽奋力迎敌，然而伤亡惨重，仅三营就有营长和3个指导员牺牲，九连、十一连的连长也牺牲了。我红军主力虽然安全顺利撤退了，而二十四团却被敌人打散了。

贺龙率红军部队甩开敌人的追堵后，立即在应城、安陆、随州、枣阳一带伺机歼敌，终因敌势过大而没机会，他们一直撤退到大红山一带，才站稳了脚跟。

英勇牺牲留伟名

自1932年9月开始，红三军在旧口、应城、安陆、随县、枣阳之间盘旋打转，时分时聚，忽东忽西，与追击堵截之敌4个多旅周旋，敌军数次围攻、夹击都未得逞。这时，红三军由于没有根据地，在伤员安置、物资供应和人员补充方面都发生了较大困难，战斗力也更为减弱。

1932年9月，汤慕禹接替"肃反"中被捕的张杰任红九师二十五团团长（在许光达负伤后，由张杰接任）。在洪湖失守后，湘鄂西中央分局在随县王店开会研究部队的行动方向时，决定红三军全部转往湘鄂边。10月初，在红三军突围向湘鄂边转移时，汤慕禹率红九师二十五团，在湖北荆门半边街突围作战中，不幸中弹，英勇牺牲，时年29岁。将星虽早陨，英名却永存。

（作者单位：中共巴南区委党史研究室）

参考文献

1.《中国工农红军第二方面军战史》编辑委员会:《中国工农红军第二方面军战史》,解放军出版社 1992 年版。

2.中国第二历史档案馆:《黄埔军校史稿》(第 11 册),档案出版社 1989 年版。

3.星火燎原编辑部:《解放军将领传》(2、3、4、9、10),解放军出版社 1986—1989 版。

4.王健英:《红军人物志》,解放军出版社 1988 年版。

5.王健英:《中国共产党组织史资料汇编——领导机构沿革和成员各录》,红旗出版社 1983 年版。

6.许福芦:《大将许光达》,解放军文艺出版社 1998 年版。

7.本书编写组:《湘鄂西革命根据地史》,湖南人民出版社 1988 年版。

8.王健英:《中国工农红军发展史简编(1927—1937)》,解放军出版社 1986 年版。

9.刘秉荣:《洪湖曲》(贺龙卷),解放军出版社 2002 年版。

10.姜平:《邓中夏的一生》,南京大学出版社 1986 年版。

11.中共巴县县委党史工作委员会:《巴县党史资料红遍》(第一至三辑),内部出版 1987—1989 年版。

12.中共中央组织部、军委总政治部:《军队烈士英名录》(第三辑)。

13.陈予欢:《黄埔军校将帅录》,广州出版社 1998 年版。

14.中共巴县县委党史工作委员会:《关于汤慕禹烈士的点滴情况》。

15.中共中央党史研究室科研管理部:《中国共产党革命英烈大典》,红旗出版社 2001 年版。

红军高级将领杨克明

◎ 高振声

杨克明(1905—1937),本名陶树臣,后改名为陶正,化名杨克明、洪涛、洪陶尔。早在学生时代,杨克明便从事爱国学生运动。1925年,加入中国共产党。在涪陵、丰都、石柱、武隆、彭水一带组织农民武装斗争,曾任四川红军第二路游击队中队长。1930年冬,到四川营山县农村组织开展农民武装斗争。1932年,任中共梁山中心县委委员,同年夏任梁达①中心县委书记,组建川东游击军,与王维舟一道创建和发展川东游击根据地。1933年,红四方面军发动宣达战役,11月川东游击队改编为中国工农红军第四方面军第三十三军,杨克明任政治委员,与军长王维舟率部参加了川陕苏区反"六路围攻"战斗。不久,因反对张国焘错误的"肃反"路线

---

① 梁达:梁山、达县,分别指今重庆市梁平区、今四川省达州市。

被撤职,1935年,参加红四方面军长征,任红五军政治部主任,三过草地,两翻雪山,到达陕北胜利会师。1936年,参加中国工农红军西路军西征。1937年1月,在甘肃省高台县被敌军围困,浴血奋战,壮烈牺牲,时年32岁。

一、立下报国志,投身革命中

1905 年 2 月 15 日,杨克明出生在四川省涪陵县云集乡(今重庆市长寿区云集镇)一个贫苦农民的家庭。父亲陶银山,早年给地主帮长工,受尽剥削和压迫。后自耕少量土地,兼营小布生意,靠种田、经商养家糊口。

1912 年,7 岁的杨克明开始在云集乡下庙私塾发蒙,后去江家小学校上高小。因几个弟弟先后出生,家计日窘,只好中途辍学在家。杨的老师觉得杨克明聪颖好学,在家闲耍,甚为惋惜,便去其家劝学。父亲见老师来劝,又觉杨克明聪明智慧、勤奋好学,便于 1921 年借钱将杨克明送到了涪陵县城的省立第四中学读中学。

此时,五四爱国运动的烈火燃进了涪陵省立第四中学校园。在校读书的杨克明常用课余时间到学校图书馆博览群书。从《新青年》等进步书刊中开始接受共产主义思想的熏陶。

1924 年,早期共产党人、社会主义青年团重庆地委负责人童庸生来到涪陵省立四中任教。在这里,童庸生先后组织了"学生自治会"和"社会问题研究会"。并利用这些学生组织,团结进步师生,传播马列主义,宣传民主自由的新民主主义思想,揭露帝国主义和反动统治者的罪行,激发广大教师和青年学生的反帝、反封建的爱国热情。杨克明被这些革命理论和革命活动深深吸引,积极投入了反帝反封建的爱国宣传活动。不久,杨克明加入了中国社会主义青年团。从此,青年学生杨克明,立下了为使中国人民翻身解放和中华民族振兴图强的报国之志,积极投身革命洪流之中。

杨克明的革命活动,受到学校和涪陵反动警方的注意和监视。一次,警方突然窜进学校,以"清查异党活动"为名,将杨克明抓走,关在一个小巷子里。杨克明乘警方不注意时,机智地将一封秘密信件吞进了肚里,又将一本革命小册子塞进了尿缸。结果,警方一无所获,只好将杨克明放走。又一次,警方将杨克明抓去关进了监狱,并派人四处搜寻杨克明的所谓"共匪"证据。谁知,杨克明早已有所察觉并已有所防范,将所有革命书刊和传单装在一皮箱中,藏到了涪陵县城一位亲戚袁铁文的家中。袁见杨克明被捕,即刻机智地将皮箱烧毁。警方到来,又一次扑了空。

积极参加宣传马列主义和反帝反封建的爱国学生运动,这使杨克明受到了革命的锻炼,坚定了为共产主义奋斗终身的信念。1925年,杨克明在涪陵省立四中毕业不久,经童庸生介绍加入了中国共产党,成为一名光荣的共产主义战士。

二、深入民众中,武装唤农工

杨克明从涪陵省立四中毕业后,回到家乡云集乡,与邻近的一位姓魏的女青年结为夫妻。杨克明以民主平等精神对待和感染妻子,为她取名为魏俊淑。婚后，杨克明以革命的道理说服了妻子和父母，离家去丰都县城和高镇等地，以教书为掩护，从事党的活动。

不久，重庆发生了"三三一"惨案。继后，上海发生了"四一二"反革命事变。国民党反动派叛变革命，举起屠刀，大肆屠杀共产党人和革命进步人士，第一次国共合作破裂，中国革命转入了低潮。杨克明被迫从丰都又回到了云集乡。

但是，共产党人是杀不绝的。他们从失败中获得了教训：只有深入民众，武装民众，开展针锋相对的武装斗争，才能打败武装的敌人，夺取革命的胜利。于是，"八一"南昌起义、湖南秋收起义、广州武装暴动相继发生。英勇不屈的中国共产党人，纷纷深入民众之中，开展武装斗争，点燃了无产阶级革命的星星之火。

杨克明根据党的指示精神，在家乡云集、大柏树①、中心场②一带，组织和发动农民群众，开展农民武装斗争。他首先组织发动当地进步青年农民屈能生等10余人集会，揭露、声讨四川军阀刘湘屠杀共产党人的罪行。利用赶场天开展文娱演出、张贴标语等形式，宣传、发动群众。接着，又与进步青年刘绍尼、冉荣樵等筹集武器弹药，组织起了一支由30多人组成的农民武装。随后，在云集、中心等乡组织建立了农民协会。

通过农民协会和农民武装力量，把一些农民群众组织、团结和武装起来，打土豪、除劣绅，为农民说话、办事，受到农民群众的拥护和欢迎。当时的中心场有个恶霸地主黄汉清，依仗一伙恶霸势力，霸占了贫苦农民冉云桥的女儿。农民群众将这一情况报告了杨克明。杨克明得知情况后，立即和刘绍尼、程均甫等农民武装骨干前往中心场，杀掉了恶霸地主黄汉清及其6条"害虫"，为民除了祸害。

杨克明组织领导的这些革命活动，在当时的云集、华中、中心、大

---

① 今重庆市涪陵区大柏镇。

② 今重庆市涪陵区丛林乡。

柏树等地的农民群众中产生了很大的震动。杨克明等人成了乡亲们的亲人和恩人。一些恶霸地主、封建劣绅则对他又怕又恨,向涪陵县反动当局告发杨克明是共产党。涪陵反动武装头子郭汝栋得报后,立即派兵到云集"捉拿共匪洪陶尔(杨克明的化名)"。他们包围了杨克明的家,在云集附近的9个场镇张贴了"通缉令",声称"活捉洪陶尔赏银千元,交尸者赏银五百元"。在乡亲们的帮助掩护下,杨克明逃脱了险境。反动军警却扑了个空,气急败坏地杀害了农民武装骨干刘绍尼。接着,又抄了杨克明的家,将他的母亲和妻子进行吊打、审问。母亲被打得遍体鳞伤,妻子被打折了手臂和手指。在党组织和乡亲们的帮助下,杨克明的母亲和妻子得到了及时救治。

三、开展游击战,智勇斗敌顽

杨克明离开家乡云集后,隐蔽在涪陵、丰都等地,继续从事党的地下活动。

1930年4月,涪陵地下党组织根据中共四川省委的决定,组建起四川红军第二路游击队。后转战武隆双河一带,打土豪、分田地,开展农民武装斗争。杨克明奉党组织的指示,携带一批武器和医药到武隆双河支援和慰问红军游击队。随后,留在二路红军,担任宣传队员,开展宣传、发动群众的工作。

二路红军组织开展的农民武装斗争,犹如晴天霹雳,震撼了武隆山乡,也震撼了武隆一带的反动力量。驻扎在武隆羊角碛、拥有200余人和枪的反动武装头目周燮卿,听说二路红军的到来,更是胆战心惊,寝食难安。为了探得二路红军的虚实,他派出心腹与红军联系,假惺惺地表示愿意与红军合作,要求红军派出代表到羊角碛商量"合营"大计,从而伺机除掉红军游击队。

二路红军领导及时看清了周燮卿的"合营"阴谋,决定将计就计,派出擅长宣传、善于随机应变的杨克明和与周燮卿有亲戚关系的高培元,深入虎穴,以戳穿周燮卿的阴谋诡计。

杨克明和高培元"应邀"来到羊角碛周燮卿的住所,周燮卿先是酒宴相待,花言巧语,攀亲带故,诱使杨克明和高培元说出二路红军的真情。杨克明和高培元却巧语周旋,应对如流、滴水不漏。周燮卿终究恼羞成怒,露出凶相,将杨克明和高培元软禁起来。并下令封锁了羊角碛渡口,妄图以此引诱红军"上钩"救援,凭借乌江天险,消灭救援的红军。

谁知,在这危急关头,杨克明和高培元镇静自若,及时识破了周燮卿的意图,并以解便为由指派熟悉水性的周楚平,乘夜躲过敌人的监视,夜泅乌江五里长滩,及时向二路红军报告了情况。二路红军领导根据情况,立即做出部署:一面调集主力实施对周燮卿的监视和包围,一面组织数百名群众集结在羊角碛对岸待命。

当日拂晓前,天空漆黑一片。二路红军乘夜在羊角碛对岸发起佯攻:司号员吹响了进军的号角,上千名红军战士和群众发出震天吼声,长龙似的火把将乌江沿岸照得通亮,顿时形成大军压境之势。周燮卿从睡梦中被这突如其来的阵势惊醒,不知底细,生怕红军打过乌江来将他"吃"掉,只好将软禁的杨克明和高培元送回。还派他的营长朱青山,带上5石大米①和100斤猪肉到红军驻地"赔礼""认错"。

杨克明在这次揭穿周燮卿的"合营"阴谋中,临危不惧、机智多谋,得到二路红军领导的称赞和嘉奖。不久,杨克明被升任为二路红

---

① 石:旧时粮食容量单位。一石,相当于粮食250～500市斤。

军第二大队第一中队长。

从此,杨克明率领第一中队的3个分队跟随红军主力,转战涪陵、丰都、武隆、石柱等地,打土豪、分田地,建立苏维埃红色政权,打了不少胜仗,做出了显著的成绩。一次,丰都、彭水等县纠集1000余名团练武装,乘浓雾偷袭红军驻地,情况极为紧急。杨克明察觉敌人行动后,迅疾率队与赵启明、陈静、周晓东等人率领的队伍一道,向偷袭的敌军发起反攻。打败了敌军的偷袭,使红军部队转危为安。二路红军奉命与三路红军会合,在向忠县行动途中,遭受到强敌的围困。杨克明率队英勇奋战,冲破了敌军的包围。在石柱鱼池坝,又与数倍于红军的敌军展开殊死搏斗,终于冲出了敌军的重重围困。在石柱与忠县交界的蒲家湾,与冲出重围的赵启明、邓止戈等人率领的队伍一道与三路红军会合,又开始了新的战斗。

四、开辟根据地,参与反"围剿"

1930年冬,杨克明奉党组织指示,到四川省营山县农村开展农民武装斗争。他化装成一个做布生意的商人,在营山安化场经营布生意,人们称他为"杨布客"。不久,杨克明与当地一位姓王的商人搞熟了,便与姓王的商人合股,继续经营布生意。后来,杨克明住进了这位商人的家中,向他宣传革命道理,逐步得到这位商人的理解和支持。于是,杨克明以这位商人的家为据点,秘密发动群众,组织农民协会,开展抗捐、抗税和武装斗争。

在开展农民武装斗争中,杨克明认识了常常为他们开会放哨的农村女青年王定国。杨克明得知：王定国家里很穷,5岁时被送到一户有钱人家当童养媳,过着牛马不如的生活。为了帮助王定国解脱苦难的生活,杨克明给她讲了很多革命的道理,还与王定国的舅舅一道,凑足40块银圆,帮助她解除了童养媳的关系。在杨克明等人的帮助教育下,王定国参加革命,加入了中国共产党。后来成为一名红军战士,还成为革命元老谢觉哉的夫人。

在开展农民武装斗争中,杨克明组织农民协会武装骨干,偷袭了丰豆铺的团防局,打击了安化场的两个恶霸地主,在安化场附近的绿水、安固、双河、清水、柏林、骆市等村镇,相继组建了农民协会。这些农民武装斗争,有效地激发了农民群众的革命热情,打击了土豪劣绅、恶霸地主的反动气焰,同时激起了反动当局的恐慌和仇恨。一时间,通令捉拿"杨布客"的布告、标语,贴遍营山、安化等地。杨克明在群众的掩护下,转移到梁山一带开展斗争。

1932年夏,中共四川省委决定成立中共梁(梁山)达(达县)中心县委。调杨克明任梁达中心县委书记,王维舟、蒋群麟等为委员。办事机构设在达县蒲家场,主要领导达县、宣汉、万源、开江、梁山等县的中共地下党斗争。

由于杨克明等人积极努力,足智多谋,善于斗争,使梁达中心县委的工作开展得有声有色。并在此开辟、创立了巩固的革命根据地。

首先,杨克明组织领导梁达中心县委狠抓了被敌人破坏了的各级党组织的恢复和发展工作,建立健全了各县委领导机构,充实了领导成员,发展了一批党员。同时,加强了党的组织纪律,增强了党的战斗力。经过艰苦的努力,达县很快建立了以他为书记的党的特别支部,宣汉等地的党组织也相继得到了恢复和发展。这些党组织的恢复和发展,为党在梁达一带开展地下活动以及以后迅速发展起来的川东游击武装斗争,打下了坚实的组织基础和群众基础。

其次,杨克明领导的梁达中心县委十分重视党的宣传、发动工作,加强党的思想建设。在梁达中心县委机关,存有《共产党宣言》《共产主义ABC》《共产主义运动中的"左"派幼稚病》等马列著作和进步书籍,供党员、干部学习,以提高其马列主义水平,坚定革命斗志。为了宣传、发动群众,指导党的工作,杨克明还亲自创办并自编、自刻油印地下刊物《战鼓》,作为中心县委的机关刊物,在梁达地区秘密发行。《战鼓》刊物积极宣传马列主义和共产主义思想,传达党的方针、政策和指导农民武装斗争,揭露反动军阀、地主豪绅的反动罪行,极大地鼓舞了群众,震慑了敌人。为了进一步宣传、发动群众,梁达中心县委还于1932年11月7日苏联十月革命纪念日,在达县蒲家场召开庆祝大会,并建立"反帝拥苏大同盟"组织。会上,杨克明向到会群众宣传十月革命的思想,介绍苏联社会主义革命和建设的成就。会后,各县党组织也纷纷开展了"反帝拥苏"的宣传教育活动。并注意把这一宣传教育活动与巩固扩大根据地、消灭封建军阀、打击地主劣绅等工作紧密结合起来。广大党员和农民群众看到了苏联十月革命的社会主义方向,认识了帝国主义的侵略本质和必然灭亡的趋势,坚定了革命胜利的信心。从而推动和促进了农民武装斗争和革命根据地的创立、发展工作。

再次,加强了革命骨干力量的选拔和培养工作。为适应农民武装斗争和建立农村革命根据地的需要,杨克明领导的梁达中心县委在赵家山、关帝庙以办学生补习班为名,举办了党员训练班,为农民武装斗争和革命根据地的建设,培训了一批骨干力量。与此同时,宣汉、达县、万源、城口等县,普遍整顿和建立健全了工会、农会等组织。在工会、农会组织中,还普遍建立了赤卫军、游击队、妇女会、儿童团等组织。这些革命群众组织在斗争中得到了锻炼,其大部成员后来逐步发展为川东游击军的骨干力量。并在此基础上,建立了川东游击军,在开展农民武装斗争和建立革命根据地中,发挥了积极的作用,做出了成绩和贡献。

此时,中国工农红军第四方面军在徐向前等人的正确组织指挥下,得到了迅速发展和壮大,并胜利入川,创立了川陕革命根据地。四川反动军阀刘湘、刘存厚等反动势力,对川陕革命根据地的发展、壮大十分害怕和痛恨,在其反动头子蒋介石的指使下,出动大批军队,向川陕革命根据地先后发动了多次"围剿"。为了配合红四方面军的反"围剿",巩固和发展革命力量,杨克明遵照上级党组织的指示,组织领导梁达中心县委广泛发动群众,努力壮大川东游击队伍,积极开展武装斗争,争取早日与红四方面军会合,投入反"围剿"斗争。

1933年初,红四方面军取得通江战役胜利后,及时部署了宣(汉)达(县)战役。为使红四方面军顺利取得宣达战役的胜利,杨克明组织领导梁达中心县委和川东游击军,积极配合,协同作战。他亲自率领川东游击军第三支队300余人,抢先在老君塘、蒲家场、罗江口、碑牌河一带埋伏,阻击敌人的进攻。宣达战役打响后,杨克明和王维舟根据敌人的兵力部署和川东游击军的实际情况,将川东游击军分成三线截击敌人。杨克明具体负责指挥以三支队为主的西线游击军作战。同时,指派一部分人打入军阀刘存厚的兵工厂。地下党员罗汉还因此当上了兵工厂的武器仓库保管员,以巧妙隐蔽的手段,将一批又一批军火武器及军用物资,运送到了游击军手中。

杨克明率领的西线游击军,英勇顽强,连战皆捷。不久,他们在碑牌河召开了数千人的群众大会,宣布成立碑庙区第一个苏维埃政府。接着,又在蒲家场击溃了刘存厚的部队数百余人,缴获了大量枪支弹药。终于与红四方面军八十八师二六三团,在蒲家场关庙胜利会师。

由于杨克明和王维舟组织领导梁达中心县委和川东游击军积极配合、参与红四方面军开展反"围剿"斗争,有效地牵制了四川反动军阀刘存厚的两个师,击溃了两个团,缴获和运送了敌军武器、物资40余船。为红四方面军取得宣达战役的胜利,做出了贡献。

宣达战役取得胜利后,梁达中心县委又发动民工,将刘存厚在达县的兵工厂、造币厂的机器、物资全部运往通江,制造出大量武器弹药和苏维埃政府钱币。杨克明和王维舟还利用宣达战役的胜利和红四方面军与川东游击军顺利会师的大好形势,宣传发动群众,扩大游击武装。仅几天时间,就在达县的几个乡镇组织起数千群众参加了游击军,使川东游击军发展到万余人。

1933年11月,红四方面军总部根据川东游击军迅速发展的形势和革命斗争的需要,决定将川东游击军改编为中国工农红军第三十三军,王维舟任军长,杨克明任政委。下辖九十七、九十八、九十九三个师及一个独立师。

中国工农红军第三十三军组建成立后,在王维舟和杨克明的率领下,继续参加了红四方面军组织开展的以反"六路围攻"为重点的反"围剿"战斗。

五、含冤处逆境,艰苦长征路

正当红四方面军在徐向前等组织指挥下,开展反"围剿"斗争取得节节胜利的时候,张国焘以中央苏维埃政府副主席的身份,在川陕苏区及其红四方面军中,积极、顽固执行王明的"左"倾路线,大搞宗派主义和肃反扩大化,滥杀红军将士,给红四方面军和川陕革命根据地造成极为严重的损失。

就在红三十三军组建不久,由红四方面军政委陈昌浩主持,在宣汉县双河场召开了川陕苏区川东会议。会上,对川东地下党和红三十三军的一些出身知识分子和所谓社会关系复杂的负责同志,进行了无情斗争和残酷打击。其中,将九十七师师长冉南轩和九十八师师长蒋群麟,以"调往后方学习"为名,撤去师长职务,秘密送到通江县江口场,进行了杀害。杨克明眼见革命同志特别是负责同志遭受无情打击和秘密杀害,革命力量遭到严重损失,对王明推行的"左"倾路线表示不满,对张国焘的严重错误进行抵制和斗争,从而引起了张国焘对他的不满。

1934年4月,在红四方面军组织开展的反"围剿"中,王维舟和杨克明领导的红三十三军,在万源县罗文坝、长坝一带,担任万源方向涌泉寺的防御任务。军阀刘湘派出主力轮番向红三十三军阵地发起进攻。正当王维舟、杨克明带领全军官兵同进攻的敌军展开浴血奋战的时候,张国焘竟不顾事实,诬说杨克明"指挥不力",将他从火线上撤了下来。

战斗结束后,张国焘撤去了杨克明红三十三军政委的职务,被降任川陕省工农民主政府内务部干事,并秘密部署伺机将他杀害。面对红军的危急处境和情急万分的革命斗争需要,杨克明饱含热泪对当时在一起作战的魏传统说:"尽管我此去凶多吉少,但我已把生命交给了党,要为党做到鞠躬尽瘁,死而后已!"

后来,在一些领导同志的护卫下,杨克明才免遭杀害。并于1935年底,随红四方面军主力西渡嘉陵江,参加了举世闻名的二万五千里长征。

长征途中,杨克明被先后调任红三十三军补充师政委和独立师师长,后复任红三十三军政委。

由于红军在长征途中伤亡惨重,兵员严重不足,进行了部队整编。1936年1月,杨克明所在的红三十三军与红一方面军的第五军团合编为红五军,董振堂任军长,黄超任政委,杨克明任军政治部主任。

在艰苦卓绝的长征中,杨克明三过草地、两爬雪山,虽心里含冤受屈,加上张国焘分裂路线的严重干扰、破坏,但他仍以党的革命事业为重,对革命胜利充满信心,始终保持了旺盛的革命斗志,继续同张国焘分裂红军和另立中央的错误做坚决斗争。他严守职责,加强部队思想政治工作,教育和鼓舞全军指战员,艰苦卓绝,一往无前,英勇奋战。爬雪山、过草地、战顽敌,终于战胜各种艰难险阻,胜利到达陕北,并成功会师。

六、西征入荒漠,热血洒高台

红军三大主力会师后不久,红军分编为东路军和西路军。东路军东渡黄河,开辟陕北革命根据地。西路军则西渡黄河,转战甘肃河西走廊地区,准备进而向青海、新疆方向拓展,以"打通国际交通线"。

于是,由杨克明所在的红五军和红九军、红三十军组成的中国工农红军西路军,奉令从甘肃省靖远县西渡黄河,转战河西走廊。途中,受到反动军阀马步芳、马步青的骑兵部队的阻击,展开了恶战。

河西走廊地处西北大沙漠,西路军在此征战,没有根据地,没有补给和接应,没有群众基础和掩护,不熟悉当地地理环境和社会情况,加上岁末年尾,天寒地冻,条件十分险恶。英勇顽强的西路红军,不畏艰难险阻,经月余奋战,进占了山丹、永昌地区,歼灭敌军6000余人,自己也受到了很大的伤亡。

1937年元旦拂晓,董振堂、杨克明率领红五军四十四团(辖3个连)、四十五团和总部特务团3个连以及骑兵团(辖3个连),共3000余人,一举攻下了甘肃省高台县城,并生擒了高台县伪县长及部分伪县政府官员。驻守高台县城的敌保安团和民团武装1400余人,全部缴械投降,有的还接受了红军的改编。

红五军攻占高台县城后,在县城文庙广场召开了庆祝胜利大会。会上,董振堂、杨克明向广大群众宣传革命道理,号召大家参加红军,组织起来打倒蒋、马匪帮。会后,红军加强了宣传发动工作,在大街小巷张贴了"打倒帝国主义""打倒马步芳""各族人民联合起来共同抗日"等革命标语。接着,惩办了伪县长马鹤年和国民党县党部书记王兆德及王天佑、卢怀植等一批大恶霸地主,成立了苏维埃政府和贫农协会。并打开粮仓分粮,救济贫苦群众。红军战士还为人民群众挑水、扫地、治病、做事,深入群众、宣传群众、发动群众。广大群众无不欢欣鼓舞,一致拥护新生的红色政权,拥护红军。不少群众自发地为红军战士送棉衣、送鞋袜、洗衣裳。几天之内,红军指战员全部换上了冬装,并吸收了300多名青壮年,参加了红军。

正当红军将士和高台县城群众欢欣鼓舞、庆祝胜利的时候,失败的敌人加倍疯狂地向高台县城发动了反攻。马步芳所属的马彪、马禄、韩起功等匪帮,纠集5个骑兵旅、两个步兵旅及炮兵团、民团共两万余人,以一部钳制驻在临泽地区的红军主力,切断支援、接应高台的通道,以大部兵力对高台县城进行了重重包围。

1月12日,敌军以5个旅的兵力,在大炮掩护下,向高台县城发起了攻击。面对7倍于我的敌人和孤立无援的险境,董振堂和杨克明镇静自若,积极组织防守,决定利用城外工事阻止敌军的进攻。

红军将士以城外工事为掩体,浴血奋战七天七夜,打退了敌人一次又一次进攻,大量杀伤了敌人。但终因敌我力量悬殊和无接应、无补给,致使伤亡较大,弹药消耗严重,不得不退入城内防守。

1月20日,敌军见红军退入城内,便集中全力攻城。敌军将攻城的重点集中到全城的最高点西关财神楼,调集两个营的兵力轮番向财神楼发动猛攻。红军守楼的兵力仅有一个排,他们英勇顽强,奋不顾身,用机枪、手榴弹和石头、砖块,打退了敌军多次进攻。后因弹尽粮绝,墙垮楼毁,全排战士都壮烈牺牲。

最高点财神楼失守后,敌军气焰嚣张,更加猛力攻城,情况万分危急。此时,董振堂和杨克明召开了紧急军事会议,决定选择时机弃城突围。谁知,西路军总部却发来命令称:"高台是西进通道要地,必须死守!"董振堂和杨克明只好接受命令,动员全体将士浴血奋战,誓与高台共存亡!

在敌人猛烈炮火的顽强攻势下,城墙多处发生缺口。红军将士奋不顾身,在城墙缺口处与敌人展开了肉搏拼杀。伤病员、女战士、炊事员、马夫等,也一齐冲上了城墙,扭住敌人,刀砍石砸,拳打嘴咬,战成一团。

敌人终于攻进了城内。剩下的红军战士,又同敌人展开了逐街、逐巷、逐房争夺的巷战。巷战持续了10余小时,最后终于全城陷落。董振堂、杨克明及十三师师长叶崇林、参谋长刘培基等红五军将士3000余人,除少数冲出重围、绝路逢生外,大都壮烈牺牲。杨克明是在城门告急,率兵增援途中,不幸中弹牺牲的,时年32岁。

红军将士壮烈牺牲后,惨无人道的马步芳、马步青匪帮,将董振堂、杨克明、叶崇林3人的头颅割下来,悬首示众,不让收尸。

七、历史铸丰碑，浩气贯长虹

董振堂、杨克明等血战高台牺牲的噩耗传到延安，党中央和广大红军将士无不为之悲痛万分。毛泽东主席和中央领导及延安民众在宝塔山下，为之召开追悼大会，沉痛悼念董振堂、杨克明等血战高台的红军战士。

历史翻开新的篇章，人民终于赢得了解放。1957年，党和人民为缅怀革命先烈，教育后代，在甘肃省高台县为血战高台壮烈牺牲的红军指战员，修建了高台革命烈士陵园①。朱德总司令亲笔题写了"烈士陵园"四个大字。徐向前元帅写了"西路军牺牲的烈士们永垂千古"的题词。郭沫若题写了"浩气长存"的横匾。叶剑英元帅为此写下了题为《西游杂咏·高台》的诗篇：

英雄战死错路上，
今日独怀董振堂。
悬眼城楼惊世换，
高台为你著荣光。

烈士纪念堂左右两侧，分别修建了董振堂和杨克明烈士纪念亭。杨克明烈士纪念亭的对联写着："三过草地心犹壮，一死高台志未移。"杨克明在营山开展武装斗争时，培养的红军女战士、中共党员、谢觉哉的夫人王定国，为杨克明写了《忆杨克明在营山》的怀念文章。

然而，杨克明的妻子魏俊淑及其孩子却数十年不知杨克明的去向和踪影。魏俊淑还清楚地记得，杨克明离家干革命后，只是1932年

---

① 今改名为"中国工农红军西路军纪念馆"。

7月,带着队伍路过家门时,回过一次家。他问了家人的情况,同家人一道吃了一顿饭,给年幼的儿子取了名字叫陶森林,便离开了家。直到1937年元旦(正是杨克明所在西路红军进占高台县的日子),魏俊淑收到了久别的丈夫杨克明的一封来信。信中叮嘱她和孩子:"一定要记住杨克明","胜利后再相见"。此后,魏俊淑及其儿子陶森林,日夜思念亲人的归来。谁知这封信竟成为他们的永别。

新中国成立后,党和政府对魏俊淑及其儿子陶森林,以革命烈士遗属和遗孤相待,将陶森林培养成为一名大学生,毕业后分配到贵州省贵阳市工作。1955年,魏俊淑随儿子一道迁居贵阳市。

远居贵阳的魏俊淑和陶森林,仍不忘寻找杨克明的去向和踪迹。直到党的十一届三中全会后,魏俊淑和陶森林在各级党委和政府的帮助下,才终于知道了离别50多年的杨克明的情况,并收到了杨克明的"烈士证明书"。

1985年8月17日,80岁高龄的魏俊淑在党和政府及有关部门的关怀帮助下,带着子女前往甘肃省高台县红军烈士陵园,悼念亲人,并写下了如下哀诗:

> 青丝白发思君还,
> 血战高台死如归。
> 浩气长存红五军,
> 振兴华夏竖丰碑。

杨克明烈士投身革命,英勇顽强,坚贞不屈,视死如归,为党、为人民、为共产主义事业英勇捐躯的革命精神,永载史册,光照后人。

(作者单位:中共长寿区委党史研究室)

参考文献

1.徐德富整理:《红三十三军政委杨克明》。

2.袁雪蓉:《回忆母亲讲述原红五军政治部主任杨克明烈士的革命事迹》。

3.徐德富、刘尚荣有关杨克明情况调查材料。

4.甘肃省高台县革命委员会:《红五军攻占高台简介》。

5.高台县人民政府:《高台革命烈士陵园简介》。

6.中华人民共和国民政部"革命烈士证明书"及《杨克明烈士传略》。

7.王定国:《回忆杨克明同志在营山》。

8.中共中央党史研究室《革命烈士传》编辑委员会:《杨克明(初稿)》。

9.《杨克明传》,载中共涪陵市委党史资料征集小组办公室:《涪陵市党史资料》总第56期。

10.冉光海:《杨克明烈士传》,载中共涪陵地委党史工委办公室:《党史资料》1985年第1期。

11.《红军政委杨克明》,载中共涪陵市委党史工委:《涪陵党史人物传》。

开国上将陈锡联

◎闵绪国 韩凯丽

　　陈锡联（1915—1999），原名陈锡廉，字廉甫，湖北黄安（今红安）人，生于1915年1月4日，卒于1999年6月10日，享年85岁。中国共产党的优秀党员，忠诚的共产主义战士，久经考验的无产阶级革命家、军事家。14岁投身革命，40岁荣膺上将。先后参加土地革命战争、抗日战争和解放战争。新中国成立后，先后担任中共重庆市委第一书记和市长、中国人民解放军炮兵司令员兼炮兵学院院长、沈阳军区司令员、辽宁省委第一书记、北京军区司令员、国务院副总理等职。1955年，被授予上将军衔，荣获一级八一勋章、一级独立自由勋章、一级解放勋章。1988年，被授予一级红星功勋荣誉章。作为杰出的军事将领，陈锡联为重庆的解放立下了汗马功劳；作为首任市委第一书记和市长，陈锡联为重庆在解放后经济恢复和社会发展做出了卓越贡献。

一、戎马倥偬，屡建奇功

陈锡联出生于贫苦农民家庭，幼年丧父，深受旧社会剥削制度的残酷压榨。自14岁投身革命后，逐步成长为我军的高级将领。

（一）土地革命时期

大革命失败后，中国共产党在乡间扩大革命宣传，饥寒交迫的陈锡联由此接受了革命启蒙。投身革命后，陈锡联参加了红军的反"围剿"斗争、川陕革命根据地的开辟和长征，由一名普通士兵成长为红军师长。

1.苦难童年

陈锡联出生于一个贫苦农民大家庭。由于土地薄少、苛捐繁重，生活日艰。其父忠厚老实，干活勤快，但不幸在务工时被砸伤身亡。此后，为不拖累大家庭，其母带着陈锡联等4个孩子分离出来，以种田、打零工为生。为减轻家庭负担，年幼单薄的他被送到地主家放牛，寄人篱下，食不果腹。其间，因难以忍受残酷剥削，他曾多次逃跑回家，又数度被送到别户重复"牛倌"生活。后来，他回到家中与母亲开始乞讨生活。他的远房叔叔陈芝斌，媚上欺下，横行乡里。陈芝斌见他们母子乞讨，认为丢了陈家脸面，将其母亲毒打一顿。于是，陈锡联便立志当兵,为民除害。

2.14岁的"红小鬼"

大革命失败后,反动势力日益嚣张,革命力量也不断积聚。乡间公开的革命宣传和活跃的游击活动激发了陈锡联参加游击队的念头。但是,作为家里的顶梁柱,他的想法遭到了母亲的极力反对。1929年4月,14岁的陈锡联趁家人熟睡之际,悄悄解下母亲拴在他手上的线头,奔向游击队。从此,他开始了革命生涯。游击队的同志热情欢迎小战士的到来,这使他感受到革命大家庭的温暖。尽管游击队的武器装备落后,但是同志们足智多谋,与反动组织进行不懈斗争。同年,蒋介石在军阀混战中打败桂系军阀,开始对鄂豫皖边区根据地进行"会剿"。根据上级指示,陈锡联所在游击队在黄安七里坪正式编入红军。然而,好事多磨,改编过程中,红军首长高汉楚见其年龄小、个子矮,拒绝接受他。最后,在游击队同志的帮助下,才得以留下来放马。由于其革命坚决、处事机敏,深得大家赞赏,不久便正式成为一名红军战士。

3.三出平汉路

正式成为红军战士后不久,陈锡联所在部队被编入红一军。在徐向前率领下,短短的三四个月里三出平汉路,打出了红一军的威风。

一出平汉路是在1930年6月,这也是陈锡联第一次参加大规模战斗。在班长孙玉清的鼓励下,他英勇作战,顽强抗击敌军。他们首先攻下了平汉路广水以南的敌人据点——杨家寨,歼灭反动军阀郭汝栋的两个连。其后,他们利用郭汝栋急于报复的心理,设伏于杨平口,俘虏敌方一个团,取得了鄂豫皖边区红军首次歼敌正规部队的大胜利。

同年7月,他们再次出击平汉路,敌方为钱大钧部教导师第五团。

我方根据敌情制定了长途夜袭作战计划,红军战士连夜行军40余里逼近敌营。包括团长在内的敌人毫无防备,束手就擒。红军还缴获大量战利品。

1930年9月,他们第三次出击平汉路。部队先打广水,继攻信阳,后又在正阳以南陡沟镇消灭当地1个民团。陈锡联在向团部送信的归途中,勇获战功。他俘获一个民团分子,缴获一支套筒子——当时最好的武器。

英勇果敢的陈锡联在战斗中经受了考验。因此,在二出平汉路后,他就被发展为共产党员。经过党组织的培养教育,他的文化水平不断提高,革命热情日益高涨,工作更加积极,作战更加勇敢。营长高汉楚在一次战后总结中曾这样评价他:"小胖人小志气大,打仗很勇敢,就像一个小钢炮!"[①]"小钢炮"是当年红军认为最厉害的武器。从此,这一绰号便在部队中流传开来。

4.粉碎"围剿",进军川陕

国民党反动派先后对鄂豫皖根据地进行了4次大规模的"围剿"。红军粉碎了敌人前3次"围剿",在第4次反"围剿"失利后,被迫退出鄂豫皖根据地,进入川陕。

1930年冬至1931年春,国民党反动派对鄂豫皖边区进行第一次"围剿"。根据地军民经过两个多月的英勇斗争,取得了反"围剿"胜利。其间,双桥镇战斗是规模较大的一仗,敌方是岳维峻的第三十四师。陈锡联所在连队经过激烈战斗,攻下双桥镇并活捉敌师长岳维峻。

1931年11月,中国工农红军第四方面军在黄安成立,陈锡联被编入第四军第十师第三十团政治处任通信班长。他连续参加的几次战斗,均采取"围点打援"的战术,堪称模范战例。红军第三次反"围剿"

---

① 陈锡联:《陈锡联回忆录》,解放军出版社2007年版,第22页。

胜利后,蒋介石因三连败而恼羞成怒,于是亲自出马,集结30余万兵力于1932年8月开始第四次"围剿"。是时,陈锡联担任红十师第三十团特务连指导员。在七里坪一战中,红四方面军在徐向前指挥下,在倒水河一线与敌陈继承纵队激烈战斗。陈锡联带着特务连英勇战斗在第一线。面对敌方的不断增援,红四方面军转移阵地,由皖西到英山再到新洲,继而由宋埠到河口。在河口战斗中,陈锡联所在的特务连担任主攻。最后,红四方面军主力过平汉路向外线转移,进军川北。

5.粉碎三路围攻、六路围攻

红四方面军进入川北后,迅速占领通江、南江、巴中地区,在当地民众的大力配合下,两个月便创建了川陕革命根据地。此举使四川军阀大为恐慌,他们停止混战,在蒋介石的大力支持下,从1933年春开始对红军及川陕革命根据地进行大规模的围攻。

第一次围攻,以四川军阀田颂尧为首,兵分三路向红军进攻,即所谓的"三路围攻"。红军顽强反击,以空山坝战斗最为关键。陈锡联当时在第三十团一营任政治委员,他和营长带着部队在山上坚守。田颂尧的部队向山上进攻两天,无果而歇。红军趁雨夜反攻,敌人仓皇应战,一触即溃。于是,田颂尧的"三路围攻"被粉碎了。其后,蒋介石任命刘湘为"剿匪总司令",欲对红军进行更大规模的围攻,但刘湘按兵不动。此时,红四方面军进行了大规模的整顿扩编,陈锡联任第三十军第八十八师第二六三团政治委员。

1933年10月,刘湘正式上任四川"剿匪总司令",组织六路兵马,准备在3个月内将川陕根据地内的红军全部肃清。从1933年11月起,红四方面军在徐向前的统一指挥下投入反"六路围攻"的战斗中。他们采取收紧阵地的战术,步步诱敌深入。经过10个月的奋战,红军共歼敌8万余人,四川军阀被打得七零八落。陈锡联所在团战绩突出,收获颇丰,缴获了由数十匹骡子驮着的银圆。1934年11月1日,红四方面军在通江县毛浴镇召开会议,授予陈锡联所领导的第二六三团"钢军"奖旗。会后,陈锡联从第三十军第二六三团调任第四军第十师副师长,不久调任第十一师政治委员。

6.漫漫长征路

为策应中央红军北上,红四方面军从1935年3月28日起西渡嘉陵江,踏上漫漫长征路。强渡嘉陵江战役开始后,陈锡联带着一个团,从苍溪附近渡江,占领了剑阁、阆中一带,后转战北川。北川是红四方面军西进的唯一通道,地势险要。为打开通道,红四方面军发起了土门战役,陈锡联率部攻下并坚守千佛山。其间,由于过度疲劳,他上吐下泻,持续高烧,不得不住院休养。红一、四方面军在懋功(今小金)会师后,两支队伍共同北上。抵达包座时,因原师长王友均牺牲,陈锡联调任第十师师长。

由于张国焘和党中央的分歧,红四方面军在张国焘的命令下,从原路返回毛儿盖。1935年9月,又从毛儿盖南下,回兵川西。其间,陈锡联不幸背部中弹。1936年2月,红四方面军被迫向西北方向转移,两翻雪山——夹金山和折多山。而后,陈锡联师随第四军经炉霍向西南攻占瞻化(今新龙)。在瞻化,部队进行整编,陈锡联又被调回十一师任政治委员。6月,红二、六军团到达甘孜地区与红四方面军会合,两军并肩北上。陈锡联率十一师完成殿后任务,10月初到达会宁,与主力部队胜利会师。在陕北整编中,他又回到第十师任师长。

(二)全面抗日战争时期

1937年7月7日,卢沟桥事变爆发。在民族危亡关头,中共中央以民族利益为重与国民党第二次合作,将陕甘宁边区的红军主力改编为国民革命军第八路军。红四方面军第四军第十师改编为第一二九师三八五旅七六九团,陈锡联任该团团长。在华北战局危急的情况下,师长刘伯承率七六九团与师前方指挥所组成的先遣队挺进山西。

1.奇袭阳明堡

1937年10月16日,陈锡联率部进抵代县以南的苏龙口村一带。当时,忻口战役打得正激烈,苏龙口顺滹沱河南下就是忻口。通过观察,陈锡联敏锐地判断附近必有敌军飞机场,于是萌生了炸毁敌机场的想法。但是,他并未轻举妄动。为掌握敌情,他拜访过国民党晋绥军团长,也进行过实地侦察,还向老乡详细问询有关情况,最终比较全面地掌握了阳明堡机场的内部部署和外部戒备情况。经过认真研究,他决定利用部队近战夜战的优势夜袭阳明堡,并对具体战法、作战工具和战斗动作做了周密安排。

10月19日夜,部队急速前进,按部署进入战斗状态。十一连在十连同志的掩护下向敌机群发起进攻,将准备好的手榴弹塞进机舱,敌机迅速爆炸起火。顿时,整个机场被浓烟和烈火笼罩。看到任务完成,陈锡联当机立断撤回部队。从进入机场到战斗结束,整个过程不到1小时。陈锡联率部干脆利落地将日军24架战机全部摧毁,沉重打击日军的嚣张气焰,减轻了忻口前线的作战压力。奇袭阳明堡,提高了中国共产党和八路军的声威,打破了日军不可战胜的神话,鼓舞了广大军民的抗日热情。

2.鏖战太行山

1937年11月13日,根据党中央指示和八路军总部决定,一二九师在山西省和顺县石拐镇召开"石拐会议",进行坚持华北敌后抗日的动员工作。会后,陈锡联积极参加游击训练班,学习游击战争的战略战术。在以山西为主要阵地开展游击战期间,陈锡联所部在短短几个月内与敌交战20余次,取得歼敌数百人的战果。其中,长生口伏击战、夜袭黎城、响堂铺伏击战堪称理想之战。八路军巧妙借助地形优势，集中优势兵力对运动中的敌人实施突击，以较小代价换取较大战果。一次次的伏击，不仅破坏敌人运输补给、扰乱其进攻部署、消耗其有生力量，而且为八路军积累了宝贵的作战经验。日军对八路军在太行山根据地的节节胜利十分恼怒，妄图出兵进剿。一二九师令七六九团等主力部队由陈锡联统一指挥，东进至日军合击线以外的涉县以北地区，待机歼敌。行进途中，陈锡联率部与敌在玉女山展开激战，不幸中弹负伤。1938年6月12日，三八五旅指挥机关在井陉县熟峪沟成立，陈锡联任旅长，下辖七六九团、独立团和独立支队。独立团由陈锡联带领，并指挥秦（基伟）赖（际发）支队和八路军游击支队，在平汉路以西、正太路以南和平昔公路沿线活动。他们的连续破袭作战致使敌军的供给线持续瘫痪。为此，日寇进行大规模"扫荡"。陈锡联在辽县（今左权县）与谢富治、王近山、曾绍山等一道部署埋伏，一举击溃敌军。陈锡联指挥三八五旅以机动灵活的战术，屡建显赫战功。

3.百团大战

1940年8月始，八路军向华北敌占交通线和据点发动了大规模的进攻，因参战部队超过一百个团，故称"百团大战"。三八五旅作为一二九师主力部队之一，在陈锡联的率领下自始至终参加了战斗并较好地完成了作战任务。战役分三个阶段进行。其一为正太战役，重点是破袭正太铁路。它是日军在华北的重要战略运输线，是截断晋冀豫和晋察冀两大战略区的主要封锁线。三八五旅第七六九团、第十四团和三八六旅第七七二团组成中央纵队，由陈锡联和陈赓、谢富治统一指挥。他们以狮垴山为突破口，展开进攻。8月26日，三八五旅顺利完成扼守任务，奉命撤出狮垴山，投入落摩寺战斗。其二为榆辽战役，三八五旅及新十一旅第三十二团配合作战，主攻榆辽公路东段管头、铺上、小岭底等据点。陈锡联部署三八五旅各团分别攻小岭底,轻取铺上,久围管头,三击石匣,悉数拔除各主要据点。扼守辽县以西之狼牙山,阻击辽县西援之敌,给日寇以沉重打击。此后,日军纠集重兵,对太行山根据地进行疯狂"扫荡",百团大战进入第三阶段——反"扫荡"作战。这一阶段,三八五旅的主要任务是阻击辽县、黎城之敌,掩护桐峪东南黄崖洞八路军总部兵工厂安全转移,粉碎日寇南北夹击总部兵工厂和水腰修械所的图谋。陈锡联受命布兵遏阻日军,战士们与敌激战数日,坚守阵地。1940年8月28日,兵工厂的所有人员安全撤离,各种机器转移一空,部队撤出战斗。百团大战沉重打击了日军的"囚笼政策",鼓舞了全国人民的抗日热情。在百团大战期间,三八五旅进行大小战斗70余次,毙伤俘敌1500余人,缴获大量枪支弹药和军用物资,既做出了重大贡献,也提高了战斗能力。

4.奔赴延安

1943年,为克服暂时困难,太行山根据地精兵简政,实行野战军地方化。3月,三八五旅与太行军区第三分区合并,陈锡联任司令员。8月,他奉命奔赴延安,前往中共中央党校学习。能够到革命圣地、抗战指挥中心——延安学习,陈锡联倍感光荣,异常珍惜。他认真学习马克思主义基本原理、党的路线方针政策和毛泽东著作。他如饥似渴地读书,谦虚主动地请教,毛泽东对他称赞有加。学习之余,他还积极参加生产劳动,为延安机场的修建做出了贡献。

1945年4月,党的第七次全国代表大会在延安召开,陈锡联作为正式代表出席会议,并代表一二九师三八五旅向大会敬献贺旗。会议期间,他认真学习会议文件,对照自身实际深刻反思。陈锡联受益匪浅,政治觉悟进一步提高,思想认识不断深化,思维视野逐渐开阔。在大会精神的鼓舞下,他豪情满怀,信心百倍地投身于彻底打败日本侵略者,解放全国人民,建立新中国的伟大斗争中。

（三）解放战争时期

中国人民经过艰苦抗战,打败了日本侵略者。然而,在美帝国主义的扶持下,以蒋介石为首的国民党反动派企图夺取胜利果实,将人民拉入内战深渊。由此,中国历史进入解放战争时期。

1.领导太行纵队、第三纵队

在山西,阎锡山受蒋介石之命,进犯上党解放区。为保卫抗战果实、巩固老解放区、彻底揭露蒋介石阴谋,中国共产党决定发起上党战役。为集中兵力,刘邓首长将太行、太岳、冀南3个军区的主力编为3个纵队,称太行纵队、太岳纵队和冀南纵队,任命陈锡联为太行纵队副司令员,因司令员李达兼任晋冀鲁豫军区参谋长,所以纵队具体指挥由陈锡联负责。纵队组成后,陈锡联全面分析部队的优点和缺点,并针对阎军特点,在供应、医疗、通信、情报等方面做出周密安排。首场较量——屯留战斗,毙敌近千人,俘敌副司令贾汉玉以下2100余人,缴获大批武器弹药和物资。这一战为上党战役开了好头,锻炼了部队协同作战能力,积累了丰富的攻城作战经验。上党战役期间,太行纵队毙伤敌6000余人,俘敌2万余人。

上党战役结束后,为适应新形势,根据中央军委关于各战略区调整部署、集中机动兵力的指示,刘邓首长命令以原太行纵队与太行军区部分人员为基础,于1945年10月9日在山西襄垣虒亭镇正式组编晋冀鲁豫野战军第三纵队,陈锡联任纵队司令员。纵队的成立,从组织体制上完成了由分散兵力打游击战为主到集中兵力打运动战为主的转变。此后,陈锡联率部参加邯郸战役,取得继上党战役后的又一次大胜利。

2.转战冀鲁豫

1946年6月,国民党反动派以围攻中原解放区为起点,向各解放区发动了空前规模的全面进攻。晋冀鲁豫解放区就是全面进攻的重点地区。为调动和歼灭敌军，8月，晋冀鲁豫解放区发起陇海战役。陈锡联率第三纵队在陇海反击战中，取得了围歼商丘西援之敌等战果。其后，国民党反动派企图以优势兵力夹击我军于定陶、曹县地区，进而控制鲁西南。我军坚持"避强击弱、弱中选强"的原则，将国民党整编第三师作为首敌，第三纵队与第七纵队揳入整三师与第四十七师之间，扩大两敌间隔，主力由南往北攻击整三师，一部向南阻击第四十七师。9月7日，整三师被全歼。9月8日，"南顶北攻"的定陶战役胜利结束。这次战役成为集中优势兵力各个歼灭敌人的一次成功范例。然而，敌军不肯善罢甘休，集中优势兵力继续向解放区腹地进攻。于是，巨野战役打响，主要战场在龙固集和张凤集。此次与我军对阵的敌军为能攻善守的国民党整十一师。此后，第三纵队根据刘邓首长"猛虎掏心"的思想，采取长途奔袭战术，奇袭邵耳寨。部队战法合理，战术得当，一天内毙伤敌700余人，俘敌2300余人，并缴获山炮5门、汽车5辆和大量物资。晋冀鲁豫野战军主力由黄河北岸转回鲁西南时发起的巨（野）金（乡）鱼（台）战役为野战军大踏步向敌占区挺进创造了有利条件。陈锡联率领的第三纵队，在战斗中表现出色，攻占巨野、嘉祥、城武，歼敌3个团，俘敌8000余名，受到通令表彰。

1947年初，国民党反动派被迫将全面进攻改为重点进攻，将主力置于山东、陕北两个战场，对晋冀鲁豫战场采取"攻势防御"，实行所谓的"黄河战略"。为配合陕北、山东两区粉碎国民党反动派的重点进攻，晋冀鲁豫野战军主力在豫北战役后挥师北上，陈锡联率所部以英勇、果敢、迅速、机动的行动，歼灭了蒋军第二快速纵队5000余人，并配合友军攻占汤阴、围攻安阳、肃清土顽，解放了豫北广大地区。

3.跃进大别山

为将战争引向国民党统治区，中共中央决定由战略防御转入战略进攻,并部署晋冀鲁豫野战军主力在鲁西南强渡黄河,挺进大别山。

1947年6月30日,晋冀鲁豫野战军强渡黄河,发起鲁西南战役。陈锡联纵队血战羊山集,毙伤敌4000余人,俘敌7000余人。从8月7日黄昏开始,晋冀鲁豫野战军兵分三路,经过20天的连续急行军,战胜了敌人的前堵后追,千里跃进大别山区。尽管第三纵队进入大别山后,面临着后勤供应不足、战士水土不服、非战斗减员严重等困难,仍然攻占立煌城,轻取叶家集,攻克六安,建立民主政府,为向皖西发展打开局面。皖西作为第三纵队的展开地区,在陈锡联的率领下,土改、建立基层政权等地方工作有序展开,为军事活动提供了有力保障。第三纵队在应对蒋介石的彻底"清剿"中,转战千余里,完成了既要牵着敌人鼻子走、吸引多路强敌,又要摆脱敌人的合围、跳出敌人包围圈的艰巨任务。通过严酷的考验,第三纵队被锻炼成一支拖不垮、打不烂的钢铁部队。

4.淮海大战

人民解放军由战略防御转入战略进攻后,为加强中原地区解放军的力量,晋冀鲁豫野战军主力转出大别山。陈锡联纵队奉命于1948年3月28日北渡淮河,经集中整训后,投入宛西、宛东作战。同时,为粉碎国民党反动派的中原防御体系,巩固中原根据地,中央决定再建中原军区,晋冀鲁豫野战军更名为中原野战军,陈锡联所率纵队改称为中原野战军第三纵队。同年八九月间,基于全国斗争形势的发展,第三纵队在叶县进行以整党、整军为内容的大规模集中整训,采取自上而下的方式,逐级肃清错误思想,增强部队的战斗力和凝聚力,为参加解放中原和夺取全国胜利奠定了政治和组织基础。

其后,中原野战军和华北野战军配合发起郑州战役,取得秋季攻势的胜利,淮海大决战时机成熟。在战役第一阶段,中原野战军的第一场重头戏是攻取宿县、截断徐蚌线。战士们士气高涨,勇夺东关,及时总攻,全歼劲敌。此役,解放军将徐蚌线拦腰斩断,对敌形成"关门打狗"的分割包围态势,为第二阶段聚歼远道而来、孤军深入的黄维兵团创造了条件。11月23日,野战军梯次布防阻敌,围困黄维兵团,然后紧缩包围圈。经杨大庄战斗,粉碎蒋军突围计划。随后,中野和华野各部队组成突击集团,发起全线总攻,分别歼灭黄维兵团、杜聿明集团,决定中国命运的淮海战役胜利结束!在淮海战役中,第三纵队在宿县歼敌1.2万人,在双堆集俘敌第十二兵团中将司令黄维以下6300余人,缴获武器装备无数。

5.渡江作战

1949年2月,陈锡联参加高干会议,研究渡江作战问题。根据中央军委"统一全军组织和部队番号"的命令,会议决定将中原野战军改编为第二野战军,并于2月21日成立第二野战军第三兵团,陈锡联为兵团司令员。此后,渡江作战各项准备工作立即全面展开。

4月21日,毛泽东、朱德发布《向全国进军的命令》,百万雄师渡江作战拉开序幕。第三兵团各部队群情激昂,按预定方案投入战斗,以排山倒海之势向彼岸进发。突破江防后,在游击队的积极配合和大力支援下追歼逃敌。6月2日,渡江战役胜利结束。在渡江战役中,第三兵团全体指战员发扬"猛追、猛冲、猛打"的大无畏精神,突破长江天险,越黄山、白际山诸山脉,涉新安江、信安江、瓯江等河流,行程750余公里,战斗百余次,歼敌六七万人,解放县城32座,圆满完成任务。

二、挺进西南,主政重庆

渡江战役胜利后,解放军解放了江南广大地区,中国革命在全国范围内取得基本胜利,但是,国民党反动派在西南地区活动猖獗。因此,进军大西南,解放西南的任务便提上日程并光荣地落在二野肩头。

(一)进军大西南

陪都重庆是西南地区最大的政治、经济、文化和交通中心。1949年11月30日,人民解放军经过浴血奋战,打败国民党反动派的负隅顽抗,重庆终于获得解放。陈锡联率领的第三兵团为重庆的解放做出巨大贡献。在担任重庆市委第一书记和市长期间,陈锡联又为重庆的经济恢复和社会发展做出了卓越贡献。

1.湘西集结

1949年5月23日,中央军委正式命令二野准备进军西南。为领导西南的全面工作,党中央决定成立中共中央西南局、西南军政委员会和西南军区。这一重要的组织准备工作,对顺利完成进军西南的作战任务、统一领导西南全面工作具有决定性作用。

7月,接二野前委《关于进军西南的指示》,第三兵团在南京召开为期一周的团以上干部会议,传达贯彻前委指示精神,研究部署进军西南的任务。刘伯承所作的动员报告阐明了进军西南的战略意义,使战士们深感使命之光荣,责任之重大,为部队西进奠定了思想基础。会上,陈锡联就个别战士安土重迁的思想及后勤保障、物资准备、伤员治疗及转移等问题做了具体部署,揭开了西进的序幕。

8月8日,第三兵团发布命令:行军至宜昌、常德等地集结,就地补冬衣并做各种作战准备。据此,第三兵团于8月底9月初以隐蔽方式向预定地区集结。途中,欣闻中华人民共和国成立,战士们备受鼓舞。各军抵达预定地区后,先后召开第一届党代表会议,学习贯彻七届二中全会精神,开展行军总结立功评奖并组织文艺会演,加强思想政治工作,加强向西南进军的宣传动员。同时,兵团还根据湘西、川东地形条件,针对国民党军队的战斗情况和防御态势,深入研究战术,确定兵团进攻方式并协同开展政治攻势;加紧物资准备,为战斗提供坚实的后勤保障。

2. 解放重庆

1949年10月,接上级《进军川黔作战命令》后,我军于11月1日从北起巴东、南至天柱宽达千余里的战线上开始了川黔作战。陈锡联兵团当面之敌宋希濂部8个军22个师约10万人,在川鄂交界的崇山峻岭中部署"川湘鄂防线",从四川的彭水、黔江到湖北的恩施一线,构筑绵延数百里的长蛇阵。第三兵团与第五兵团,以及四野第四十二军、第四十七军、第五十军和湖北军区等部队协同作战。其中,第三兵团第十一军、第十二军与四野第四十七军,直出彭水、黔江地区,迂敌右侧;第三兵团第十军配合第五兵团直出贵州,截断敌军逃亡云南之路。第十二军采取迂回战术,相继攻占永绥、秀山、酉阳。第十军与友军一起解放镇远、三穗等地。出其不意地打乱宋希濂之部署,一举粉碎其防线。宋部仓皇后撤,复转至两河口、龚滩、黔江、彭水一带布防,企图凭借乌江天险阻击解放军入川。龚滩、彭水是乌江的两处重要隘口,地势险要,有"川陕咽喉"之称。为避免给敌以喘息之机,歼敌于乌江以东,断其西逃退路,第三兵团各部加速猛进,突起进攻,抢占龚滩,夜渡乌江,追敌黔江,攻占彭水,一举粉碎敌人的"川湘鄂防线"。

第三兵团第十军于10月31日由桃源地区出动,沿川陕公路到达辰溪地区后兵分两路攻占石阡、印江,顺利通过苗族聚居区,渡乌江天险,并于1949年11月21日解放遵义,23日攻克娄山关,进占桐梓,胜利完成第一阶段作战目的,拦腰斩断敌大西南防线,粉碎白崇禧西撤云贵的企图,直接威胁胡宗南集团及川境之敌的退路。

我军进抵涪陵、南川、遵义一线后,胡宗南集团加速南撤并空运其第一军至重庆,孙元良兵团也由万县向大竹、广安西移,宋希濂的第二十兵团和罗广文兵团在南川及其以东地区布防,以迟滞解放军前进。为打乱敌军之部署,第三兵团在连续作战近一个月的情况下,昼夜兼程,日行百里,越白马山,夺南川城,截断敌军西撤綦江之路,围歼宋希濂、罗广文两部3万余人于南川以北地区。第十军攻占遵义、桐梓后,北渡长江,于12月初进占泸州,完成追击北逃之敌、向川南实施兜击的迂回作战任务。

南川、綦江的解放,使重庆门户洞开,其外围仅有胡宗南1个军的兵力。于是,我军乘势夺取重庆。第三兵团第十一军、第十二军和四野第四十七军分工作战。第十二军直趋顺江场,准备渡江迂回重庆。第十一军、第四十七军追击向重庆等地逃窜的罗广文残部。嗣后,第十一军一部在老厂监视重庆之敌,主力布防鱼洞,准备渡江。第四十七军在木洞至长寿段准备渡江。至11月29日,我军控制西起江津、东至木洞镇长达百余里的长江南岸。当天,第十二军在江津渡长江,指璧山;第四十七军在重庆以东渡江北进。蒋介石下令炸毁重庆,并乘飞机逃离重庆。30日,第十一军由李家沱、海棠溪强渡长江。是日下午,王近山、曾绍山、鲍先志向兵团报告:重庆解放。由于解放军行动果敢神速,重庆工人、职员和学生在地下党的组织下英勇护厂、护校、护路,蒋介石炸毁重庆的图谋未能得逞,一个基本完整的城市终于回到了人民的怀抱。

3. 成都肃敌

重庆及川东、川南广大地区解放后,溃逃成都的蒋介石急忙调兵遣将,下令重庆及以北地区西撤之敌正面迟滞我军;急调胡宗南部至成都附近,妄图依托成都周围有利地形做最后挣扎,或撤逃云南、西康。1949年12月9日,国民党云南省主席卢汉、西康省主席刘文辉及西南军政长官公署副长官邓锡侯、潘文华分别于昆明、彭县通电起义。12月10日,惶惶不可终日的蒋介石逃往台湾,留下胡宗南部负隅顽抗。为彻底消灭国民党反动派在大陆的最后一支主力,第三兵团主力挥戈西进,参加成都会战。兵团各军按作战部署分头行动,第十军解放隆昌、内江、自贡、荣县、眉山等地,至12月24日完全控制青神、眉山、浦江等要点;第十一军解放潼南后,经乐至、简阳,西渡岷江,歼新津西南之敌;第十二军占彭山、取仁寿,随后兼程急进,攻占邛崃、夺取大邑,截断敌军向西康、云南的逃窜之路,完成成都战役的关键一步。最后,第三兵团、第五兵团、第十八兵团等部,将胡宗南部和四川境内的数十万国民党军残余包围于成都、新津地区。在解放军强大的军事压力下,国民党军纷纷在战场起义。众叛亲离的胡宗南孤注一掷,命令残部向雅安、西昌突围,自己却乘飞机逃之夭夭。李文兵团沿川康公路逃窜,第十二军在邛崃顽强阻击,激战数日,顶住了敌军7个军的疯狂进攻。随后,第十一军、第十六军、第十八军、第五十军赶至,无路可逃的李文不得不投降。12月27日,国民党第十八兵团宣布起义。至此,蒋介石在大陆的最后一支主力——胡宗南集团被歼灭,成都战役胜利结束。

第三兵团从10月下旬由沙市、常德进军大西南到战役结束,历时两个月。其间,实施大迂回、大包围之战略,袭敌之侧背,断其退路,关门打狗,坚持军事打击和政治攻势相结合,迅速歼灭、瓦解敌军。第三兵团从解放战争之东战场转战大西南,行程2000余公里,伤亡

4400余人,解放城镇70余座,歼敌15.48万,为人民解放事业做出巨大贡献。

(二)接管陪都

1949年11月30日,重庆解放。第三兵团机关随即进入重庆,展开接管工作。12月3日,为保障人民生命财产、维护社会安宁、确立革命秩序,重庆市军管会正式成立,陈锡联任副主任。11日,根据中央人民政府的决定,重庆市人民政府宣告成立,陈锡联任市长。他肩负集中力量进行城市接管,发动组织基层群众,大力开展农村工作,教育改造西南解放战争中起义、投诚和被俘的国民党官兵,加强现有部队建设,提高部队素质的新使命。为此,他们采取"分区包干"的办法,组建军区和军分区,将人民解放军全部转化为工作队,以新姿态积极投身重庆的建设和发展,开启重庆历史的新篇章。

1.整顿社会秩序

西南地区解放前,国民党反动派在重庆为非作歹,盘剥百姓,民不聊生。解放初,他们仍不甘心失败,多次镇压进步势力并血腥屠杀革命志士,阴谋对重庆进行毁灭性大破坏。蒋介石两次飞渝,亲自部署,从台湾调来"爆破专家""技术大队"和大量炸药。由于刘邓大军攻势迅猛且重庆人民英勇抵抗,组织护厂运动等,重庆才没有受到大的破坏,但终究是一个遭受战争荼毒、百废待兴的城市。无家可归的难民、趁火打劫的散兵游勇、破坏捣乱的潜伏敌特、7万多等待安置的旧人员,都给当时的生产生活造成巨大影响。迅速医治战争创伤,整顿社会秩序成为市政府的首要任务。

其一,掌握舆情,稳定人心。当时,反动宣传嚣张、谣言日盛,很大程度上扰乱民心,使接管工作困难重重。陈锡联等市领导每天听取汇报、分析敌情、掌握动向、研究对策,以事实揭露国民党反动派的真实面目,采取切实行动澄清事实真相,并大力宣传我党的政策,从而赢得人民的拥护。1949 年 12 月 10 日,政府公布"人民币兑换金圆券、银圆券",潜伏敌特散布谣言说是共产党欺骗老百姓。但兑换工作的顺利开展不仅揭穿反动谣言,而且使群众亲身体会共产党为人民服务的宗旨,为接管工作营造了健康有利的舆论氛围和群众基础。

其二,加强治理,改造乞丐和妓女。乞丐、妓女等作为封建剥削制度的产物,必须坚决治理和取缔。当时采取了收容教育的办法,力图将其改造成为自食其力的劳动者。起初其对改造还存有逆反心理,从收容机构中脱逃。于是,陈锡联亲自去宣讲政策,通过新旧社会的对比激发其对生活的热情。同时,多方设法为其安排工作,帮助其走上生产岗位。通过教育感化和劳动实践,让他们体会生活的乐趣,恢复做人的尊严。乞丐、妓女转化成自食其力的劳动者,社会秩序大为改善。

其三,整顿码头秩序,加强组织管理。由于重庆依山傍水,船运发达,码头工人形成一个庞大的社会群体。在西南地区解放前,他们受尽封建把头和伪工会的剥削压迫。为维护他们的利益,军管会一方面派出部队维护码头秩序,宣传动员群众;另一方面采取专政措施,抓捕民愤极大的封建把头,召开公审大会,判刑并劳动改造,推翻国民党残余匪帮和伪工会恶霸对工人的压迫。同时,陈锡联还号召码头工人团结起来,建立劳动工会,加强自我管理,码头秩序大为改观。

此外,针对重庆解放初既脏又乱、下水道不通、垃圾成山、污水成河、苍蝇老鼠成灾的恶劣环境,军管会和市政府请技术人员协同研究治理方案、组织工人疏通管道、发动市民清扫垃圾,下大力气治理脏乱环境,重庆的市容市貌焕然一新,有效地改善了人民的生活环境。

2.搜捕敌特残余

接管初期,重庆社情极为复杂,游杂武装繁多,潜伏特务甚众,反动党团顽固分子活动猖獗。破坏分子不仅杀人、抢劫、偷盗,甚至还向军管会领导和进步人士等寄发恐吓信,威胁其人身安全。陈锡联不仅收到过恐吓信,还挨过两次黑枪。为维护社会治安,保护人民生命财产安全,陈锡联召开会议决定进行严厉镇压,并研究制定了具体搜捕计划和实施方案。为激发市民对国民党反动派的仇恨,彻底肃清敌特残余,他决定在"重庆市各界追悼杨虎城将军暨殉难烈士追悼大会"后进行搜捕。

1950年1月15日,追悼大会在市青年馆大礼堂隆重举行。各界人士痛悼英烈,怒控反动派的种种罪行。广大市民对反动派愤懑不已,其抗争情绪被充分调动起来,为彻底肃清敌特分子奠定了舆论基础和群众基础。1月18日上午6点半,全市紧急戒严,第一次搜捕行动开始。警备部队及公安人员1万余人统一行动,封锁大街小巷,控制交通要道。敌特分子顿时惊慌失措,纷纷丢弃暗藏的枪支、弹药、电台等物资,还有不少人主动到军管会缴枪自首、交代罪行。由于群众的踊跃检举和被捕人员的主动揭发,此次搜捕行动共抓捕特务及各类破坏分子1200多名,大大超过先前所掌握的六七百人,很多隐藏在背后的敌特分子也被挖了出来。按照"首恶必办,胁从不问,立功受奖"和"快抓、快审、快处理"的方针,军管会对抓获分子从速从宽处理,释放主动坦白、愿意悔改之人。

当天下午,陈锡联就第一次搜捕行动向全市发表广播讲话,历数破坏分子的极端罪行,说明搜捕活动的必要性和重要性,阐发搜捕活动的具体政策,并呼吁全市人民继续积极协助,彻底肃清敌特残余。讲话毕,解除戒严,商店、戏院、茶馆等恢复正常营业,市民生活恢复正常。这种做法,麻痹了敌特分子,使其放松戒备心理。当晚,根据检举线索,公安便衣一起行动,第二次搜捕立马开始,100多名罪大恶极的特务头子被抓获。经过审讯,受到严惩。至此,反动特务分子基本上被抓获,敌人的嚣张气焰遭受沉重打击,群众的心头大患被清除,人民的生产生活秩序逐渐好转,人心日趋安定,政府工作转入新阶段。

3. 恢复发展生产

1950年1月23日,重庆市第一届各界人民代表会议隆重召开。会上,刘伯承司令员和邓小平政治委员分别做《为建设人民的生产的重庆而奋斗》的报告和《团结起来,战胜困难》的重要讲话,为重庆建设发展指明了方向。陈锡联代表市政府做《关于重庆接管工作的报告》,向与会代表报告重庆解放与接管的情况以及接管中的主要工作和当前的中心任务。会上,重庆人民第一次行使当家做主的权利,人民代表审议通过相关报告,研究、讨论、决定重庆建设的大政方针。会后,选举产生了重庆市第一届各界人民代表会议协商委员会并决定由陈锡联任主席。这标志着接管工作胜利完成,重庆进入全面恢复与发展的新阶段。

重庆深受帝国主义、封建主义和官僚资本主义的残酷掠夺,长期处于国民党反动派的统治之下,欲将重庆原半殖民地的经济结构和军事工业转变为服务于国家和人民的经济、有利于国计民生的和平工业和国防工业,存在极大困难。加之,重庆解放时接收了大量的投诚人员和俘虏,还有规模巨大的原教员、国企工人和解放军等需要提供生活保障,政府肩负重担;西藏尚未解放,援战任务繁重;政策宣传不够深入,尚未取得公信力,致使经济恢复困难重重。为此,重庆市政府采取了一系列举措。

重庆解放后,官僚资本、公共资产等均成为国家财产。为保护好国家财产,军管会要求机关员工和企业职工必须保护好一切资产、档案,严格按照要求移交,并对破坏、隐藏、转移、盗卖官僚资本和公共财物的行为进行处理。在广大人民的支持下,共接收机关、工厂、银行、仓库、公共工程等370余个,员工10余万人,黄金1万余两,白银8500两,银圆1.48万元,美元5.02万元,米6700余石,稻谷1.55万余石,食盐9.57万石。

重庆作为一个工业城市,大小工厂林立,要尽快恢复生产,首先必须做好工人的工作,妥善处理劳资关系,协调生产秩序。重庆解放时,重庆人口约120万,各种工人及其家属就有50余万。重庆解放后,工人阶级的地位发生了变化,由被压迫者被剥削者转变成新中国的领导阶级。地位的变化,使得工人阶级要求合理解决劳资关系以体现工人阶级地位和利益的呼声日益高涨。重庆市政府做了大量的调查研究,认真研究中央精神,及时请示刘邓首长,根据中央"公私兼顾、劳资两利、城乡互助、内外交流"的方针制订了正确的政策,妥善处理劳资关系和公私关系,合理处理劳资双方利益和国家利益的关系,使工厂很快恢复生产。

恢复发展生产必须让工人当家做主。为此,重庆市政府规定所有公有制企业成立管理委员会,工人代表必须占半数,企业的重大事务由管理委员会研究决定,实行民主管理。同时,各企业成立职工代表会议,在工会领导下保障和维护职工权益。私有企业也必须废除剥削工人的管理制度,改善工人劳动环境,保障工人休息权利,等等。通过多种途径加强对工人的教育,提高其阶级觉悟,真正认识到自己是社会的主人,是在为自己劳动、为社会发展做贡献,激发其劳动的主动性、积极性、创造性,在建设人民的生产的重庆中发挥高度的主人翁精神。

团结争取旧人员(主要是旧公务人员、旧技术人员、旧知识分子),可以缓解干部人数少、缺经验的问题。旧人员也是被压迫者,与反动官僚、土匪恶霸有本质区别。通过团结改造,他们可以为新社会服务。旧人员有文化有技术,有管理经验和生产经验,在经济恢复发展中发挥着重要作用。为此,重庆市政府加强对旧人员的改造,以马克思列宁主义武装头脑,调动他们充分发挥技术专长,在新社会建设中发挥积极作用。例如,重庆由来已久的下水道问题的解决,就得益于旧人员的努力。重庆地势不平,雨量充沛,大雨过后,房屋道路损毁,污水横流,人民饱受其苦。重庆解放前,人民多次呼吁修建下水道,但国民党政府总以经费不足为由搪塞。重庆解放后,在重庆市第一届各界人民代表会议上,刘伯承同志提出修建下水道,彻底解决环境问题,得到各界积极响应。在下水道修建过程中,旧工程技术人员发挥了重要作用。他们认真查找资料,精心测量设计,全程参与施工,不久就解决了国民党时期一直未能解决的下水道问题。

恢复发展生产,还必须加强组织领导和改进工作方法。重庆市强调因时而异,不断改进。他们坚持集中统一的方针,确立工委集体办公制,集中听取汇报、研究对策、解决问题,工作效率得到极大提高;坚持一般号召与个别指导相结合,如在处理劳资关系中,既以"劳资两利"动员广大群众,又组织人员到厂矿蹲点、重点突破、汲取经验以指导全局展开。他们以坚强的领导扎实推进制度建设,建立健全汇报检查制度、请示报告制度、互通情报制度等等,增强工作的主动性、科学性,大大提高管理水平和工作效率,为经济全面恢复和发展提供可靠的制度保障,并积累较为成熟的管理经验。1950年6月,陈锡联和副市长胡子昂奉命赴京汇报工作。听取汇报的,有周恩来总理和章伯钧、章乃器、史良等知名民主人士。陈锡联等就重庆接管、社会秩序整顿、恢复发展生产等进行汇报,获得充分肯定。

1950年10月,恢复与发展工作已全面展开并走上正轨,一个腾飞的重庆日渐崛起。

三、北上履新,再创伟业

1950年10月,陈锡联离开重庆就任炮兵司令员。此后,先后主政沈阳军区、北京军区,为军队现代化建设事业做出了巨大贡献。

(一)炮兵开创者

1950年初,中央军委根据国内外形势和军队面临的任务,决定组建军兵种领导机关并任命陈锡联为解放军炮兵司令员。10月21日,他到炮兵部队正式就任炮兵司令,孜孜不倦地投身于炮兵建设中。

1.组建炮兵

炮兵是陆军中最强大的一个兵种,曾被斯大林誉为"战争之神"。在中国人民革命战争史上,炮兵是克敌制胜的重要因素,功不可没。新中国成立后,炮兵建设的突出任务是继承和发扬炮兵的优良传统和作风,尽快把炮兵建设成统一的、强大的、正规化的战斗兵种。

陈锡联到京后,受到周总理、朱总司令以及徐向前总长等领导的接见。他听取上级领导对炮兵建设的指示,进一步明确炮兵建设的使命和任务。为尽快构建炮兵领导机构以适应国防建设和朝鲜战场的迫切需要,1951年部队充实炮兵机关并成立相关责任部门,同时在华东、东北、西北军区建立相应的炮兵领导机构。5月9日,中共炮兵委员会正式成立,陈锡联任书记。作为炮兵建设的排头兵,炮兵党委的建立从组织上确立了党的集体领导制度。陈锡联等党委领导非常重视领导机关的政治思想建设,民主集中指导工作、任人唯贤遴选干部、团结合作理顺内外关系、结合实际紧抓作风纪律,努力将炮兵党委机构建设成为一个紧密团结、坚强高效、有凝聚力和号召力的战斗集体。这些举措极大地调动了各方面的积极性,保证炮兵机关在管理炮兵训练基地、炮兵院校,领导炮兵部队的改装、换装和组织参战以及全军炮兵武器装备的进口和调配等工作的顺利进行。1951年6月,军委批准在步兵军、师两级设立炮兵主任,形成自上而下的炮兵领导体制,炮兵建设进入大发展时期。

为壮大对地面和空中的火力打击力量,有效支援和掩护步兵作战以夺取抗美援朝战争的胜利,根据军委指示精神,陈锡联及相关负责人迅速扩建炮兵部队。据统计,截至1953年上半年,全军预备炮兵和军、师属炮兵,以及团、营属炮兵分队,加上机关、院校,兵力总计30余万人,是1950年初的3倍多。[①]此外,炮兵武器装备也有了质的飞跃,基本实现了由多国杂式装备向主要使用苏式装备和以骡马炮兵为主向摩托炮兵为主的转变。炮兵成为一支既可与其他军兵种协同作战,又可单独遂行火力任务的战斗兵种。其间,总后勤部军械部与炮兵军械部合并,改名为军委机械部,陈锡联兼任部长,负责全军各军兵种通用火炮、枪械、弹药等计划、调配和管理工作。

2.兼任炮兵学院院长

炮兵是战斗兵种,也是技术兵种。为提高炮兵部队的整体素质,炮兵学校的建设尤为重要。因此,我军不仅在西北、西南、华东等军区建立炮兵指挥学校,而且改建或组建各类技术、文化学校,以满足炮兵大发展的需要。

为弥补文化知识不足以进一步提高领导水平,陈锡联先后进入政治学院和军事学院学习。他在学习军事思想理论的同时,认真结合自身作战经验,着重培养在现代化条件下组织指挥各军兵种协同作战的能力。他还参加中国军事代表团赴苏联参观原子弹实爆演习。在军事学院学习期间,他被授予上将军衔,并荣获一级八一勋章、一级独立自由勋章、一级解放勋章。

---

① 陈锡联:《陈锡联回忆录》,解放军出版社2007年版,第306页。

随着全军正规化、现代化建设的不断推进,中央军委决定以南京军事学院炮兵系为基础建立炮兵学院。1957年7月9日,中国人民解放军炮兵学院在河北宣化正式成立,陈锡联兼任院长。炮兵学院的建立,标志着我军炮兵已经形成既有初级学校又有高级院校,既有指挥学校又有技术学校和文化学校,既能培养地面炮兵干部又能培养高级干部的完整教育培训体系,实现了干部培养以战场锻炼为主向以学校培养为主的转变、学校由分散领导到集中统一领导的转变。

3.勘察定点综合导弹试验基地

我国发展导弹尖端技术,思想启蒙于钱学森的《建立我国国防航空工业的意见书》,行动始于国防部五院,即国防部导弹管理局和导弹研究院的成立。为了使导弹研制和导弹试验工作协调发展,1957年下半年,中央决定筹建导弹试验靶场(基地),并成立靶场筹建委员会,责成炮兵负责靶场的建设和建成后的维护管理工作。1957年10月15日,我国和苏联签订《关于生产新式武器和军事技术装备以及在中国建立综合性原子能工业的协定》,由苏联向中国提供相关技术资料并派遣技术专家协助勘建。12月底,苏联专家来华,确定了在"三北"(东北、华北、西北)地区勘选陆上导弹试验靶场,在渤海、辽东沿岸勘选海上导弹试验靶场。其后便对相关区域进行空中和实地勘察。最后将目标区域锁定于西北地区并由陈锡联牵头负责勘察的具体事宜。1958年1月18日,导弹试验靶场勘察队(对外称炮兵营房建筑场地勘察队)飞抵兰州,考虑到甘肃酒泉已有飞机场,勘察队重点对其进行空中和实地勘察。经过仔细勘察和综合考量,最终确定将酒泉作为综合导弹试验靶场。

(二)主政沈阳军区

1959年10月9日,国防部奉周恩来总理命令,任命陈锡联为沈阳军区司令员。东北地区是我国主要的工业基地,是首都的屏障,与苏联、朝鲜接壤,战略地位十分重要。而且,沈阳军区部队众多,许多老部队战功卓著,有着丰富的战斗经验和光荣的革命传统。陈锡联深感责任重大,决心做好东北地区的建设和发展规划,不辜负党中央和人民的厚望。

1. 部队全面建设

朝鲜战争结束后,美国不断进行军事演习,策动蒋介石窜犯大陆,发动越南战争威胁我国安全;再加上中印边境冲突、中苏关系破裂等因素的影响,周边局势异常紧张。陈锡联上任后的当务之急就是加强战备。他根据中央军委确定的积极防御战略和重点设防原则,针对新的作战对象,在实地勘察的基础上,研究制定作战指导思想,及时调整作战部署,明确设防要点,使战备工作更适应反侵略战争的需要。战备工作的一个重要内容是设防建设。他们集中力量搞重点方向工程、首脑防护工程和后方基地工程以及特种兵工程;下大力气开展建岛工作,扩编外长山要塞区,成立海岛建设委员会,统一领导战备和设防建设。同时,立足于打大仗、打核战争,将重点置于防原子弹、导弹方面,从实际出发,利用地形和自然防护力增强防御力。此外,为反击台湾当局的空中侦察,1960年组成3个高射炮群,部署于丹东至旅大一线沿海附近,执行反空中侦察作战任务。1962年部队入闽作战,坚决粉碎蒋介石的军事冒险,军队的设防建设和作战技术得到明显提高。

由于东北特殊严寒的战区环境,出于未来反侵略战争需要的考虑,部队有必要提高耐寒能力并掌握严寒条件下的行军作战本领。1960年,军区发出加强冬季训练的指示,狠练攻防战斗的基本功和行军、宿营、警戒等以提高战术技术。

20世纪50年代末60年代初,国家处于严重困难时期,粮食和副食品的供应日益紧张,军区党委在全军区部队中深入开展国内经济形势教育,将增产节约、抗灾救荒作为部队的中心任务之一,坚持"大办农业、大办粮食"的方针,向北大荒要粮,大办部队农场,使部队的生产能力大为提高,成功应对困难时期部队的粮食供应问题。

2.培养宣传雷锋精神

军区各级组织重视思想政治建设,注重发现和培养典型。20世纪60年代初,沈阳军区涌现出一大批先进典型,雷锋就是其中之一。雷锋1960年入伍后无产阶级政治觉悟不断提高,时刻保持和发扬艰苦奋斗的革命精神。在军区开展"两忆三查"(忆阶级苦、忆民族苦、查立场、查斗志、查工作)教育活动中,雷锋作为忆苦典型做报告,引起军区领导及战士的共鸣。1962年2月,军区召开首届共青团代表会议,雷锋作为特邀代表出席会议并做先进事迹报告。会后军区决定将雷锋的报告录音复制下发各部队,并组织雷锋和部分优秀代表到军区各部队做巡回报告。陈锡联对雷锋的成长历程感同身受,他强调:雷锋同志是我国进入社会主义时期以后,在党和人民培育下成长起来的一代新人的杰出代表,集中体现了中华民族的传统美德,体现了我国青年爱祖国、爱人民、爱劳动、爱科学、爱社会主义的优秀品质。①在雷锋牺牲后,军区党委做出《关于开展学习雷锋运动的决定》,并命名"雷锋班"。1963年后,每年3月军区都举行学习雷锋纪念活动,使雷锋精神深入人心,使雷锋这面旗帜永不褪色。

3.珍宝岛自卫反击

珍宝岛位于我国黑龙江省虎林县境内,在乌苏里江主航道中心线中国一侧,面积0.74平方公里。因两头尖、中间宽形似中国古代的元宝而得名。珍宝岛是我国领土不可分割的一部分。然而,从1967年1月到1969年2月,苏联边防部队非法入侵珍宝岛达16次,打伤我方

---

① 陈锡联:《陈锡联回忆录》,解放军出版社2007年版,第346页。

数十人,企图用武力强迫我边防部队离岛。对于苏方的恶意挑衅,边防部队一再克制忍让,但苏联边防部队入侵活动愈演愈烈。1969年3月2日上午8时40分,正当我国边防部队对珍宝岛例行巡逻时,苏军从珍宝岛上游和下游出动70余人分乘装甲车、卡车和指挥车侵入珍宝岛,阻止我军登岛巡逻。苏军对我边防部队的警告置之不理,并开枪打死打伤我巡逻战士6人。我军边防部队巡逻组被迫自卫还击,击毁其指挥车,击退其装甲车,迫使入侵苏军撤退。然而,苏联并不甘于失败,于3月15日出动大批装甲车、坦克和武装部队再度入侵珍宝岛,先后3次向我边防部队发起进攻。经过激战,我边防部队粉碎苏军进攻。珍宝岛自卫反击战具有军事和政治双重效果,不仅达到军事目的,而且有力地揭露苏联领导集团的霸权主义。

(三)晚年在北京

1973年底,根据毛泽东提议,北京、沈阳等八大军区的司令员进行对调。陈锡联调任北京军区司令员,由此重新开始了他在北京的生活。

1.北京军区司令员

北京军区担负着保卫党中央、保卫首都、保卫华北的光荣任务,陈锡联深感责任重大。赴任伊始,便投入紧张的工作中。他首先对华北地区北线地形进行勘察,了解研究部队部署和战备情况并就军区的作战设防、组织指挥等问题进行创新性思考,使军区的战备工作上一个新台阶。同时,他投入大量精力抓部队的军事训练,全面加强军事技术教育和特种兵的一专多能训练,重视战术训练多样化和基层干部组织指挥训练,加强参谋人员、司令部的训练。在战场建设方面,坚决贯彻积极防御战略和人民战争思想,成效显著。坚决落实邓小平关于"军队要整顿"的指示,加强部队的思想建设、组织建设和作风建设。

2.主持中央军委日常工作

1975年1月13日,第四届全国人民代表大会第一次会议在北京召开。大会任命陈锡联为国务院副总理,在周恩来总理的领导下负责国防工业和国家体委的工作。同时,军委增补其为常委。1976年2月,中央发布1号文件指出:经毛主席提议,中央政治局一致通过,在叶剑英同志生病期间,由陈锡联同志负责主持中央军委的工作。受命主持中央军委的日常工作期间,他常向叶剑英汇报工作,听取指示,得到叶剑英的大力支持。在粉碎"四人帮"反革命集团的斗争中,顺利完成中央交给他的任务。1977年3月,中央正式宣布中央军委的日常工作由叶剑英主持,陈锡联协助。

3.组织抗震救灾

1976年7月28日凌晨,唐山发生强烈地震。中央成立抗震救灾指挥部,由陈锡联牵头调动部队、组织抗震救灾。经过不到两个月的紧张战斗,伤员全部得到妥善安置,工农业生产、交通运输、水、电、通信等很快恢复,群众生活基本得到保障。10月4日,受党中央、中央军委、国务院和全国人大常委会的委托,陈锡联赴唐山对抢险救灾部队进行慰问,对战士们在抗震救灾中的英勇表现给予肯定,鼓舞部队官兵早日完成灾区重建任务,为灾区人民服务。

此后,在党的十二大、十三大上,陈锡联当选为中顾委常委,他以饱满的政治热情,关注新时期军队建设,关注国家的改革开放和祖国统一大业,充分体现了一个共产党员对党和人民的赤诚与忠贞。

陈锡联在70年的革命生涯中,对党和人民无限忠诚,对革命事业矢志不渝,把毕生精力献给祖国的解放事业、社会主义建设事业和军队现代化事业。他具有坚定的共产主义信念和无产阶级党性原则,是中国共产党的忠诚战士;他具有卓越的军事指挥才能和领导艺术,是人民解放军功勋卓著的名将;他具有共产党人高尚的思想品格和道德情操,是人民的好儿子! 他的一生,"是革命的一生,战斗的一生,是为党为人民无私奉献的一生"①。他的丰功伟绩永远铭刻在人民心中。

(作者单位:闵绪国,重庆邮电大学;韩凯丽,山西工商学院)

---

① 《陈锡联同志生平》,《人民日报》1999年6月22日,第4版。

参考文献

1.陈锡联:《陈锡联回忆录》,解放军出版社2007年版。

2.星火燎原编辑部:《中国人民解放军将帅名录》(第一卷),解放军出版社2006年版。

3.宋国涛:《十大司令员》,中央编译出版社2009年版。

4.张万年、迟浩田:《人民功臣 英雄本色——深切怀念陈锡联同志》,《人民日报》1999年12月11日。

5.《陈锡联同志生平》,《人民日报》1999年6月22日,第4版。

生命属于党和人民

——刘仁传略

◎曹　杨

刘仁（1909年2月21日—1973年10月26日），原名段永鹬，四川省酉阳县龙潭镇苦竹坝乡（今重庆市酉阳土家族苗族自治县龙潭镇五育村）人，土家族。1927年加入中国共产主义青年团，同年转为中国共产党党员。1939年任中共中央北方局组织部副部长。1944年，任晋察冀城工部部长、敌工部部长。中华人民共和国成立后，历任中共北京市委组织部部长、纪委书记，市委副书记、第二书记，北京市第一、二、三、四届政协主席，是中共第八届中央候补委员。在"文化大革命"中受到诬陷迫害，坚贞不屈。1973年10月26日在北京含冤逝世，终年65岁。十一届三中全会后获平反昭雪，追悼大会上称刘仁同志是"中国共产党的优秀党员、久经考验的无产阶级战士、北京市人民的好领导"。

一、少年立志在巴渝

酉阳位于重庆东南部武陵山区腹地,东临酉水,西濒乌江。境内层峦叠嶂,沟壑纵横,土地肥沃,森林茂密。龙潭镇地处县城东南50公里的湄舒河畔,水陆交通方便。清朝末年这里曾设酉阳州同,是酉阳的经济和文化中心。民国以后,政府在龙潭镇设立了四川省立第五中学,是酉阳、秀山、黔江、彭水等4县的最高学府,培养出了不少知识分子。从历史上看,这里的人民群众,有着武装反抗反动统治的光荣传统。特别是在辛亥革命中,酉阳籍的同盟会成员,曾在家乡发动了武装起义,组织数百人与清军统带高玉林的巡防军激战于龙潭镇,播下了革命的火种。

刘仁的祖父段子常是当地著名中医,父亲段塞铭是清末秀才,也是中医,并先后在本乡小学和设在龙潭镇的省立第五中学任国文教员。他的祖父和父亲常年在家乡行医治病,对贫苦农民常常治病不收钱,因此很受当地群众的尊敬。刘仁的母亲田彩萍,是一位知书达理、慈祥善良的家庭妇女,娘家在龙潭镇附近袁家湾村。刘仁兄妹3人,兄段永鹊,曾与刘仁同在北京读书,1952年病故,妹妹幼年夭折。

酉阳龙潭镇有赵、段、田、陆4家大户,彼此互有姻亲关系。中国共产党早期杰出的无产阶级革命家、中国共产主义运动先驱者、著名的工人运动领袖、马克思主义在中国的早期传播者赵世炎就出生在龙潭古镇。赵世炎的父亲赵登之有9个子女,其中二女儿赵世莲嫁到袁家湾田家,是刘仁的大舅妈,所以刘仁也称赵世炎为舅舅。赵、段、田、陆四大家都很注意对子女的教育。

当年龙潭镇中小学教师中有一批爱国知识分子,在学生中传播反帝反封建的爱国主义思想。龙潭镇高级小学教员王勃山是激进的同盟会会员,经常在课堂上讲帝国主义侵略中国的历史,讲腐败的清朝政府如何丧权辱国,痛述有着五千年文明的祖国面临被列强瓜分的危险。当他讲到激愤悲痛处,师生往往泣不成声。因此,在这偏远的大山环绕的酉阳,充满着进步的风气,培育出了一批革命青年,有些人后来成长为著名的革命家。少年刘仁就是在这种环境中,接受了反帝反封建的革命思想。

刘仁自幼身体健壮,聪明活泼,深得全家喜爱。他7岁在苦竹坝读私塾,读了两年四书五经,9岁转入龙潭镇第三高级小学读书,接受新式学堂的文化教育。他聪颖、勤奋,每门功课都很好,每次考试都名列前茅,古文成绩更是优异,经常受到老师的表扬。他喜欢体育,爱打篮球,还经常帮助年龄较小或功课较差的同学,遇有不平事挺身而出,同学们都很喜欢他。1924年,刘仁15岁时小学毕业。

1919年,赵世炎的二哥赵世珏在酉阳组织的国民革命军系统部队,被北洋军阀系统的部队打败,其父赵登之为避祸,带领全家迁居北京。刘仁的大舅妈赵世莲的丈夫死后,经常带着女儿田华居住在娘家,故而也随其父亲旅居北京。刘仁小学毕业适逢田华的三叔田梓先(刘仁的三舅)要去北京探望嫂子和侄女。刘仁的父亲为了使儿子继续深造,就委托妻弟田梓先带领刘仁和他的哥哥段永鹊一起去北京投奔赵家。

1924年7月,刘仁和哥哥辞别了祖父母和父母,跟随三舅田梓先自酉阳乌江畔的古镇龚滩,登上小火轮顺流而下离开家乡。他们先到达乌江与长江的汇合口涪陵,又转乘由重庆东来的客轮,顺长江东下,过白帝城穿三峡到武汉,登岸转乘火车直奔北京。

二、投身革命即为家

刘仁他们的到来,受到赵家的热情欢迎,他们积极帮助刘仁兄弟俩找学校入学。刘仁他们到北京时已近8月,一般中学招生时间已过,只有西四附近的华北中学还在招生,9月,他们考进了华北中学。开学不久,经同学果振亚(果樵)介绍,兄弟俩搬离赵家居住的西城宗帽胡同8号,到果振亚住的前英子胡同的一个公寓里居住。

1924年,北京的政局变化激荡。刘仁这个来自偏远山区的纯朴学生,本就富有正义感和爱国思想,现在他面对军阀混战、国家危亡、民不聊生的局面,救国救民的愿望更加强烈。在舅父赵世炎的教诲和共青团员、进步同学果振亚的带领下,他很快便接受了革命的思想,积极投入民众革命运动的洪流之中。12月31日,他与同学一起参加了欢迎孙中山先生来京的活动,拥护孙中山的《北上宣言》。1925年寒假,他转入新京学院读书,在此期间积极投身于党领导的人民革命运动。4月2日,他参加了为孙中山送灵的队伍,悼念孙中山,声讨段祺瑞军阀统治。5月至6月,连续参加抗议"五卅"惨案的集会、游行。9月,由新京学院转入大中中学读书。11月22日,参加了呼吁关税自主的群众示威大会及游行。1926年,在党的领导下,积极参与北京市人民抗议"八国公使对中国政府发出最后通牒"的活动,经受了"三一八"惨案的洗礼。9月,转入北师大附中读初中三年级,一学期后,又按照果振亚的要求同他一起转学到北京学院。在这里,一个又一个坏消息接踵而来:蒋介石发动反革命政变,李大钊被杀害……血雨腥风和白色恐怖中,在党和党领导的人民革命运动遭到严重挫折的关键时刻,1927年7月,在果振亚和果式卢的介绍下,刘仁加入中国共产党,走上了艰苦卓绝的职业革命家之路。

1927年8月,根据党组织指示,刘仁转入北京私立艺文中学初三年级学习,做共青团工作。11月,因艺文中学在反动统治压迫下停办而离京赴沪。1928年5月,在沪接上组织关系。8月,受上级党组织派遣参加共青团上海市法南区委工作。10月,经党组织批准转赴武汉工作,在武汉大学建立和发展学生党团小组。1929年2月,武汉党组织遭破坏,刘仁被迫离开武汉返回上海。当年4月,被党组织分配到共青团上海市沪西区委工作。年底,受共青团中央派遣去沈阳工作,因未接上组织关系,又返回上海。1930年1月,根据共青团中央的指示,再次去沈阳,因找不到接头人,又返回北京待命。4月,奉调任天津一区区委委员,做青年工人工作,用名段端。8月,任天津纺织行业行动委员会书记。9月初,刘仁在天津与做工会工作的团员工人刘万海同时被捕入狱,化名张福民,后被移送到河北高等法院审理,转押在天津第三监狱,随即参加狱中党支部领导的斗争,进行了狱中政治犯反迫害的第三次、第四次绝食斗争。1932年5月,河北高等法院宣判"张福民无罪释放",省检察院检察官提出抗诉。12月,因南京最高法院维持河北高等法院判决而被无罪释放,刘仁出狱后即回北京,在他哥哥处住下,不久找到了党的组织,接上了组织关系。

1933年春节过后,河北临时省委组织部部长兼铁路工委书记肖明派刘仁到张家口去,因为中国共产党正同冯玉祥合作在张家口地区发动抗日运动,那里急需领导干部。在张家口,刘仁见到了该地区党的负责人吴化之。刘仁奉命担任张家口总工会主任、党团书记,化名王崇义,恢复总工会乃至于恢复基层党组织的不少工作落到了其肩上。5月26日,冯玉祥正式成立察哈尔民众抗日同盟军,刘仁此时又忙于组织群众支持抗日同盟军。形势变化后,中共张家口前线委员会决定带领一些部队和地方党的干部撤往张北。到张北后,书记柯庆施派刘仁去包头组织绥远特委并委任他为特委书记,当时刘仁着重在孙殿英部开展兵运工作。

1934年3月,孙殿英攻打宁夏马鸿逵兵败,其部被傅作义缴械收编,刘仁与阎红彦收拢孙殿英四十一军中的党员和干部,分批输送到北京。5月至9月,领导平绥工人建立了赤色工会。10月,根据上级指示,将工作重点转移到农村开展农民工作和民族工作。

1935年春,因为张家口党组织屡遭破坏,刘仁被当局通缉,与党组织失去联系。6月至7月,他与绥远特委组织部部长吉合等人经蒙古赴苏联,历尽艰辛穿越沙漠,去莫斯科寻找共产国际。11月,终于抵达莫斯科。12月,按照共产国际中共代表团决定,进入莫斯科东方劳动者共产主义大学中国学生部第八分校学习,改名刘仁。在苏联学习期间,刘仁刻苦用功,任第八分校学员党支部书记,他身在异乡,心怀祖国,认真学习了党的"八一宣言",坚信在中国组织最广泛的抗日救亡统一战线是拯救民族危亡的唯一途径。西安事变后,在如何对待蒋介石的问题上,刘仁主张和平解决。他认为,如果把蒋介石杀掉,势必会引起更大规模的内战,从而使日本坐收"渔人之利"。

三、抗日重担铁肩挑

　　1937年7月7日,震惊中外的卢沟桥事变发生了,在苏联的中国留学生热血沸腾,纷纷要求回国杀敌。刘仁的这种心情也十分强烈。根据党组织的决定,刘仁在12月中旬回到了中国的革命圣地延安。中央组织部分配他到中央党校任学员队长,不久,不到30岁的刘仁被任命为中央党校秘书长兼19班班主任。

　　秘书长的工作异常繁忙,但刘仁还是抽出时间为学员讲"党的建设"这门主课。他在苏联学习时曾着重研究了这个问题,认为把党建设好是一切工作之本。

　　在中央党校工作,刘仁有机会听到毛泽东、朱德、刘少奇等中央领导同志的重要报告。他一边工作一边不失时机地抓紧学习。

　　1938年9月29日,党中央在桥儿沟中央党校召开扩大的六届六中全会,刘仁作为中央党校的秘书长,成功地组织和安排了六届六中全会的生活服务,不敢有一丝懈怠和疏忽,许多事都由他亲自一抓到底,受到了与会者的好评。

　　毛泽东在政治报告中号召:"每一个共产党员必须发挥其全部的积极性,英勇坚决地走上民族解放战争的战场,拿枪口瞄准日本侵略者。"[1]刘仁听后热血沸腾,向往着去抗日最前线。不久,中央决定在北方局下成立北方分局,负责领导晋察冀边区,以彭真为书记,并从中央党校、马列学院等单位抽调200余名干部分两批先后去晋察冀。第一批由刘仁担任队长,原绥德地委书记刘澜涛任书记。1938年11月21日,刘仁离开延安,奔赴华北;12月抵达阜平。

　　1939年1月,中共中央北方分局成立。彭真、聂荣臻、关向应、程

---

　　[1]《毛泽东选集》(第二卷),人民出版社1991年版,第521页。

子华为委员,彭真任书记,刘仁任秘书长。随后,中共中央北方分局召开中共晋察冀边区第二次党代会,贯彻中央《关于巩固党的决定》,讨论巩固边区抗日根据地的任务。刘仁负责大会组织工作。10月,中共中央北方分局决定刘仁兼任组织部副部长,协助彭真、聂荣臻具体指导和推动巩固党的各项工作并分工负责党校工作。

1940年1月,中共中央北方分局召开干部会议,传达贯彻中共中央《关于组织进步力量,争取时局好转》的指示,彭真做《目前政治形势与当前紧急任务》的报告,刘仁参加了会议并负责会议组织工作。4月,中共中央北方分局召开扩大干部会议,彭真就统一战线等问题做报告,刘仁参加了会议并负责会议组织工作。8月,参加了边区举行的参议会选举会议并负责组织工作。9月,中共中央北方分局召开扩大的干部会议,讨论巩固与扩大根据地和抗日统一战线的各项政策,决定统一累进税和对待土地租赁关系、劳资纠纷、债务等方面的政策,刘仁参加了会议并负责会议组织工作。

1941年以后,刘仁的工作重点逐渐转移到敌占城市工作方面。1941年1月10日,中共中央北方分局召开常委会会议,彭真传达了中央关于时局的指示。分局根据中央"以各根据地为党的据点,开辟各大城市工作"的要求,成立城市工作委员会,聂荣臻任书记,许建国、刘仁、刘慎之为委员。1月25日,中共中央决定,北方分局书记彭真离开晋察冀边区,赴延安参加七大,由聂荣臻代分局书记。6月,彭真临行前指定刘仁主抓城市工作,从此时起,刘仁就挑起了领导华北地区敌占城市工作的重担,中共中央北方分局此时也改为中共中央晋察冀分局。

刘仁在抗日战争期间领导晋察冀地区的敌占城市工作,大致可以分为3个阶段或方面,即清理整顿旧有的组织,巩固地下党的阵地;从根据地抽干部派往敌占城市开展工作;依靠敌占城市内部成长起来的力量发展秘密组织,壮大革命队伍。3个阶段并不是截然分开的,而是相互交叉进行,重点有所不同。

1942年初,刘仁决定沿平汉铁路新建几条通往敌占城市的秘密交通线,并设立了交通站。4月,燕京大学地下党支部书记被捕,他迅即派人将可能受到牵连的党员及外围组织的进步青年接回根据地,避免了地下党组织进一步遭到破坏。这一年,根据党中央"抽调适合城市工作的党员和干部经过训练到敌占城市工作"的指示,他具体部署派遣工作,并亲自选调骨干力量派进城区,一年内派出80人,其中大部分被派到平、津、唐大城市。

1943年8月,中共中央晋察冀分局决定刘仁兼任敌工部部长。9月16日至12月15日,敌调集4万余兵力,对北岳区进行历时3个月的"毁灭扫荡"。刘仁因胃溃疡吐血,被抬在担架上带领分局机关部分人员巧妙地与敌人周旋,度过险情。当年冬天,刘仁经过请示分局批准,在当时已经精简的华北联合大学教育学院设立了一个专为城市青年学习的政治班,专门培养城市工作干部,直接由分局城工委领导。

1944年6月,中共中央根据整个战争形势的发展,做出了大力开展城市工作的决定。根据中央指示和通知的要求,晋察冀分局于1944年9月在原城市工作委员会的基础上成立了城市工作部,由刘仁任部长。刘仁仍兼任组织部副部长,但自从当年4月分局组织部部长赵振声从延安回到晋察冀后,刘仁在组织工作方面的担子已经大大减轻。

1944年秋,晋察冀分局召开了扩大的高级干部会议,会上传达了《中央关于城市工作的指示》,并成立了以刘仁为首的城市工作研究委员会。研究委员会逐条研究中央指示,提出具体贯彻执行的意见,向大会做了报告。接着,刘仁又根据中央指示的要求,以城工部的名义，起草下发了一个《关于城市工作的计划、组织与工作方法的补充指示》，对区党委以下各级城工部派遣城市工作人员的分工、工作机构及工作方法提出了一些具体的意见。

中央指示中说："到城市与交通要道工作的方法，应从总结已有经验中取得，并应在以后的工作中，不断去总结经验，将群众中创造的各种好方法普遍化。但应指出：党在内战时期在城市与交通要道的工作方法，一般是错误的，是不能采用的，应该批判这种错误，以免重复。而抗战以来，各根据地在其附近敌占区与某些小城市进行了极有成效的合法斗争与非法斗争相配合的工作，在某些大城市，也有许多好的工作。在这些工作中，其方法一般是正确的。"[1]

刘仁把这几年来自己在主管城市工作中符合中央指示的一些好工作经验和正确的方法，写到补充指示中去。

关于党的领导、组织形式和组织发展问题，《补充指示》指出：

一、在城市中目前不设立党的领导机关，打入的党员均与外面领导机关发生联系，一般不发生横的关系。

二、打入的党员应在活动中积极地但是极端慎重地发展党员，建立党的组织，但须重质不重量，严防特务混入。发展党的目的，是为了能够形成核心，扩大团结群众的范围，而不是大量发展。

三、支部的组织形式，应合乎隐蔽精干的原则，一般在3人以上可建立支部，在同一单位中党员人数过多时，得分设两个或两个以上的平行支部。

四、为适应隐蔽原则，打入党员对根据地领导机关的联系不能过于密切，因此，必须在派出前加以训练，使他们了解城市工作的方针与一般的活动方式，有独立工作的信心与决心。

五、由于多路的分头进行，暂时不统一各种关系，在工作中碰头

---

[1] 中共北京市委党史研究室：《中共中央华北局城工部》，中共党史出版社1995年版，第133页。

时,应彼此关照协助,不应彼此争夺抱怨。

关于群众组织与群众工作问题,《补充指示》说:

一、应利用一切可能的合法形式来团结群众,其中最主要最广泛采用的是交朋友形式,这个形式在城市与交通要道下层群众中,在知识分子中,均可广泛采用。应建立自己在朋友中间的威信,使自己成为群众的核心。

二、在打入伪组织后,应掌握其领导机关,以便利用伪组织形式进行活动。

三、在为了欺骗应付敌人汉奸,保护中国人的口号下,成立其中所有人员的无定形的联盟(如工厂中集体偷日本人的东西,集体想办法减轻对日本人的负担,储藏物资,增加工资,改善待遇,免除骚扰等),但这种组织必须是无定形的,多种多样的。不应被敌发觉我们的活动,不应过分引起敌人的注意。应利用敌人对华新政策的欺骗口号(如:中日提携,共存共荣等)。

四、秘密的抗日的群众组织,只应成为党员团结少数已经考验过的积极分子(但又不够入党条件)的短小精干的组织,绝对不能广泛,名称不应统一,不应建立统一的领导机关,各组织间不应打通横的关系。根据已有经验,这种组织在知识分子中是需要的,因为在知识分子中存在一些抗日积极,不满意国民党,但又不愿意加入共产党的人。在工人和城市贫民中不需要这种组织,群众的优秀分子可以直接发展入党。

分局扩大高干会议以后,各区党委、地委、县委都陆续设立了城市工作部,分局城工部要指导下面各级城工部的工作。《补充指示》就是刘仁为适应下面工作的需要而提出的。《补充指示》的许多具体规定体现了刘仁几年来根据中央规定的城市工作路线方针政策,以及在具体贯彻执行中得出的成功经验。《补充指示》中规定的一些工作方法和原则,就是刘仁在分局城工委工作中采取的工作方法和原则。这些工作方法和原则,使晋察冀边区范围内的城市工作在短短几年中得到了迅速发展,城市地下党的组织稳步地恢复和成长起来,并与群众建立起密切的联系。1944年11月,刘仁向分局报告:分局城工部直接领导下的城市党组织包括北平、天津、唐山、井陉、塘沽、太原、榆次等城市以及北宁、平绥铁路等处的党员已有300余人,联系进步群众700余人。其中,北平市有地下党员98人,联系群众约200人;天津市有地下党员70人,联系群众160余人;唐山有地下党员52人,联系群众200余人;铁路系统有地下党员43人,联系群众54人。这期间,党组织基本上没有遭到破坏。这正是刘仁正确执行中央的城市工作方针,从实际情况出发,创造性地进行工作的结果。

四、不懈奋斗为解放

1945年8月10日,日本宣布接受《波茨坦公告》,向同盟国无条件投降。日本投降后,中共中央决定撤销晋察冀分局,分别成立晋冀鲁豫和晋察冀两个中央局。晋察冀中央局由聂荣臻任书记、军区司令员兼政治委员,刘仁任中央局委员,仍负责领导城市工作和对敌、伪军(后来则是国军)的工作,同时筹组北京市委。8月24日,刘仁抵达平西,根据晋察冀军区司令部的决定,以晋察冀军区办事处主任的名义对外联络,并与日方谈判受降事宜。月底,部署伪清河军校地下党员配合八路军夜袭该校,收缴敌大批物资。9月30日,晋察冀中央局批准北平市委组成人员名单:刘仁任书记,武光任副书记兼组织部部长,周小舟任宣传部部长,甘春雷任军事部部长。刘仁还兼任北平卫戍区政治委员,郭天民任卫戍区司令员。1945年11月,刘仁派人到怀来建立了交通线。这时,北平地下党员总数,仅学、工、平委三个系统已从日本投降之初的不足500人增至717人,联系进步群众2000余人。12月下旬及1946年初,市委机关搬到了张家口。

1946年2月1日,晋察冀中央局发出的《对北平工作方针的意见》中决定,把"市委分成两部分:一部分在城内,一部分在根据地"。市委研究决定由副书记武光进城组织城内市委机关,刘仁仍然在城外领导根据地市委并负责整个地下党工作的领导。3月至5月,刘仁提请中央局批准,广泛动员、组织了北平青年到张家口参观。

1946年6月26日,蒋介石悍然撕毁停战协定和政协决议,调兵大举围攻中原解放区,全面内战爆发。1946年6月前后这段时间内,为了适应全面内战爆发后的新的斗争形势,刘仁和武光(当时已撤回解放区)多次向城内各委员会写信,传达形势,指导工作。他们指示的主要精神是:要消除和平幻想,明确认识内战将要打下去,对取得胜利的时间估计上要准备长一点,不要设想很快就会胜利。不应过高估计国民党的力量,要看到我之有利条件,最后一定能战胜敌人,但在目前,力量对比上仍是敌强我弱。我们对平津短时间还不是夺取方针,因此要承认国民党在那里的统治是现实,它有政权、有特务,在形势恶化时,敌人会破坏我们的组织。我们要抓紧时间,积蓄力量,不要被敌人打垮。在组织上要坚持隐蔽精干,要划小支部,分散领导,对已经暴露的党员干部,要坚决撤出来,防止敌人顺藤摸瓜,一网打尽。干部要求职业化,这不仅是为了能有经常收入,在局势变得更加困难、内外交通断绝时能维持生活,同时也是为了更有利于隐蔽(有正常职业可以避免敌人注意)。对于长期不能找到职业的,除个别工作确实离不开的干部以外,其他的可以撤回解放区。今后城内所需干部应就地提拔。各工委都要抓紧配备好专门与解放区联系的交通员,并置备收音机,以便在一旦战事发生,交通阻隔时,可以通过收听广播,了解形势和党的指示。经过一段时间的艰苦细致的工作,终于把城内党组织转上了安全隐蔽的轨道。

1946年9月,蒋介石指使驻华北国民党军开始了对晋察冀边区领导机关所在地张家口的进攻。由于时局变化,我军暂时不能夺取北平,中央局决定撤销北平市委,恢复中央局城市工作部,刘仁仍任部长。10月10日下午,城工部机关工作人员全体撤出张家口。刘仁是最后撤出的,他带领几名工作人员到机关原驻地各点逐一查看,见所有人员、什物都已撤光,才于当夜12时乘坐机关仅有的一辆汽车,离开张家口。此时,距傅作义军进占只差4小时。10月11日,张家口失陷。

1946年12月,北平爆发了大规模抗议美军暴行的行动。中共中央高度重视,12月31日、1947年1月5日和1月6日,连续发出3个电报指示。1月9日,延安《解放日报》专门为抗议美军暴行发了《号角吹响了,奋勇前进》的社论。晋察冀中央局开会讨论了抗议美军暴行运动发生后的城市形势和工作中应采取的措施,刘仁自始至终参加了相关工作。解放战争时期蒋占区的学生运动波澜壮阔,对揭露国民党反动派发动内战、反人民反民主的罪恶行径,促进蒋占区人民觉醒并起来斗争,加速国民党统治的崩溃和灭亡,起了重大作用。华北(主要是平、津)学生是学生运动中的一支主力,在抗暴运动、反饥饿反内战等多次斗争中发挥了号角和领导作用。他们以极少的损失,取得了极大的收获,在学生运动史上留下了光辉的一页。平津学生运动的成功,则是在刘仁坚决贯彻党中央正确的方针路线而又出色的组织、指导下取得的。

北平历来是一座政治和文化古城,工商业很不发达,现代化产业和产业工人很少,因此,在整个解放战争期间,虽然学生运动一直蓬勃发展,但工人运动则没有那么轰轰烈烈、声势浩大。然而,刘仁并没有忽视北平的工人工作,北平工人阶级在地下党的领导下,与敌人进行了顽强的斗争,为北平解放贡献了自己的力量。同时,他对中小学教师的工作也十分关心;历来重视文化宣传工作,文化界许多事情都是在他直接领导和亲自过问下实现的;注重开展在伪警察中的工作。敌占城市的群众斗争在他的全面领导下顺利进行。

刘仁自主管城市工作以来,一直都把教育训练工作放在首要位置。他根据当时城工机关居住在农村的条件,考虑到城市地下工作对保密的要求,创造了一套办城市工作训练班的方法:学员一来到机关,即进入秘密状态,除负责与之联系的特定的工作人员外,避免与任何不相关的人接触。他们被分别安排在可靠的农民家里住宿,少的住一个人,多不过2至3人。平时不出院门,由工作人员送水送饭。天黑后可由工作人员带领外出散步。外出时头上蒙块毛巾,不露出面貌,直到学习结束离开机关,自始至终不让别人发现。当时参加工作和入党的许多人,凡是曾经回过根据地的,大多接受过这样的训练。通过各种训练,他们开始了解党在城市工作中的一些基本方针,学到了一些初步的城市工作方法,并从这里走向更深入的斗争实践。

1947年2月,经过几年筹备,北平地下电台正式建立。8月,城工部由阜平迁往冀中。12月,应刘少奇电召,刘仁到平山汇报了北平地下党工作。1948年4月,城工部迁至泊镇。4月27日,毛泽东致信刘仁,让他告诉北平民主人士,我党准备邀请他们来解放区参加各民主党派各人民团体代表会议。4月30日,刘仁通知城内学委,把我党准备召开新政治协商会议的意见告诉诸位知名进步教授,并多方商量,征求意见。5月,中央决定晋察冀和晋冀鲁豫两大解放区合并,原各自党政军领导机关撤销,组成中共中央华北局、华北联合行政委员会和华北军区,晋察冀中央局城工部也相应改为华北局城工部,刘仁仍任部长。根据华北局决定,建立华北城市工作委员会,刘仁任书记。1947年7月,他主持城工委讨论起草了《平津工作意见》,经中央、华北局同意后,即向城内传达布置。

1948年下半年,敌我力量对比发生了重大变化。我军经过两年作战,不但粉碎了蒋介石的战略进攻,而且打破了他的战略防御体系。战局的发展表明,我军与敌军进行战略决战的时机已经到来。以毛泽东、朱德、刘少奇、周恩来为核心的中央军委适时地组织并指挥了决战决胜的辽沈、淮海、平津三大战役。毛主席在进行平津战役部署时,就提出要"争取让中央军不战投降",并指出"此种可能性很大"。10月,按党中央决定,刘仁通知天津南系学委负责人将傅作义之女傅冬菊(天津《大众报》记者、民主青年同盟盟员)的关系转到北平学委,在学委领导下做其父的工作。10月下旬,按党中央决定,通知天津南系学委负责人黎智到城工部,解决南北两系地下党组织的统一问题。11月初,刘仁应华北局电召去中央汇报工作,并参加研究解放平津工作的会议。刘少奇、周恩来等听了刘仁关于平津城内工作情况的汇报后,分别就有关问题做了指示。刘仁开会回来后,就城内建立迎接解放的统一指挥机构做了指示,同时安排由北平学委负责人佘涤清做傅作义工作,并向城内学委发出了《关于目前平津学运的紧急任务的意见》。11月10日,向平津党组织发出《我们在天津的工作方针》,要求积极准备迎接解放军,以党员和进步群众为骨干,带动群众护厂、护校。从12月中旬起,毛主席陆续发出指示,直接指导与傅作义的谈判。傅作义开始虽有和平谈判的意向,但因想保存实力一直犹豫动摇,直到我军解放了天津之后,他才下决心走和平解放的道路。北平的和平解放,是我军运用军事打击与政治争取相结合的原则,通过谈判取得的伟大胜利。刘仁领导的北平地下党组织,进行了大量卓有成效的工作,在配合我军与傅作义的和平谈判中,发挥了很好的作用。与此同时,为迎接解放,刘仁部署平津地下党开展了一系列工作,通过发动各方面力量争取傅作义,并开展多方面的工作迎接北平的解放。1948年12月17日,党中央任命彭真、叶剑英等11人组成北平市委,刘仁任市委委员、市委组织部部长。12月22日,刘仁应召到达平津前线司令部。

1949年1月30日,刘仁风尘仆仆地进了北平城,召开了地下党各委负责同志的会议,表扬了地下党的工作成绩,布置了迎接解放军入城和配合接管的任务。2月3日入城式那一天,刘仁一直紧张地忙着指挥,直到深夜,入城部队已经安全回到驻地后才放下心来。第二天,在城内举行了有3000人参加的解放区干部同地下党党员会师大会,彭真宣布今天是两条战线的胜利会师,从此刘仁结束了北平地下斗争的领导工作,又开始投身到新生的北平城市的建设和发展工作中。

五、呕心沥血建首都

1949年1月31日,北平国民党守军25万人在傅作义率领下全部撤出了北平城,接受中国人民解放军和平改编;解放军的先头部队莫文骅部队开进城内,与傅作义部队交接换防,北平宣告和平解放。

刘仁是在1949年1月30日进入北平的。他在参加完1948年12月17日中共北平市委在保定召开的市委第一次会议后,就奉上级指派,带着电台和机务人员,坐一辆缴获的吉普车赶赴通县孟家楼,随平津战役总前委行动,听从调遣,通过秘密电台直接指挥北平的地下党配合作战及和谈。1949年1月28日,他通过电台通知北平地下党在解放军举行入城式时组织群众欢迎。1月30日,刘仁入城后就在地下电台工作人员何钊的家中召集北平地下党各个委员会的负责人开会,检查了迎接解放与和平接管的工作,同时宣布:电台自此停止工作。刘仁还布置汪汉斌立即根据中央、华北局的有关方针起草一份安民告示——《告北平市民书》,作为传单在入城式时向各界群众散发,同时还把它翻译成英文,散发给驻留北平的外国人。

这次热情欢迎解放军入城的动人场面,是北平地下党组织在刘仁的领导下对群众进行前期宣传教育的结果,也是地下党组织在刘仁的部署下具体组织的结果。

入城式的第二天,即2月4日,中共北平市委在国会街北京大学四院礼堂(今新华通讯社社址)召开了地下党员会师大会。中共中央华北局第二书记薄一波在讲话中强调,新老干部,不论是解放区来的还是地下的,要很好团结,相互尊重。聂荣臻在讲话中着重表扬了北平地下党的工作,并向党员们提出要求:学会掌握中央政策来管理好城市。最后由彭真讲话,他指出了北平解放后的工作任务,还介绍了市委领导班子成员,特别介绍了刘仁。彭真和李葆华把刘仁从后排座位上请起来,彭真对大家说:"这就是多年来领导你们坚持地下斗争的富于白区工作经验的刘仁同志!"当时刘仁心情激动,含着泪向大家鞠躬致意。顿时,全场响起一片热烈的、经久不息的掌声。

刚解放的北平面临许多复杂艰巨的任务。根据中共中央、毛主席和中共中央华北局关于接管城市的一系列方针政策的精神,中共北平市委确定了当时的任务是粉碎反动的政权机构,摧毁国民党、三青团和特务等潜伏组织,建设人民民主专政的政权,迅速恢复与发展城市的生产及人民的文化教育事业,进行各项市政建设和改革,改造社会风气,并且在郊区进行土地改革。任务是很艰巨的,工作是异常紧张的,但成效也是显著的。作为原地下党领导人和新任市委组织部部长的刘仁在调配干部、整顿党的组织、巩固革命秩序等许多方面协助彭真同志进行了卓有成效的工作。他注重为接管配备干部,切实贯彻对留用人员的政策,遴选党外人士参政,组建各群众团体的领导机构,重视提高工农干部的文化程度,全面贯彻执行了党的干部政策。

北平解放后,北平市党组织面临的任务和所处的地位发生了根本变化。原北平地下党组织及其成员要从原来处于敌人统治下的非法的秘密工作状态转向公开,从解放区调集进城的干部和党员要从在农村开展生产建设、支援前线等工作转向接管城市、改造和建设城市,所有党组织和党员都要根据新的形式和工作任务的需要进行整顿、加强和提高。当时身任市委组织部部长的刘仁,非常重视执政条件下党组织自身的建设。在中共北平市委的领导下,在刘仁的亲自主持下,有关方面为这项工作确定了正确的方针、步骤和方法。根据刘仁的提议,首先抓了地下党组织的整编和整顿。同时,他根据中央和市委的方针政策,狠抓了在产业工人和大学生中发展新党员的工作。他经常强调:党的思想建设是党的建设的关键,建党工作应该从思想教育入手。在他的主持下,市委组织部在解放头几年就陆续举办了培训工人和知识分子的"干训班""党训班"。在他的主持下,北京市在整顿党组织的同时慎重发展新党员,使巩固与发展波浪式地交替向前推进。

北平解放初期,社会秩序非常混乱。市委发出了"安定社会秩序,消灭混乱现象"的指示,并很快召开治安工作会议,制定了《中共北京市委关于治安运动的计划》。由于刘仁熟悉北京社会情况,市委分工由刘仁具体指挥落实这项工作。刘仁领导市公安局采取了一系列措施来建立革命秩序。1949年10月1日,刘仁担任中华人民共和国开国大典的大会总指挥,周密地筹备和组织了这次庆典。全市在1949年至1952年间组织卫戍、纠察、公安、民政等机关,集中力量,有计划有步骤地摧毁美蒋潜伏特务组织,清理散兵游勇,收缴枪支武器,抓捕小偷,收容乞丐,取缔金银黑市,整顿摊贩,进行反动党团登记,清匪反霸,取缔反动会道门,封闭妓院,以及大规模地镇压反革命。在很短的时间里就取得了显著的成效,使首都的治安秩序逐步稳固。仅以刑事发案率一项来看,1949年和1950年就已下降到了万分之二十几,坏人坏事受到震慑,全社会开始树立起良好的道德风尚。不过几年时间,一个混乱不堪的北京变成了井井有条、欣欣向荣、蒸蒸日上、具有社会新风尚的城市。人民政权所从事的移风易俗、改造社会的伟大业绩,使任何目睹过旧社会污浊现象的人不得不为之赞叹。

旧北京是一个典型的具有浓厚的半殖民地半封建特点的消费城市。相当多的人不事生产,经济上的依赖性很大。刘仁很懂得搞好生产对建设北京城的重要意义,在北平解放的头两年,他虽然不主管经济工作,但由于分工领导国营企业党的工作和工会工作,因此始终坚定地围绕着恢复和发展工业生产这个中心任务开展工作。他在1951年担任了市委副书记并兼任市财经委员会主任后,更把抓工业建设作为自己的主要工作。

1951年2月,中央政治局扩大会议决定,自1953年起实行发展国民经济的第一个五年计划。1952年5月,抗美援朝还在继续进行,党中央确定了"边打、边稳、边建"的方针,并积极组织力量着手计划编制工作。同时,从1952年9月至1953年5月,经过若干次商谈,苏联决定在我国第一个五年计划期间援助我国建设总共156个重点项目,帮助我国建立前所未有的一些新兴工业部门,如飞机制造、汽车制造、重型机器、发电设备、冶金和矿山设备、精密仪表、新式机床、塑料、无线和有线电器材的制造等。

全国人民在建设社会主义总目标的鼓舞下，显示出了空前的热情。社会主义工业建设的浪潮滚滚向前。北京市委全体成员、北京市广大干部、广大人民也都心潮澎湃，憋着一股劲想让北京市也实现现代工业化，把北京这个破旧的老消费城市改造成一个朝气蓬勃的社会主义生产城市。可是，国家计委根据中央关于建设要有战备观念、京汉路以东不建设重要工业的精神，"一五"期间在北京摆的重点项目数量少、规模小。北京市委完全拥护国家的总体布局，但同时又考虑，北京市在三年恢复时期虽取得很大成绩，但仍未成为生产城市，产业工人占城市人口的比例很小（只有3%），生产的风气比较淡薄，讲求享受、讲求排场、不关心生产的风气却很盛行，自由散漫、尚空谈不务实际的作风也很严重。要改变这种状况，没有相当数量的现代化的、大规模的新工厂的建立是不可能的。毛泽东在进北平前夕就讲过："蒋介石的国都在南京，他的基础是江浙资本家。我们要把国都建在北京，我们也要在北平找到我们的基础，这就是工人阶级和广大的劳动群众。"毛主席1953年国庆节在天安门上检阅群众游行队伍时，当看到产业工人的数量少时，曾经问刘仁："首都是不是要搬家？"刘仁当时很震动，深感毛主席是在鞭策北京加速改变面貌。1953年12月31日，刘仁在中共北京市委讨论首都工业建设问题的常委会上提出："上面有控制数，我们一方面要根据上面规定的指标来做，另一方面要根据首都的需要来考虑北京搞什么工业，向中央提出积极建议。"北京市委认为，北京要不要发展现代工业，牵涉到对首都城市功能性质和发展方向的认识问题。这不仅仅是一个经济问题，也是一个政治问题。首都北京是政治中心，是历史文化名城，是教育和科研的广大基地，是干部和知识分子集中的地方，需要有适当强大的现代产业工人队伍与之相匹配。否则不相称，不适应。北京市委在1954年10月26日向中央报送了《关于早日审批改建与扩建北京市规划草案的请示》，再一次就首都要建设现代化工业问题向中央提出报告，因为这个问题直接影响北京城市规划的总体布局。报告中说："关于首都的性质和发展规模，市委认为首都是我国的政治中心、文化艺术中心、科学技术中心，同时还应当也必须是一个大工业城市。"1954年11月18日市委常委讨论国家第一个五年计划的基本任务时，刘仁又一次说："国家第一个五年计划（初步方案）中对首都工业建设没有讲到。北京现代工业少，和首都的地位不相称。我们应当加以研究，并且反映情况。作为首都，必须有工业，而且要有重工业。国家需要建立新的工业基地，但不等于首都不应当摆工业。"刘仁还分析了北京市发展工业的有利条件，如高校、科研机构多，工业有一点基础，附近的煤、铁等矿产品资源和农产品很丰富，交通运输条件也好等。

总之，彭真、刘仁和市委其他领导同志认为，在国家工业化的过程中，首都北京也要实现工业化。要在北京建设适当规模的工业，并利用原有基础和有利条件建设若干重工业，把北京建设成为一个门类比较齐全的现代化工业城市。这符合国家工业化的需要，符合科学、文化、技术发展的需要，更符合首都政治稳定、改造社会、移风易俗的需要。

经过努力，在第一个五年计划期间，北京新建和扩建了12个较大的现代化工厂。与此同时，北京的高等教育、科学研究机构也有了迅速的发展。这样就为由消费城市到生产城市的转变，为生产、科研和教育的三结合打下了坚实的基础。首都农业，特别是蔬菜、饲养业的机械化，首都城市建设的突飞猛进，得到现代工业技术的直接支持。

新中国成立后，北京郊区经过土地改革，破除了封建的土地所有制,农民分得了土地,大大提高了生产积极性。在此基础上,京郊农村开展了互助合作活动。刘仁作为彭真的主要助手,精心组织领导了这一运动。同时,旧北京作为文化古都,积累了珍贵的教育遗产,但在解放前,它的发展既艰难又缓慢,规模很小,基础薄弱,中共北京市委和北京市人民政府经过艰辛的改造、建设,使北京成为全国最大的文化教育基地之一,刘仁为此做出了重要贡献。

北平解放后,市委和市政府十分关心广大劳动人民的身体健康。1952年3月,北京市成立了爱国卫生运动委员会,刘仁担任主任委员。在他的领导下,全市广泛动员群众,卫生状况有很大提高,卫生面貌大为改观,在国际上引起了好评。他还具有高瞻远瞩的办医院思想,周到而细致地指导医院建设。他心里装着老百姓的吃穿用,时刻把百姓的柴米油盐放在心上,抓粮食定量工作又稳又细,使蔬菜生产和供应"四季常青",重视商业网点的基本建设和服务作风,较早确定了建设城市副食生产基地的方针,努力促进了首都养猪事业、机制煤球和煤气的发展。他管得很宽,把老百姓的冷暖、疾苦放在心上,真是北京市的好"当家"!

六、求真务实是秉性

1956年11月10日至15日,中国共产党召开了八届二中全会。全会上,毛泽东明确宣布:明年要在全党开展一次新的整风运动。1957年4月27日,中共中央正式发出《关于整风运动的指示》,部署在全党进行以反对官僚主义、宗派主义和主观主义为内容的整风运动。北京市委在5月4日制定了《市委关于开展整风运动的计划》，成立了刘仁任组长的市委整风领导小组。1957年6月8日，毛泽东为中共中央起草了《关于组织力量准备反击右派分子进攻的指示》。同日，《人民日报》发表题为《这是为什么？》的社论，标志着反右斗争正式开始。在反右运动中，刘仁和市委领导人十分注意掌握党的政策。针对基层单位在批判右派言论、划分右派、处理右派等几个阶段可能出现的违反党的政策的行为，提出了各个不同阶段应该注意的问题和要求，采取了若干措施。一是在反右斗争初期的批判斗争阶段确立正确原则。强调要以理服人，不要简单扣帽子，严禁粗暴行事，强调对言论要做具体分析，规定点名批判必须经过市委批准。出于对干部的爱护，为了避免更多的同志蒙冤，除严格掌握政策界限外，还私下给一些同志打招呼。二是在运动进入划右派阶段时，刘仁采取了更为审慎的做法。他主张划右派要有统一标准，要求有真凭实据，对有真才实学的专家注意予以保护，反对把没有"鸣""放"的人也划成右派，主张对有争议的人一律暂时不划右派，主张没有右派不要硬找。三是实事求是地做好反右后期处理阶段的工作。主张处理上从宽，注重贯彻中央指示及时将运动转入整改。刘仁还敢于妥善安排一些右派分子的工作，在当时的形势下，实属难能可贵。

在"大跃进"中，刘仁实抓水利，大力推进技术革命。1958年，北京市先后开工修建的水库有8座之多。同时，刘仁抓住时机，促进北京工业快速上马，狠抓基础工业，支持大搞技术革新、技术革命，想方设法培养、聚集技术人才。他一贯反对弄虚作假、不讲科学，在浮夸之风严重泛滥、全国上下粮食产量"放卫星"成风之际，认为"管人民吃饭的大事，可不能瞎胡来"，凡有北京郊区报上来农作物高产的，他和市委其他领导人都要亲自去做调查，耳听为虚，眼见为实。他说，"假报情况害国、害民、害自己"，对大炼钢铁"宁肯完不成计划我上中央去检讨,也不许你们瞎胡干",认为完成增产钢铁的指标靠新技术。对在"大跃进"中兴起的技术革新运动,他时时强调搞革新和技术革命也要扎扎实实,反对一切图虚名、不求实效、劳民伤财的形式主义的做法。

"大跃进"和人民公社化运动中的浮夸风、"共产风"、强迫命令风和瞎指挥风给工农业生产建设造成了巨大的损失,刘仁因此忧心如焚。在中共中央明令纠正错误以后,彭真、刘仁与北京市委立即贯彻执行,采取了一系列纠"左"的措施:调整劳动力,整风整社,落实各项政策;组织干部认真总结经验教训,学习经济理论;认真进行自我批评,勇于承担责任,不上推下卸;尽可能采取弥补办法和应急措施,精心安排群众生活。北京市委把农村工作摆在了突出的位置,1961年7月,提出了北京市农业的奋斗目标,1962年11月初,通过了《市委关于郊区当前农业形势和任务的报告》,提出要"以农业技术改革为中心,迅速地把郊区农业推上新的发展阶段",这是刘仁为实施彭真提出的农业发展规划目标会同各有关方面慎重研究后提出的战略方针。随后,刘仁等人注重抓好扩大农田灌溉面积,用城市力量支持农业机械化,因地制宜执行农业"八字宪法",大抓耕作制度和种植技术的改革,大力发展畜牧业,消灭一切可以开垦的荒地,培养典型开展"比学赶帮超"的群众运动,取得了实实在在的成绩。

1961年至1965年,是我国国民经济在痛定思痛之后进行"调整、巩固、充实、提高"的时期。北京工业经过3年"大跃进"的大发展,进步很大,但是弱点、问题也不少。1961年10月,北京市委召开工作会议,提出"北京工业今后发展的方向是:精兵主义和精品主义",这是北京工业在发展方针、发展方向的一个战略性的转变。刘仁是制定这一重大战略方针的决策人之一。他一贯重视组织高等院校、科研单位和生产单位的三结合,参与组织了电子工业的两次大会战,注重政治工作与经济工作两手同时抓,为北京工业发展做出了巨大贡献。北京工业经过17年的发展,特别是在3年大发展的基础上,经过3年调整,到1966年"文化大革命"开始时,已经取得明显成效,不仅在数量上有很大增长,结构上有重大变化,而且水平也有显著提高。

1958年10月,原属于河北省的通县、顺义、房山、大兴、怀柔、延庆、平谷、密云等县划归北京市,刘仁对新划入的这些远郊县给予了特别的关心。1959年国庆前夕,北京矗立起一批规模宏大、气势雄伟的现代化建筑,即人民大会堂、中国革命和中国历史博物馆、中国人民革命军事博物馆、民族文化宫、民族饭店、钓鱼台国宾馆、全国农业展览馆、北京火车站、北京工人体育场、华侨大厦,这就是当时举世瞩目的"国庆十周年十大工程",刘仁为此倾注了大量心血。

刘仁非常重视教育事业,1958年至1960年间,中央发动了"教育革命",刘仁作为市委日常工作的主要负责人,在那段时间里正忙于处理"大跃进"和人民公社化以后出现的大量问题,但他仍然给教育改革以力所能及的关心和指导。其中最主要的帮助是教育干部实事求是,端正教育革命的方向,使这场不成功的"革命"在高潮时减少一些错误和损失,在调整和纠偏时又保护了已取得的积极成果。刘仁还很重视体育事业的发展。市委从1956年开始,刘仁下决心改变北京市体育事业的落后状态,亲自督促为市体委调配干部,充实领导机构,建立专业运动队。在他和副市长张友渔的支持下,把先农坛体育场定为训练基地,后来,以此为基础建设了现代化的训练基地。市体委根据他的意见,以第一届全运会为契机锻炼了队伍,会后确定了训练的指导方针。他爱惜人才,体贴入微,既抓运动技术水平的提高,又抓运动员思想政治素质的提高,同时十分注重群众体育工作。他是北京体育事业的开拓者和组织者,为北京体育事业从无到有、从小到大的发展打下了坚固的基础。

刘仁一生淳朴，求真务实。在群众眼中，他是一个没有"官架子"、平易近人、联系群众、艰苦朴素的"大干部"。他和各行各业的人都能谈得来，接触面很广，跑基层很多，务实际而不求虚名，调查研究很深入，所掌握的实际情况很多。他严于律己，光明正大，一身正气，把崇高的革命理想同求实的科学态度融为一体，脚踏实地，埋头苦干，深得北京人民的信任！

七、"暴风雨"中显本色

1966年5月至1976年10月的"文化大革命"，给党和国家带来极为严重的灾难。在这场长达十年之久的内乱中，林彪、江青两个反革命集团为了篡夺党和国家的权力，搞了大量祸国殃民的罪恶阴谋活动，制造了大量的冤假错案，把一大批在中国革命和建设中功勋卓著的无产阶级革命家和党内外优秀人物诬陷为"走资本主义道路的当权派""反革命修正主义分子""叛徒""特务""反动权威"，成千上万人遭到批斗管制，有些被关进监狱，有的被迫害致死，造成了严重后果。中共北京市委、北京市人民政府的主要领导人在这场浩劫中首当其冲，受到极其残酷的迫害。在林彪、江青和康生、谢富治一伙的指使策动下，北京市委彭真、刘仁、郑天翔等7人和市政府副市长吴晗、乐松生等6人被加上了"叛徒""特务""反革命修正主义分子""反动资本家""反动学术权威"的罪名。市委20名常委中，有10名被非法逮捕监禁，有3人被迫害致死。刘仁就是在这场极为特殊而又极其严峻的斗争中，为捍卫党和人民的千秋大业，而庄严地履行了为共产主义奋斗终身的誓言,走完了一个共产主义伟大战士的一生。

1966年5月23日,刘仁参加了市委在北京饭店召开的工作会议(简称"北京饭店会议"),会议宣布了中共中央关于"改组北京市委,撤销刘仁市委第二书记职务"的通知。7月底,刘仁被抄家。8月15日,被押送到昌平居庸关"反修堡"集训班隔离审查,监督劳动至10月,后又在市委大楼内被群众专政。11月,江青和陈伯达在一次群众大会上公开点了刘仁的名。12月的一天深夜,一伙不明身份的人把刘仁抓走了,此后即被卫戍区长期"监护"。之后的12月12日,北京航空学院、北京地质学院等单位的群众组织在工人体育场召开12万人大会,斗争彭真、罗瑞卿、陆定一、杨尚昆,刘仁也被揪去陪斗。此后受到无数次的群众游斗、批斗。1967年4月23日,北京市革命委员会在工人体育场召开有8万人参加的"彻底埋葬旧北京市委反革命修正主义集团批判斗争大会",他和彭真等人被揪到会场批斗。之后又陆续被揪斗数十次,刘仁受到百般凌辱。1968年1月初,刘仁被戴上沉重的手铐,逮捕后非法关进秦城监狱,不允许孩子和爱人探视,开始了长达6年的牢狱生活。1972年底,刘仁的爱人甘英第一次看到他,身体已被摧残得不像样子,探监结束所带回刘仁的衣物已全部发霉,毛裤、棉裤上有大小便的残痕,上衣有斑斑血迹。其间,他们的大儿子被分配到了东北,女儿插队到山西,小儿子被曾跟随刘仁工作多年的杨桂林收养,但后来在各方面的打击下老杨被气死了,孩子成了流浪儿,经常受到坏人的欺侮,被打得鼻青脸肿。一个9岁的孩子,自己又不会做饭,饥一顿、饱一顿。姐姐心疼他,把他带到乡下,后来又投奔哥哥,生活漂泊无定。

1973年10月26日中午,甘英突然接到通知,让她立即去第六医院监护病房。刘仁已经病危。甘英赶到医院,只见刘仁躺在病床上,微微睁开双眼,似有歉疚地对甘英说:"我原来很有信心……"当时刘仁的血压已经上不来了,小便失禁,脉搏很弱,四肢和嘴唇发紫。氧气、输液瓶、导尿管都用上了,已经是弥留之际了。然而,他还是絮絮不休地对北京市一个区一个区、一个局一个局、一个行业一个行业的情况进行了解,听到一点儿好的情况就高兴起来了。甘英劝他不要说话。他说:"过去我有病时不也是这样吗?同志们在旁边说话就能治我的病。""我明天就好了。""你给我念念报,讲讲国内外的形势吧!"晚上9点多,他实在支持不住了,说:"我要睡了,明天就好了。给我个好点儿的安眠药吃吧!"他服药睡了不久,翻身喊了一声,经过一个多小时的抢救,他再也没有苏醒过来。

1978年12月,党的十一届三中全会的召开,是中国共产党又一个重大的历史转折。全会冲破"两个凡是"设置的重重阻力,开始全面、认真地纠正"文化大革命"颠倒的历史,从理论上、思想上、政治上、组织上拨乱反正,并有步骤地平反"文化大革命"中制造的大量冤假错案。1979年初,中央发出《中共中央为彭真同志平反的通知》;1月初,市委组织部从中央组织部取得刘仁专案全部档案。此时刘仁被诬陷迫害的原委被查清,真相大白。1月17日,中共北京市委做出的为刘仁平反昭雪的决定指出:"经中央批准,市委郑重宣布:刘仁被迫害致死,纯属林彪、'四人帮'和康生、谢富治一伙制造的大冤案。市委决定为刘仁同志彻底平反昭雪,恢复名誉,强加于刘仁同志的一切污蔑不实之词,应予彻底推倒。"

在为刘仁彻底平反昭雪决定公布以后,从中央领导到与刘仁共同战斗几十年的战友、同志和北京市的各级干部、工人、农民、知识分子及几百万市民,他们抚今追昔,无不为刘仁遭到残酷迫害致死而悲愤,无不为党失去一位优秀领导干部,北京市人民失去一位好管家而痛心疾首。广大干部和群众悲喜交集,奔走相告,纷纷用多种方式悼念刘仁,有的开座谈会,有的诵诗作词、撰文,有的送花圈,市委办公楼前不断摆上由各个方面送来的花圈。同时各方一致强烈要求举行隆重的追悼大会，纪念这位久经考验的、无私无畏的共产主义战士。

历史是曲折的，然而也是公正的，被颠倒的历史终于颠倒过来。在"文革"中，无数次的批判斗争，6年多的镣铐加身，终究扼杀不掉刘仁对革命的功绩，也抹不掉刘仁这个光辉的名字，更抑制不了党和人民群众对他的怀念。因为历史终归是人民写的。1979年2月21日，刘仁的追悼会在北京展览馆大厅隆重举行。那一天，几乎整个的北京城都颤动了，追悼会由中共中央政治局委员聂荣臻主持，林乎加同志致悼词，称刘仁同志是"中国共产党的优秀党员、久经考验的无产阶级战士、北京市人民的好领导"。有6000多人参加大会，到会者有党和国家的领导人，有几十年与刘仁同生死、共患难的老领导、老战友、老部下，当然主体是北京市各行各业的知识分子、工人、农民，还有来自他家乡酉阳以及他曾经工作过的内蒙古、宁夏、山东、辽宁、山西等地的干部和群众代表，其中天津市由原市委书记张淮三带领400多人专程来京参加追悼大会。庄严肃穆的追悼会上回响着党和人民缅怀刘仁的声音。刘仁的生命属于党，属于人民，这是历史的结论。正如彭真1982年为《北京日报》创刊30周年写给范瑾的一封信中所说，每当人们想起古老北京的新生，或看到新时期改革开放事业蓬勃向上的伟大业绩时，总会一次又一次唤起心中对刘仁的深深怀念，"想到刘仁同志那种带头深入群众、密切联系实际、实事求是的作风和忠心耿耿为党为共产主义事业奋斗的精神"。他用自己无怨无悔、战斗不息的一生留给人们一份沉甸甸的宝贵财富，而他也在烈火中获得了永生。

（作者单位：酉阳土家族苗族自治县委党史研究室）

参考文献

1.《毛泽东选集》（第二卷），人民出版社1991年版。

2.中共北京市委《刘仁传》编写组:《刘仁传》，北京出版社2000年版。

川东地下党领导人王璞

◎ 师祝英

王璞(1917—1948),原名孙子仁,又名孙仁,在重庆曾用名王慕斋、石果,湖南湘乡人。1938年,加入中国共产党。历任中共韶山特支委员,湘乡县委委员,韶山区委书记,湘宁中心县委常委、组织部部长,中共重庆市委书记、中共川东临委书记,西南民主联军川东纵队政委。其间,兼任过中共上川东(驻广安)地工委书记,西南民主联军川东纵队第四支队政委等职。为配合人民解放战争,中共川东地下组织在1947—1948年发动了数次规模较大的武装起义①,王璞是执行这一战略任务的主要组织者和领导人。他为此献出了宝贵的生命,时年31岁。

① 中共合川区委党史地方志办公室:《中国共产党重庆历史·合川区卷》,重庆出版社2011年版,第55页。

一、少时立志发奋读书

1917年2月，王璞出生于湖南湘潭乡（今湘乡市）的一个中农家庭，父亲孙桂辛，母亲沈烈。兄弟姊妹7人，其大哥孙子刚读过乙等（简易）师范学校，在馨子冲小学做教员，1926年参加共产党；大嫂张桂英是当地女界联合会主任；二哥孙子明念过小学，参加了中国共产主义青年团；姐姐孙子英也常参加女界联合会的活动；王璞5岁上学，10岁当上农民协会下属儿童团团长。

1927年5月21日，长沙驻军许克祥团发动反革命政变，大肆屠杀共产党员和农协会员。王璞一家随之坠入灾难深渊。孙子刚、张桂英等成了被指名捉拿的"要犯"。父亲孙桂辛被赶回老家韶山冲租田耕种度日，忧郁成疾，几年后去世。1928年，孙子刚由党组织送往苏联（1932年牺牲），张桂英被抓去坐牢。孙子明改名孙日升去广西吃粮（当兵），孙子英到湘乡当织袜工人。10岁的王璞成为家中最大的一个孩子。面对家庭的突然变故，他从此更加发奋读书。他白天干农活，晚上带领家人读书，学习古文、唐诗，以及物理、数学、生物、地理、历史等现代知识，还学会吟诗作对。

1932年，王璞考上湘潭开办的塾师训练班，毕业后任孙氏祠小学教师。1936年,被任命为区立十八小学、区立义务小学校校长。执教期间,他倡议组织"农村小型流动图书馆"和"知识励进社"(后改名小学教育研究会),办家庭补习班,鼓励和督促弟妹亲友和一批大革命时期的战士后裔学习文化科学知识和革命理论。

二、为革命奋斗在家乡

1937年,全民族抗战爆发。1938年1月,王璞由毛特夫、胡觉民介绍加入中国共产党,后担任中共韶山特别支部委员。1938年10月,王璞任湘乡县委委员兼韶山区委书记。1939年3月,王璞任湘宁中心县委常委、组织部部长,并分管湘乡县委的工作。

1937—1938年,全党都为发展和巩固抗日民族统一战线而斗争。王璞在党组织的指导下,积极执行了这一历史任务。第一,输送一批革命知识分子去延安。第二,发展和巩固党组织。他协同中心县委办过多次党训班并讲课,还写了《怎样做群众工作》的小册子。第三,趁着全面抗战初期的有利形势,由党员和革命同志掌握12个小学的领导权。第四,利用抗敌后援会这个合法组织,组织战时工作团,为援救伤兵和长沙灾民做了许多工作。

1939年下半年,形势逆转,国民党顽固派加强反共活动。湘宁中心县委根据上级指示,及时采取隐蔽措施,有计划地转移已暴露的党员干部。王璞在执行这个任务后,1940年1月奉命与妻子贺建修一起转移到衡阳,以开烟卷店为掩护,做党的工作。

三、因身份暴露转战重庆

1940年夏,衡阳局势恶化,上级要王璞与贺建修立即转移。由于时间紧迫,王璞不得不告别妻女,只身起程赶往重庆,此一别竟成永别。王璞到重庆后,即在中共中央南方局组织部钱瑛的直接领导下,执行过一些临时任务。到过西康和昆明,他撰写的《关于西康社会情况的调查报告》受到领导的好评。

1941年夏,王璞奉调川东地区工作。他遵照钱瑛的意见,用湖南长沙一个已故商人王慕斋的名字,以经商作为掩护,先后在重庆、江北、北碚、铜梁、岳池、武胜、广安、合川、渠县、营山、达县等地从事党的地下工作。1942年,王璞任中共重庆市委书记。

皖南事变后,中共中央南方局贯彻隐蔽方针,各级党组织机构缩小,层次减少,党员减少。1943年9月,川东特委撤销,分别成立上川东地委和下川东地委,直属南方局领导。1944年,王璞任上川东地委书记。

1945年10月,根据南方局指示,成立重庆地区工人运动领导小组,王璞任组长。王璞和领导小组的同志在重庆关庙开会,确定的任务是反内战、反独裁、支持工人的合理要求,把政治斗争和经济斗争结合起来。10月和11月,重庆5万多失业工人选出代表成立失业工人请愿团,先后向政府当局请愿,提出安置和救济失业工人的要求。之后,重庆的一些工厂罢工,许多行业的工人联合发出紧急呼吁,要求和平,反对内战,这场斗争持续到1946年5月。

1946年3月,在红岩村,王璞当选为中共重庆市委书记,刘国定任副书记,彭咏梧、骆安靖任委员。

1946年4月,江北黑石子会后,在重庆市区内和一些单位建立健全了一些党组织和若干单线联系。王璞在江北、璧山、合川、铜梁狠抓清理和恢复党组织的工作。通过清理,绝大多数党员与党组织接上关系。在清理组织的基础上,为加强党在农村的工作,王璞还派大批干部到上川东,与当地干部相结合,建立铜梁、渠县、邻水等县委。

1947年2月,国共谈判完全破裂,国民党反动派到处抓捕共产党员,党的各级组织之间很多失去联系。按照原定的工作计划,王璞一方面在城市领导有联系的党组织,开展反内战、反饥饿、反独裁的群众运动;另一方面,加速开展农村武装斗争的步伐,组织大批党员干部和学校的一些革命青年,奔赴上川东的达县、大竹、广安、岳池、武胜、邻水、合川等地开展斗争。

1947年4月,在中共上海局委员钱瑛身边工作的贺明(张文澄)与中共重庆市委取得联系。王璞立即派重庆市委副书记刘国定到上海与钱瑛接上关系。钱瑛指示重庆党组织放手发展,并责成由中共重庆市委书记王璞清理川东一带(包括现在重庆所有辖区和川南地区)的党组织。5月后,王璞陆续与巴县中心县委书记萧泽宽、川南工委书记廖林生、万县地区负责人涂孝文、酉秀黔彭地区负责人邓照明(当时已到重庆)等建立联系。至此,川东各地党组织经过清理恢复,大都接上关系。

1947年7月,王璞派骆安靖到上海向钱瑛汇报工作。骆安靖带回省委联系的部分党员的组织关系,并向王璞传达钱瑛对川东党组织的意见。从带回的意见看,钱瑛对四川情况不明。1947年8月,王璞和川东有关党组织主要负责人互相交换了意见后,统一了对川东的形势与任务的认识,拟了《川东农村工作提纲》,分析了国际国内和四川农村的形势以及川东的各种矛盾,建议应尽早在华蓥山和奉(节)大(巫溪)巫(山)地区开辟武装游击根据地,牵制敌人兵力,配合人民解放军进军西南。

1947年9月,王璞赴上海向钱瑛汇报请示工作。钱瑛对王璞的报告大加赞赏,还与王璞研究川东党的组织工作和成立全川统一的党的领导机构问题。10月,王璞从上海回到重庆,传达上海局指示,成立中共川东特别区临时工作委员会(简称川东临委)①,由王璞任书记,涂孝文任副书记,萧泽宽、刘国定、彭咏梧任委员,统一领导川东地区党组织。川东临委成立后,王璞对所属党组织陆续进行清理、调整与组建。先后改组中共重庆市委为重庆市工委;撤销巴县中心县委;成立涪陵丰都特支;建立下川东地工委,驻万县;建立上川东地工委,驻广安;建立川南工委,驻泸州;建立忠(县)梁(山)垫(江)工委、南(川)涪(陵)工委等。同时,川东和重庆地区相继建立了一批县委和县级工委、特支。

在川东临委的领导下,第四工委(合川工委)迅速对合川地区的党组织进行清理整顿。在1947年11月,合川存在着金子区委、合川特支两个平行的党组织②,他们隐蔽在各自的区域开展工作。其中,金子区委下属金子乡十三保总支、金子特支和二郎庙支部,其基层组织从金子扩展到古楼、七间、肖家等乡及武胜、岳池县境内,党员发展到100多人。合川特支下辖合川中学支部、妇女支部、沙溪支部等。1948年1月,北碚地方党组织所辖的"北区工委"在草街建立草街支部,有15名党员。1948年3月,合川特支改建为合川县临委,下辖基层组织增设到20多个,发展了一大批党员。此外,按照当时组织纪律,党员转移后实行转地不转党,还有些只对某一人负责的特殊党员在隐蔽中保存实力。

---

① 杨联欧:《解放战争时期中共合川地方党组织概况(1945.8—1949.12)》,载《合川党史资料汇编·第二辑(1945—1949)》,1987年版,第2页。

② 杨联欧:《解放战争时期中共合川地方党组织概况(1945.8—1949.12)》,载《合川党史资料汇编·第二辑(1945—1949)》,1987年版,第3页。

四、筹备川东武装起义

王璞根据实际情况,把武装起义的重点放在农村,发动农村武装斗争,准备于1948年12月在上川东的华蓥山地区和下川东的奉(节)大(巫溪)巫(山)等地发动全川东大起义。1947年11月下旬,王璞派彭咏梧代表临工委和下川东地工委,到云阳、奉节、巫山、巫溪等地组织武装起义。他自己深入华蓥山地区武装斗争的心腹之地——广安。

1947年冬,王璞到广安后,积极筹备武装斗争。以广安、武胜、岳池、合川、渠县、邻水、大竹为武装起义的第一线,梁山、垫江、江北、营山、铜梁、南充、潼南等为第二线。如一线起义成功,二线立即响应;如一线失败,二线负责善后工作。为加强一、二线的联系,在合川县金子、云门、龙市、兴隆、小沔、二郎等乡镇直至岳(池)武(胜)边境,建立党的支部。在县与县的接合地区,如龚滩,广(安)岳(池)交界的枣桑铺,建立联络站。

1948年初,王璞向华蓥山地区县级工委以上的干部做了《关于目前形势和上川东党的任务》的讲话,号召共产党员、武工队员积极做好武装起义的准备工作。他的讲话精神很快传达到华蓥山地区。党的各级组织利用各种机会发展"生期会""姐妹会""转转会",建立大批秘密农会和"三抗队""武工队"。

各地党组织有军事技术的同志去当地方自卫队长,掌握枪弹。同时,发展有影响力的为地方绅士背"棒棒枪"的秦华、贺天泽等人加入共产党。为筹集经费,大批党员节衣缩食,有的甚至变卖家产,凑钱购买枪支。王璞还从重庆调来几名有造枪技术的工人党员,在广安天池山上设厂。白天打锄头、镰刀,晚上修造枪支,为起义做准备。

第四工委(合川工委)按照川东临委指示,积极发展武装。到1948年初,金子区委已建立起金子沱、龙多山两支武工队,有400多人枪的武装。合川县临委在渭沱、太和、尖山等地发展武工队员100余人。草街支部则组织起200余人的武装。

上川东第一工委[又称邻(水)大(竹)工委]所属地区的大竹、邻水、渠县、垫江、达县在华蓥山的东侧,这里的党组织建立较早。1947年12月,王璞到第一工委时,发现那里地势险峻,民不聊生,又是反动统治的薄弱环节,是实行武装起义的好地方,于是号召第一工委首先举起义旗,为华蓥山武装起义打响第一枪。不久,虎城、南岳等乡起义,夺取了政权。大竹起义,一举占领了张家场。

1948年初,国民党反动派调来优势兵力几次对张家场、杨通乡进行"围剿"都未成功。为了保存实力,王璞当机立断,指令游击队员迅速转移。

五、千方百计保护党组织

共产党员唐国宾是岳池回龙中心小学校长。回龙已经成立地下党支部,"生期会"会员发展到数十人。王璞到来后,经常向党组织成员宣传共产党的方针政策和革命精神。通过查看地形,王璞发现唐国宾家附近的三元寨、袁家寨、打锣寨,地势高,形势险要,是练兵的好地方,就将其建成练兵场。

1948年农历五月下旬,岳池得到密令,上级要求各县成立"清共"委员会。乡长刘大本将消息透露给唐国宾,唐国宾向王璞做了汇报。

随后，县长密令成立"清共"委员会。王璞要求唐国宾、杨世银打进敌人内部。后来，刘大本担任回龙"清共"委员会主任委员，唐国宾任副主任委员，杨世银等当了委员会的干事。因此，王璞对敌人的情况了如指掌。王璞要求唐国宾加速准备，放手发动群众，"土地会""雷神会"很快分别发展到100多人；同时，王璞利用晚间抓紧向游击队员传授武装探信、战略技术等。

1948年4月，《挺进报》事件发生，原中共重庆市委负责人刘国定、冉益智叛变[①]。国民党利用叛徒，妄图将川东党组织成员一网打尽。4月底5月初，王璞与萧泽宽在璧山、铜梁紧急会晤，研究上川东党组织的疏散和继续开展斗争的工作，初步确定由邓照明处理重庆党组织的善后，同时鼓励能够在重庆隐蔽下来的同志，扎根重庆，积蓄力量。6月中旬，2人在合川碰面，继续研究如何应对党组织被破坏的情形、如何向上海局汇报以及广安、华蓥山地区要不要发动武装起义的事情。7月，重庆行营二处的特务在广安、岳池、武胜、南充等县抓捕共产党员和进步人士。王璞日夜奔忙，在上川东各县布置应变，安排与刘国定、冉益智等有联系的干部转移隐蔽，千方百计保护党组织，保护同志们的安全。

《挺进报》事件中，先后被捕的党员干部共有133人，其中上下川东41人。川东临委党组织遭到极大破坏，仅存书记王璞、秘书长萧泽宽。一时之间，上川东党员干部及进步群众突然暴露在敌人眼前，就连王璞、萧泽宽的通讯员也被敌人捉去，形势十分严峻。为了使党组织少受损失，王璞加紧举行起义的准备工作。安排回龙支部加紧准备枪支弹药，他则到武胜、合川组织武装队伍。

[①] 中共合川区委党史地方志办公室：《中国共产党重庆历史·合川区卷》，重庆出版社2011年版，第64页。

六、提前打响川东武装起义

1948年7月4日,王璞在岳池罗渡与中共川东各工委负责人开会研究年底大起义问题时,地工委委员骆安靖被捕叛变,大量党组织遭到破坏或暴露,难以隐蔽。随后,王璞在岳池罗渡召开第七、第八工委负责人紧急会议,决定提前发动华蓥山周围数县联合起义,以武装斗争反对国民党的逮捕和"围剿"。会议决定打出"西南民主联军川东纵队"的旗号,司令员借用王维舟的名义,由曾霖实际负责军事指挥,王璞任政委,各起义地区按党的工委编号成立支队①。以五支队主力首先在代市、观阁举行起义,起义后向广安发动进攻,占领广安县城。以七支队进驻广安枣山铺,以八支队占据广安岳门铺,阻击从重庆、合川、南充来的援敌。王璞到合川金子沱,与陈伯纯一起带领四支队,接应其他各支队共2000余人会师于岳池的金城山。

五支队原定一总队300余人于8月12日在代市、观阁举行武装起义。8月10日上午,代市特支书记被捕,曾霖、谈剑啸等决定代市起义提前。队员不经请示,擅自行动,引起敌人"围剿"。原定计划被打乱,起义队伍被迫上山,与组织失去联系,处境困难。9月7日,部队被迫解散隐蔽,代市起义失败,曾霖、余汉邦等撤回重庆。8月12日,五支队的另一部分武装力量200余人由杨玉枢、刘隆华、陈伯纯、陈尧楷、王兆南等率领在观阁发动武装起义。8月16日,队伍在丁家山被敌人包围。激战半日,部队失散,一部分转战大竹,一部分留在广安,观阁起义失败。

八支队400余人原计划分3个大队于8月16日在武胜三溪发动武

---

① 中共合川区委党史地方志办公室:《中国共产党重庆历史·合川区卷》,重庆出版社2011年版,第64页。

装起义。1948年7月25日,队员试枪暴露秘密,领导人蔡依渠、蒋可然一度被敌人拘留。临起义时,集中武装150余人,编为3个中队,计划于8月16日在三溪黄明桥集结。因一中队未能按计划与二、三中队会合,8月17日,与乡丁发生激战,势单力孤,又与领导人蒋可然联系不上,只好分散隐蔽,八支队起义失败。

8月22日上午,七支队300余人在岳池县伏龙乡发动武装起义。8月29日晚,刘石泉率合川肖家起义队伍与张蜀骏部在武胜县乐善乡水洞湾刘家院子会师,两支队伍达400余人。8月30日,七工委书记徐庶声、副书记刘石泉对部队进行整编,留下200余人枪,由张蜀骏任司令员,杨奚勤任政委,徐庶声任参谋长,刘石泉任政治部主任。下设4个中队和1个警卫队,以杜文举为第一中队队长,陈茨亨为第二中队队长,赵克家为第三中队队长,王建明为第四中队队长;同时设立警卫队,以秦耀为警卫队队长,王敦为副队长,邓万勋为指导员。当时,乐善驻有"内二警"两个中队,七支队决定攻打乐善,夺取枪支。下午4时,就在七支队撤回岗哨,集结队伍准备出发之时,刘家院子突然被奉命前来镇压的"内二警"部队包围。起义军仓促应战,杨奚勤阵亡,陈茨亨受伤牺牲。队伍战斗至天黑,在突围时被敌人打散。张蜀骏、秦耀率余部回金子沱寻找四支队未果,只得转战华蓥山,七支队起义失败。

8月12日、16日、21日,五支队、八支队和七支队先后在岳池观阁、武胜三溪和岳池伏龙发起武装起义,均未成功。8月21日晚,王璞连夜来到合川金子沱召开紧急会议。会议决定陈伯纯为四支队司令员,王璞兼政委,草拟了起义宣言、标语、口号,确定了集中队伍起义日期等事宜。随即通告群众:"本军已经起义,誓为打倒蒋介石匪帮,彻底解放国民奋斗到底。"[①]

---

① 《西南民主联军川东纵队第四支队宣言》,载《合川党史资料汇编·第二辑(1945—1949)》,1987年版,第265页。

1948年8月25日,金子沱武装起义爆发,王璞率华蓥山纵队四支队攻下武胜真静、合川金子两乡,26日打退武胜县警察中队,28日到达大龙山,30日与三溪起义部队会合,进驻黄花岭,31日击溃南充县警察队及岳池自卫队的进攻,击毙警察局局长林廷极,打退敌人进攻,迫使敌军撤退。9月2日,第八支队与第三、第四支队在岳池三元寨会合。当晚,王璞召开干部会议,决定将岳池、合川、武胜三个县的游击队伍统一编制为西南民主联军川东游击纵队,以王璞为政治特派员兼政委,陈伯纯为司令员兼副政委,王屏藩任副司令员兼前线指挥部指挥,蔡依渠任政治部主任,罗永晔任组织科科长。纵队下设三个大队和一个突击队。①9月3日,国民政府内政部第二警察总队,以及南充、岳池、武胜、广安等县自卫队2000多人,向起义军合围"清剿"。经过一天顽强战斗,为保存实力,王璞率队于当晚脱离包围,安全转移。9月4日,到达金城山半山腰。此时金城山漫山遍野全是国民党军警,起义部队不敢露面,只好向武胜、合川边界群众基础较好的地方撤退。9月7日,在武胜石盘乡木瓜寨,又被"清剿"部队包围。打退敌人追兵后,王璞召集会议,研究对策,因身边的战士擦枪走火被射中腹部,不幸牺牲。王璞牺牲后,游击队员十分悲痛,将王璞的遗体抬往寨下一尊石下的岩洞里安放。队员们轻装突围,全部安全撤退。后来,敌人发现王璞的遗体,割下脑袋挂在上场口的杨槐树上。群众万分悲痛,悄悄地将烈士的遗体掩埋在杨槐树下。

新中国成立后,中共重庆市委和武胜县委将王璞的忠骨移至武胜县城东岸的山巅上安葬,修建烈士陵园,立碑旌表,以志不朽!

（作者单位:合川区党史地方志研究中心）

---

① 中共合川区委党史地方志办公室:《中国共产党重庆历史·合川区卷》,重庆出版社2011年版,第66页。

参考文献

1. 中共合川区委党史地方志办公室：《中国共产党重庆历史·合川区卷》，重庆出版社 2011 年版。

2. 中国人民抗日战争纪念馆：《抗战英烈谱》，团结出版社 2016 年版。

3. 四川省岳池县志编纂委员会：《岳池县志》，电子科技大学出版社 1993 年版。

4. 中国人民政治协商会议四川省武胜县委员会文史工作委员会：《武胜文史》（第二辑），内部资料 1989 年版。

5. 中国人民政治协商会议四川省武胜县委员会学习文史资料委员会：《武胜文史》（第十一辑），内部资料 2006 年版。

南浦芝兰何其芳

——何其芳传略

◎ 中共万州区委党史研究室

何其芳（1912—1977），原名何永芳，又名何季芳，四川省万县（今重庆市万州区）人，著名诗人、散文家、文学评论家、红学家。1926年，何其芳离开万县，先后前往重庆、上海、北京求学。1935年，北大哲学系毕业后，曾在天津、山东莱芜和四川万县、成都等地教书。1938年，辗转到延安，同年加入中国共产党，任延安鲁迅艺术学院教师、文学系主任。1945年，到重庆开展文化统战工作，并担任《新华日报》社副社长、四川省委宣传部副部长。解放战争初期曾任朱德同志的秘书。新中国成立后，负责筹建中国文学研究所，历任副所长、所长，中国作家协会书记处书记，第三届全国人大代表，第一、二、三届全国政协委员。1977年，病逝于北京。

一、走出夔门寻真理

何其芳,1912年生于四川省万县河口乡割草坝一户耕读传家的殷实人家,四五岁时在家中读私塾,并开始阅读中国古典小说。1926年在万县读了一学期高小后考入万县中学(现万州一中),震惊中外的万县"九五"惨案即在此期间发生。当时的万县中学正处于"九五"惨案发生的长江沿岸附近,何其芳和同学们被枪炮声震得不敢走出户外。第二天,何其芳和同学们相约去了遭炮火重轰的南津街,目睹了满街的瓦砾、灰烬。英帝国主义的侵略和杀戮,激起了何其芳和同学们极大的愤慨。

在万县中学时,何其芳开始接触中国现代文学。万县师范和万县中学是当时万县最有影响力的两所学校,1928年春,因两校间的相互倾轧、争斗,引发了撤换校长风潮。何其芳也卷入其中,参与了"驱赶校长"的活动,后被军阀抓捕、关押。获释后,以为并无大事的何其芳与许多同学一起被当局开除。本来就反对何其芳进入新学的祖父、父亲闻讯大怒,让母亲把他捉回去严加管束,可何其芳却逃到了外祖父家。等母亲从乡下追到县城时,只见到了他留下的一封长信。此时的何其芳和几个被开除的同学,先从万县步行至涪陵,然后从涪陵乘木船到重庆,进入重庆江北私立治平中学读书。放假回家,祖父、父亲见了他带回去的品学兼优通知书,高兴之余才不再提及被万县中学开除之事。

从治平中学初中毕业后,父亲要何其芳留守家业,他却要继续求学。父亲终于妥协,但要他去北平读高中,因为何其芳的二外公在北平,好有个照应。可何其芳却和方敬、孙琴侠等同学相约去了上海,并考入上海吴淞中国公学预科。愤怒的父亲不再给他寄钱,何其芳的弟弟、妹妹得知后常把自己的压岁钱寄给他。在上海,何其芳开始阅读大量的欧美文学作品,莎士比亚的《暴风雨》、易卜生的《玩偶之家》开始进入他的视野。同时,何其芳喜欢上了闻一多的新诗和一些政论文章。也是在这时,何其芳开始尝试写新诗和小说。在校园内他便用笔名向沈从文、郁达夫老师请教,沈从文回信说:"……要多读上乘作品,学会观察人生、体验生活,写自己熟悉的生活,一定能走出自己成功的道路来。"接着何其芳便用家乡在中秋节晚偷农作物的习俗做素材,写了一短篇小说《摸秋》,在当时很有影响的《新月》杂志上发表,同期发表的还有胡适、徐志摩、丁西林、沈从文、凌叔华等大家的作品,这无疑给予了他更大的创作动力和激情。在中国公学,何其芳完全沉醉在诗歌中,读诗、写诗几乎占用了他课余的全部时间。他的诗歌多在大学生办的同人小报《中公三日刊》发表。

1930年夏,何其芳报考了北大、清华这两所中国的著名高校,并被同时录取。因仰慕朱自清先生的文名,何其芳进入了清华大学西洋文学系学习。入清华不到一学期,清华校方却在清理文凭时,发现何其芳没有高中毕业证,因而清退了何其芳。

二、冉冉升起的文坛新星

搬出清华园后,何其芳住进了北京的夔府会馆。夔府会馆是由清朝末年封爵的夔府人鲍超捐资兴建的,专供进京投考的四川籍仕子居住。在夔府会馆,何其芳与同样寄居在此的四川同乡杨吉甫合议办个刊物来打发日子,便想到万县城下游的一个碛坝——"红砂碛",并以此做刊名。《红砂碛》第一期刊登了何其芳、杨吉甫、左蜀泉3个万县老乡的创刊词、诗歌、散文、小说。1931年夏,在清华学长曹葆华的帮助下,何其芳进入北大哲学系学习。

在北大学习期间,何其芳完全沉浸在诗歌创作的愉悦之中,并写下《预言》《脚步》《秋天》等大量诗作。这些诗作收编于其和卞之琳、李广田3人合出的诗集《汉园集》中,因此他们被称为"汉园三诗人"。《汉园集》虽然篇幅不大,却产生了相当广泛的影响。当时的评论说:他具有震颤的灵魂,将心思呕成诗行。每个诗行都像被夕阳燃烧了半个天时所呈现出的金色、红色与紫色。在北大期间,何其芳也创作有大量的散文,如描述北平街头的荒凉和他自己心境的《黄昏》,以家乡生活经历见闻为题材的《墓》《伐木》《哀歌》。这些散文后来在巴金的指导和帮助下,作为文学丛刊编成散文集《画梦录》。《画梦录》在1937年由杨振声、朱自清、朱光潜、叶圣陶、巴金、靳以、李健吾、林徽因、沈从文、萧乾、凌叔华等组成的裁判委员会评审,被授予《大公报》文艺奖,同时获奖的还有曹禺的戏剧《月出》、芦焚的小说《谷》。《画梦录》是何其芳散文的代表作,也是能反映当时中国散文成就的优秀作品。主持评选的萧乾代表评选委员会对《画梦录》做出如下评价:"在过去,混杂于幽默小品中间,散文一向给我们的印象是顺手拈来的即景文章而已。在市场上曾经走过红运,在文学部门中,却常为人轻视。《画梦录》是一种独立的艺术制作,有它超达深渊。"《画梦录》出版后,好评如潮:李心影说她如"一湖澄静的绿波,波面流着青色的幽辉"。李健吾称:"何其芳是一位自觉的艺术家,《画梦录》是别自开放奇花异朵……何其芳先生是一位哲学士,我们会惊叹他的艺术的禀赋。没有文章比他的更少浅显的逻辑,也没有文章更富美好的姿态……实际上他不仅是一个作家,而音乐家、雕刻家,都锁进他文字的连缀,让我感到他无往不可的笔尖,或者活跃的灵魂……"《画梦录》风靡一时,成为当时散文的经典。1935年,沈从文得知成名的散文家何其芳就是当年在上海公学时用化名向他求教的预科学生后,还写了诗歌《何其芳的浮雕》赞扬何其芳诗歌和散文的精美。文怀沙先生2009年时还称"何其芳把散文写到极致"。后来成集的《刻意集》《月夜歌》都是何其芳20世纪30年代去延安前的作品。一颗文坛新星冉冉升起。

三、奔赴延安投身民族解放洪流

　　1935年秋,何其芳北大毕业后,由靳以介绍去天津南开中学教书。当时日本以保护侨民为由向华北大量增兵,天津爆发了万人反日游行,南开中学的师生也积极参加。何其芳因未按校长的命令对学生"严加训斥"而被南开中学以"鼓动学潮"的罪名解聘。1936年暑假结束后,由进步学者、莱阳简易乡村师范学校校长吴伯箫邀请,何其芳到该校任教。

　　1937年夏,何其芳受聘于四川省立万县师范学校教书。由于战事的影响,无法买到教材,何其芳便自己编选教材,以满足教学需求,还指导学生练习文学创作。其间,和杨吉甫一道受邀同编《川东日报》副刊《川东文艺》,刊载以抗战题材为主的作品。

1938年初,何其芳在家乡目睹了社会上吸毒、酗酒、打牌等恶习,他非常不满,加上因主办《川东文艺》遭到当局的通缉,便怀着悲愤与失望离开家乡去了成都,进入成都联合中学教书。在成都与卞之琳、方敬合办了宣传抗战、传播新文化、针砭时弊的《工作》期刊。在成都,何其芳写下了《成都,让我把你摇醒》,诗中流露出作者对黑暗的诅咒,对光明的呼唤,引起广大读者的共鸣,成为广为传诵的名篇。

1938年7月,何其芳决定与沙汀等结伴去延安。8月启程,沿途历经千险,在进入陕西宁羌(现宁强)时,遭到了国民党宪兵的盘查,幸好有他们预先准备的去投川军李家钰部的护照做掩护才得以脱身。经过10多天的辗转颠簸,终于到达延安。到延安后受到主持陕甘宁边区教育厅工作的周扬的接见,在那儿了解到当时文化界的任务是要适应抗战,要大众化、中国化。

1938年9月初,何其芳等3人接到通知,毛泽东要接见他们。在延安的窑洞里,毛泽东同志接见了何其芳、沙汀、卞之琳,并指示他们:文艺工作者应该到前方去。还用自己上井冈山的变化鼓励他们,从大城市来的青年要尽快适应延安的生活,让何其芳几人很受鼓舞。初到延安,何其芳感到一切都很新鲜,思想发生了很大变化。何其芳在给父母亲的信中写道:"……这一段的学习中,我的心里不知起了多少次变化,有时急得我说不出话,睡不着觉,吃不下饭……我的身体是消瘦了一些……但对我今后走的道路更清楚……"在延安短暂学习后,何其芳被组织分配到鲁迅艺术学院做教员。1938年10月,广州、武汉相继陷落,何其芳怀着无比愤激的心情写下诗歌《大武汉的陷落》。1938年11月,何其芳加入中国共产党。同年11月,何其芳带领鲁艺学员到前线实习,并留在八路军一二〇师司令部工作。1939年7月,何其芳重新回到鲁艺,1940年担任鲁艺文学系主任。在鲁艺,何其芳先后选拔培养出冯牧、贺敬之、戈壁舟、穆青等一大批文学青年,这些人后来都成了在中国现代文学史上占有一席之地的大家。同时又写出《黎明》《河》《我为少男少女们歌唱》《生活是多么广阔》等讴歌新生活,激发人们向往新生活,热爱新的现实的激情诗篇。1978年,两位40年代去延安的老乡回故乡时还说,当年他们读了何其芳的诗后,更坚定了去延安的信心。1942年4月27日,何其芳接到中央办公厅请柬,参加了"交换对于目前文艺运动各方面问题的意见"的座谈会,即延安文艺座谈会,并先后3次参加座谈,聆听了毛泽东主席"文艺为什么人服务"的指示和"中华民族是一个伟大的民族,应该对于人类有较大的贡献"的教导。何其芳在5月16日的座谈会上做了"小资产阶级知识分子的灵魂是不干净的。他们自私自利、怯懦、脆弱、动摇,听了毛主席的教诲,我感到自己迫切需要改造……"的发言。投身到民族解放的洪流后,何其芳这个热血澎湃的诗人,从痛苦、彷徨、顾影自怜华丽转身,成长为民族解放冲锋陷阵的文化战士。

四、两度担任延安派往重庆的文化使者

1944年5月,中共中央决定派何其芳、刘白羽到重庆去,传达延安文艺座谈会精神。到达重庆后,他先与郭沫若详谈了延安文艺座谈会情况,还着重介绍了毛泽东同志《在延安文艺座谈会上的讲话》的内容。随后郭沫若亲自主持座谈会,请何其芳、刘白羽传达毛泽东同志《在延安文艺座谈会上的讲话》精神,畅谈延安文艺运动情况。

何其芳还多次参加重庆文化界工作会、座谈会,交流延安、重庆的抗敌文化运动,共同讨论如何开展国统区进步文艺活动问题。在重庆,何其芳还热情接待来请教的文学青年。

1945年1月,中央调何其芳回延安工作。随即中宣部安排何其芳向毛泽东主席汇报工作。毛泽东主席对何其芳说:"听说重庆留你工作,延安又要你回来,……一个革命干部既要有松树性(原则性),又要有柳树性(灵活性),你这个同志就是柳树性多的同志吧。"不久,何其芳又得到了周恩来副主席的接见,周副主席亲切询问了他在重庆曾家岩50号住了几个月,看到些什么问题,有什么建议等。

1945年8月,中央再次调何其芳到重庆工作,何其芳到重庆八路军办事处时,毛泽东主席正在参加重庆谈判,住在重庆八路军办事处。一天晚上,毛主席让何其芳去接郭沫若、茅盾来谈话。谈话间,毛泽东向郭、茅介绍何其芳时说:"何其芳同志有一个优点,认真。"1946年,重庆政治协商会议后,中国共产党在重庆设立公开的四川省委机关。何其芳任南方局文化委员会委员,四川省委候补委员、委员、宣传部副部长,《新华日报》社副社长,中华全国文艺界抗战协会重庆分会负责人。在重庆何其芳以《回忆延安》为总标题,撰写了许多赞美延安的短文,刊在《新华日报》上,让国统区的广大人民进一步了解延安,体现了作为延安文化使者的真正价值。何其芳在重庆还接办了《联合特刊》,参与《新华日报》《萌芽》等报刊工作。用诗歌作桥梁,团结、指导沙鸥、野谷等文学青年迈进了文学殿堂。

1946年6月,解放战争全面爆发,何其芳留在重庆坚持工作,并按照省委的指示委托亲友将妻子和两个孩子送回万县老家,自己最后一批随吴玉章等撤回延安。延安保卫战打响后,中共中央撤出延安,何其芳调入晋绥中央城工部工作。1947年10月,何其芳担任朱德总司令的秘书。1948年11月,何其芳调入中央马列学院当国文教员。这年除夕,何其芳到西柏坡中央机关会餐,见到毛主席,毛主席走到何其芳面前,风趣地说:"何其芳,你的名字是个问号。"

五、组建文学所献身文学研究

1949年春,何其芳随中央马列学院进入北京。何其芳参加了开国大典,并观看了盛大的阅兵式。毛主席庄严的宣告,催生了他的诗情,写下了新中国成立后的第一首诗《我们最伟大的节日》。

1952年的一天,胡乔木、周扬传达周恩来总理的指示:成立中国文学研究所,让郑振铎、何其芳做筹备工作。1953年2月22日,经中央人民政府政务院文化教育委员会正式批准成立文学所,任命郑振铎为所长,何其芳为副所长,由他主持文学所日常工作。何其芳精心筹划,把国内一大批顶尖学者俞平伯、钱锺书、毛星、朱寨、余冠英、罗大冈、卞之琳、李健吾、杨绛、曹葆华、戈宝权等调到文学所来,开始了新中国恢宏的文学研究。

1953年5月,何其芳完成了他的第一篇古典文学论文《屈原和他的作品》,和游国恩、余冠英逐字逐句讨论《诗经》。在《论"红楼梦"》中对《红楼梦》做了全面精细的思想艺术分析,对其中一些主要人物典型给了准确的评价,其主要见解,充分而全面地展示了他的才情与学力、学风和品格,是其文学研究的一个制高点,代表了当时及以后相当一段时间内红学研究的最高水平。对新中国成立后的红学研究产生了广泛而深远的影响。在《论阿Q》中他提出的"典型共名说"是他对马克思主义美学中现实主义典型理论的创造性发挥,《论阿Q》是最能体现他的学术和理论贡献的论文。

在诗歌理论与创作方面,何其芳提出建立中国现代的格律诗,提出"现代格律诗,只是押大致相同的韵就可以,可以少到两行一换韵,四行一换韵"的观点。

何其芳还主持创办了《文学评论》《文学遗产》《文学知识》《文学研究集刊》等大型文研期刊,对这批刊物提出了:"要组织一些有世界性的文章……"1959年7月,为迎接新中国成立十周年,他组织人员撰写了《新中国十年文学》,"由于政治原因,直到1963年才出版,并改名为《十年来的新中国文学》"。

1959年,中央书记处布置文学所选编《不怕鬼的故事》,毛主席让何其芳亲自写序,并对序言做出多处修改。1961年2月,该书由人民文学出版社出版。何其芳还主持编定了《外国文学名著丛书》120种。组织编纂了《中国文学史》,为这部集体著作奉献了多年的心血和超人的智慧。

何其芳十分重视人才培养,他还在中国人民大学开文学研究班并亲任班主任,还为研究班学员开出必读书目300余种。在他的关心指导下,文学所培养出蒋和森(著名红学家、古典文学研究家)、何西来(曾任文学所副所长、《文学评论》主编)等一批中国文学研究的中坚力量。

正当文学所事业如火如荼之际,史无前例的"文革"来临。何其芳受到冲击,在拳脚相加的批判会上,他始终不承认是反党分子。1969年,何其芳被送到河南五七干校养猪两年半后,经周恩来总理批准重返北京,恢复了组织生活,重返领导岗位。在此期间写下《自嘲》《忆昔十二首》等诗歌。

1976年10月,粉碎"四人帮"后,何其芳连续3天参加庆祝游行。

在粉碎"四人帮"之后的短短几个月内,他除了组织文学研究所的同志们写文章声讨、批判"四人帮"之外,他自己又写长诗,又写批判文章,又写回忆录,又写怀念老一辈无产阶级革命家的文章,达十几万字。发表出来的,计有《毛泽东之歌》《回忆周恩来同志》《回忆朱总司令》《怀念贺龙同志》等。

1977年7月24日,何其芳因病在北京逝世,享年65岁。

参考文献

1.卓如:《何其芳传》,中国三峡出版社2012年版。

2.尹在勤:《何其芳评传》,四川人民出版社1980年版。

3.贺仲明:《喑哑的夜莺——何其芳评传》,南京师范大学出版社2004年版。

红色巾帼饶国模

◎黄 鲲

　　饶国模（1895—1960），字范英，又名绍文，四川省大足县云路乡（今重庆市大足区国梁镇）人。1912年，在铜梁女子中学毕业后，就读于成都益州女子师范学校。1915年毕业后，先后在铜梁、威远等地任教。1922年，随夫携3个子女迁居重庆。20世纪30年代初，饶国模以积蓄买下重庆化龙桥附近红岩嘴200多亩贫瘠的荒坡地，创办"大有农场"。1939年，饶国模成为中共中央南方局和八路军驻重庆办事处的"房东"，她"款客栽花种竹"，而使中共中央南方局和八路军驻重庆办事处在"红岩托足少栖惶"。

一、从传统女性到新女性

饶国模出生于一个思想进步的知识分子家庭。她的父亲饶树奇饱读诗书、满腹经纶,但屡试不第;大哥饶国栋,是老同盟会会员;二哥饶国梁是黄花岗七十二烈士之一。饶国模从小熟读四书五经,然而她并没有满足于旧学,先后在大足县云路乡小学、铜梁县女子中学接受新学。饶国模在青少年时代,就深受革命思想熏陶,特别是饶国梁的革命事迹和所留下的一些气壮山河的诗篇,深深地影响着饶国模后来的成长。

1912年,饶国模满怀理想,远赴成都一所进步的女子学校——益州女子师范学校,去追求新思想,接受新文化。在其校长、同盟会员崔觉民的影响下,她接受男女平等、婚姻自由、妇女应求得自身解放等进步思想,并身体力行。饶国模认识到,妇女在社会上应有自主权利,不应有依赖思想,要靠自己勤劳的双手创造生活。特别是她得知女中豪杰秋瑾的事迹之后,更加坚定了意志,认定男子能做到的事,女子也同样能做到。在成都益州女子师范学校读书期间,她与成都高等工业专科学校的学生刘国华勇敢地冲破封建婚姻习俗,自由恋爱,并于1915年毕业后自主结婚。这时的饶国模,满怀"教育救国"的理想,先后在威远和铜梁等地任教,从事体育、物理、家政等学科教学工作。

二、从新女性到实业家

1922年,因丈夫刘国华在重庆铜元局工作,饶国模随夫携3个子女到重庆居住,过上相夫教子的家庭生活。然而,妇女独立自主的观念她并未淡忘,反而随子女的成长愈加强烈。1924—1925年,饶国模在北碚经营煤业,任职主干。1926年,参加重庆市妇女界组织的"各界妇女联合会",她担负组织部的工作。1928年,饶国模与几个女性朋友成立"上海女子工业社四川分社"(总部在上海),并任经理。该社主要批发销售妇女所需的工业用品,其店员都是妇女,解决了一些妇女的就业问题。

20世纪20年代末期,四川军阀为了筹集军饷以扩充自己的实力,在"开发重庆"这个诱人的口号下以低廉的价格抛售四郊无主荒地。经过只身踏勘,1930年,饶国模怀着"实业救国"的理想,用自己通过经营活动积攒下来的一笔钱,买下重庆化龙桥附近红岩嘴200多亩贫瘠的荒坡地,创办了"大有农场",主要种植、经营各种果树及花木。那时,红岩嘴一带人烟稀少,直到抗日战争全面爆发后,重庆成了国民政府的"陪都",附近居民才逐渐增多起来,成为后来的红岩村。

三、从实业家到党的支持者

1931年,日本帝国主义侵占我东北三省。1932年,又挑起淞沪战争,再向华北咄咄进逼。饶国模和一切不愿做亡国奴的中华儿女一样,忧心于国事,曾捐款支援东北义勇军,积极参加抗日爱国活动。她的弟弟饶国材(作宾)1936年在成都加入中国共产党;侄女饶友瑚是当时重庆市学联的成员,也于1937年在上海加入中国共产党。受他们的影响,饶国模对共产党逐渐有了认识。1938年初,全国各地相继成立妇女慰劳会,广泛发动妇女群众缝制背心慰劳前方抗敌将士,创办战地救护训练班,还募捐支援八路军。饶国模是重庆妇劳会的委员兼劳动部部长,共产党员陈奇雪也在妇劳会中。

在这期间,饶国模的三个儿女都秘密加入了中国共产党。一些进步青年、地下党员常到她家进行革命理论的学习和讨论,也常带来党组织办的书报杂志。她平时粗茶淡饭,生活十分俭朴,但对这些青年朋友总是热情款待。当她发现儿女们都已走上革命道路时,十分高兴,并尽可能地掩护他们的秘密活动。后来,女儿刘纯化、儿子刘圣化经组织决定派遣先后去延安学习,儿子刘参化经组织决定派遣去新疆学习,饶国模都高兴地为他们送行。

1939年春,地下党川东特委兼重庆市委书记廖志高直接领导重庆高工校党支部。他到饶国模家给高工校的几个党员上党课。党课结束后,廖志高同志巡视住宅周围的环境,认为这里偏僻、幽静,离城较远,有利防避空袭。他知道饶国模是党的同情者,郑重地对饶国模的儿子刘圣化说,要把几位党的领导同志尽快地隐蔽到饶家来,同时考虑在红岩嘴建造八路军驻重庆办事处的房屋。饶国模知道这是直接支持共产党和八路军,便欣然同意了。

两三天后,八路军驻重庆办事处处长钱之光、副处长周怡来红岩嘴察看地情,与饶国模谈得非常融洽。对他们提出的要求,饶国模满口应承。"红岩"就这样翻开了新的一页。

四、从党的支持者到党的工作者

1939年4月,在红岩嘴农场隐蔽居住的有董必武、何莲芝、博古、凯丰等同志。周恩来、邓颖超也常来这里。饶国模拿出积蓄,以她自己建房的名义,为新建八路军驻重庆办事处划出土地,购买建材,雇用工匠。房屋建设完全按照周恩来同志审定的设计图施工。

1939年5月3日和4日,日本帝国主义以百余架飞机组成编队连续对重庆狂轰滥炸,设在机房街(今渝中区五一路)70号和棉花街的八路军驻重庆办事处被炸毁。八路军驻重庆办事处工作人员连夜转移至红岩嘴农场时,饶国模除让出一栋瓦房及草房外,还帮助他们搭建了一些临时的棚房,使他们全部得以安置下来,并为他们烧水做饭,热情款待。

不到半年时间,1939年秋,一幢砖木结构3层楼房建成,中共中央南方局、八路军驻重庆办事处迁至红岩嘴13号办公。1945年,毛主席到重庆谈判期间,也住在这栋楼房里。这栋外表简朴的建筑,成了中国共产党抗日战争时期和解放战争初期在国民党统治区域里的指挥场所。

从那时起,饶国模与八路军驻重庆办事处的同志同安危、共患难,结下了深厚的友谊。为了应对国民党的刁难迫害,她学会了随机应变。在办事处迁到红岩嘴后,有特务去家里责问她,她不慌不忙地拿出预先准备好的"租约"说,他们出钱我就租给他们,再说现在不是讲团结抗战吗?特务无言以对,灰溜溜地走了。实际上,办事处在红岩嘴8年,她一分房租也未收过。

饶国模不仅经常给办事处的同志送蔬菜、水果,还帮助建立托儿所,帮助出差的同志照顾小孩。有的地下党员初次来到办事处接头,常常是先到饶国模家，然后经办事处来人了解，再带进办事处。周恩来同志的父亲周贻能、邓颖超同志的母亲杨振德住到红岩以后，饶国模曾尽力照料。1939年，黄文杰同志患副伤寒，因躲空袭进防空洞受凉，不幸牺牲。饶国模就在小龙坎福元寺拨出一块地作为墓地。后来，周恩来同志的父亲、邓颖超的母亲，以后李少石、边爱莲、饶友瑚（饶国模的侄女、共产党员）等12位同志和两个小孩都埋葬在那里（1958年根据周恩来总理的指示，已将全部遗体火化，骨灰深葬，墓地已作公用）。1940年，著名电影演员陈波儿等6人等待去延安，曾以"客人"的名义住在饶国模家里。皖南事变后的两三个月，办事处经济十分困难。饶国模除了拿出自己的积蓄，还四处张罗借钱，使办事处渡过难关。不但如此，就连八路军驻重庆办事处在红岩的这3层楼房的建房款，也是经过周恩来一番劝说后，饶国模才勉强收下的。1945年，毛主席到重庆谈判，曾在红岩邀请饶国模共进午餐，周恩来等同志作陪。席间，毛主席频频举杯向饶国模致谢："我代表中国共产党感谢你！"饶国模感到莫大的鼓舞与鞭策。

自从与中共中央南方局和八路军驻重庆办事处的领导同志们频繁接触后，饶国模思想上有了很大进步，更加坚信只有共产党才能救中国。她和董必武、孔原、龙潜等同志以及柳亚子先生曾一起吟诗唱和，她写下的许多未发表的肝胆照人的诗篇，表达了她的爱憎之情和高尚品德。早在1943年，国民党御敌不力失地千里，她就写下诗句《感时》："抗战风云几度春，凯旋歌声不曾闻。窗前遥望西边月，可恨遮蔽有乌云。桃花林前须问津，捍卫首都无干城。红岩有幸留英杰，中流砥柱尚有人。"她也曾深情地写道："园地虽小堪屈膝，雅人借此可为家。""此地英雄留胜迹，红岩异日放光芒。"展望抗战胜利、民族解放的未来，她吟出了这样的诗句："他年凯旋高歌时，红岩即是众人家。"

抗日战争胜利后,董必武离渝前写诗《题赠饶国模女士》,以感谢她为党付出、为党工作:"八载成功大后方,红岩托足少栖惶。居停雅有园林兴,款客栽花种竹忙。"1946年6月,八路军驻重庆办事处迁往南京。

五、从为党工作到成为中共党员

八路军驻重庆办事处迁往南京后,留下了继续在重庆工作的人员,饶国模仍一如既往地给予支持。她用办事处交回的房屋办了一所"红岩小学",让几名地下党员在那里任教,作为党的一个联络点。上级党组织派胡南(即胡启芬烈士)同志到重庆担任市委妇委书记,也得到饶国模的支持和协助。为营救被捕的共产党员,支持地下党组织办《挺进报》,她还捐献钱物。这期间,她在政治上更加成熟,担任地下党组织领导的妇女联谊会理事,完全接受胡启芬同志的领导。

1948年初,国民党在军事上惨败,特务疯狂镇压工人和学生运动,白色恐怖笼罩着重庆。在这个时刻,饶国模却毅然决然地向胡启芬提出申请,要求加入中国共产党。地下党重庆市委常委李维嘉代表市委批准了饶国模的申请,让胡启芬转告饶国模。可是,在饶国模被批准入党后不久,胡启芬同志不幸被捕,囚禁在渣滓洞,后光荣牺牲。饶国模失去了与党组织的直接联系,也不知道自己已经被批准入党。从此以后,饶国模的处境险恶,特务常常对她敲诈勒索。解放前夕,特务扬言:"刘老太太包庇共产党,非把她抓起来不可。"饶国模不得不到江北、大足等地隐蔽,直到临近重庆解放,才回到红岩嘴。

重庆解放后,在重庆举行的第二野战军和地下党的会师会上,她被邀请上了主席台,戴上光荣花。邓小平同志在大会上称赞她是"革命的妈妈"。西南军政委员会成立时,饶国模为西南军政委员会人民监察委员会委员。

1950年7月1日,饶国模在向党献上的一方鲜红的丝绸上,工工整整地用毛笔楷书写道:"值兹西南解放后第一次公开庆祝伟大纪念日无所奉祝,特将重庆市红岩村内房屋两大栋,果园一块,连同地皮一千方丈敬献我人民政府。……谨献此地略表崇敬,并作永久纪念。"正因为有了饶国模无私的捐赠,为以后重庆红岩革命纪念馆的建立奠定了基础。

新中国成立后,饶国模历任西南妇联委员、重庆市妇联委员、重庆市人大代表、四川省人大代表。随后,她又担任全国妇联执委,第二届和第三届全国政协委员。1950年,周恩来总理特地邀请她去北京,在西花厅设宴招待她,并邀请当年在红岩村工作过的同志一同欢聚。大家亲切畅叙往事,一起合影留念。

1955年,饶国模离开重庆,迁居北京。她在参加第三届全国政协会议期间,突患脑溢血,经医治无效,于1960年6月14日病逝,享年65岁。全国政协为她举行了隆重的追悼会。周恩来、董必武等同志送了花圈。

1960年2月3日,郭沫若参观红岩革命纪念馆时,有感于饶国模的事迹,赋诗赞曰:"农场名大有,榕树界阴阳。春色人间满,红旗海内扬。当年革命地,而今育民堂。昂首怀先烈,泪泉自夺眶。"

1981年4月14日,《人民日报》发表钱之光、童小鹏等4人合写的文章《"八载成功大后方,红岩托足少栖惶"——怀念黄花岗烈士饶国梁之妹饶国模同志》,谈到1948年重庆党组织处在最困难、最危险时刻,饶国模提出要求参加共产党的宏愿,刚经组织批准入党,她的入党介绍人和唯一联系人胡启芬同志牺牲,党籍问题迟迟未能解决。直到1981年5月,组织上才查清她的党籍问题,中共四川省委组织部做出《恢复饶国模同志党籍的决定》,党籍从1948年3月起计算。

饶国模的一生,是光辉的、战斗的一生,是坚强的、勤奋的一生,是无私的、奉献的一生。她的光辉形象,犹如一座不朽的丰碑,巍然矗立在我们心中,激励着我们奋勇前进。

(作者单位:中共大足区委党史研究室)

参考文献

1. 刘圣化:《回顾与前瞻——刘圣化铁路建设文集》,中国铁道出版社1998年版。

2.《忠诚的共产主义战士——记饶国模同志》,载《大足文史资料选辑》,内部资料1984年版。

3. 中共大足县委党史研究室等:《千年石刻魅力大足》,中国戏剧出版社2008年版。

4.《怀念饶国模同志》,载重庆市渝北区政协文史学习委员会:《峥嵘岁月——徐淡庐回忆文选》,内部资料1998年版。

5. 饶良骏:《永久的怀念》。

6. 李其会、尹恺德、饶有沛:《革命兄妹》,中国戏剧出版社2011年版。

传播真理的坚强喉舌

——陈然传略

◎中共南岸区委党史研究室

　　陈然，原名陈崇德，1923年12月18日出生于河北香河，所以家里人叫他香哥。1938年下半年，参加宜昌抗战剧团，投入抗日救亡宣传活动，1939年加入中国共产党。1942年在重庆与党组织失去联系后，仍自觉在青年朋友和工人群众中开展进步革命活动。解放战争中，参与创办进步刊物《彷徨》，承担出版中共重庆市工委机关报《挺进报》的工作。1948年4月，因叛徒出卖被捕。在狱中坚贞不屈、视死如归，1949年10月28日殉难于重庆大坪。

一、救亡洪流中茁壮成长

陈然的祖籍是江西,父亲陈凤书是一个读书人,1921年考入北京海关做了一名小职员。陈然出生不久,陈凤书把家从香河搬到北京江西会馆。1928年,陈家又随陈凤书工作的调动迁居上海。

旧中国的海关受英美帝国主义控制,华人雇员如果不甘心做洋人的走狗买办,就免不了被歧视。陈凤书清高正直,看不惯官场中的尔虞我诈、逢迎拍马,宁可洁身自好过清贫的生活,也不愿昧着良心同流合污,工作多年仍是一个底层文员。母亲黄竞英是一个勤劳善良的家庭妇女,为操持七口之家的生活费尽心血。

20世纪上半叶的上海是外国冒险家的"乐园",他们常常驾着小汽车在大街上横冲直撞。一次,陈凤书被洋人的小汽车碾伤,他多次状告洋人毫无结果,不仅没有得到赔偿,反而被租界的巡捕责骂。父亲的遭遇使幼年的陈然萌发了对洋人的仇恨。

1931年,"九一八"事变爆发,在全国抗日救亡运动的高潮中,陈然跟随读中学的大姐陈佩琪,参加了上海学生声势浩大的示威游行。1932年1月28日,日军侵犯上海,十九路军将士奋起反击,上海人民也动员起来支援抗战,陈佩琪和同学一起参加了抗日救亡宣传。具有强烈爱国思想的陈佩琪,经常向弟弟妹妹讲述抗日救国道理。在大姐的教育和影响下,爱国热情在陈然的心中萌发。

以后数年,随着日本军队的侵犯,中国丧失了大片国土,陈凤书工作的海关先后被迫撤至杭州、芜湖、沙市、宜昌、巴东等地,陈家也随着辗转迁居。陈然目睹祖国河山惨遭日本侵略者蹂躏,祖国人民过着颠沛流离、水深火热的生活,这激起他无比愤慨,决心学习大姐投入抗日救亡宣传活动。

在芜湖,因家庭生活困难失学的陈佩琪和二姐陈佩玮,参加了由爱国青年组成的蚁蜂剧社,开展抗日救亡宣传。陈然经常去看两位姐姐排戏,在剧团阅读了邹韬奋主编的《生活周刊》、鲁迅的小说和杂文,从中受到爱国主义的教育。

1937年8月13日,日本军队以租界和停泊在黄浦江的军舰为基地,对上海发动了大规模进攻。中国军队在上海和全国人民的支持下,奋起抵抗,开始了历时3个月的淞沪会战。

8月下旬,上海话剧界救亡协会成立上海救亡演剧队,分赴炮火连天的抗日前线和辽阔的大后方,开展抗日救亡宣传。11月,救亡演剧第八队到芜湖巡回演出,早就渴望投入抗日救亡宣传洪流的陈佩琪,瞒着父母参加了演剧八队。陈佩琪工作能力极强,随队在湖北、安徽各地巡回演出,除了担任演员外,还兼任过编剧、导演、会计等工作。受队内进步青年的影响,她的政治觉悟提高很快,写信寄回许多进步书刊,鼓励弟弟妹妹积极参加抗日救亡活动①。

陈然把大姐当作榜样,想投笔从戎却因年龄太小未能如愿,但当兵打仗的心愿一直在内心潜藏。多年后被捕入狱,他还想方设法阅读军事方面的书籍,希望出狱后能在战场上杀敌立功。

1937年底,陈家随海关迁至沙市。已逐渐脱离少年稚气的陈然,

---

① 陈佩琪:《陈佩琪日记(摘抄)》,载湖南省政协文史资料研究委员会演剧六队史料征集编辑小组:《壮绝神州戏剧兵——演剧六队回忆录》,湖南文史杂志社1990年版,第216、228页。

除了在职业中学勤奋学习,弥补小学阶段因动荡生活造成的文化知识缺陷外,还关心时局的变化,认真思索一些问题。从大姐寄来的书刊中,陈然阅读了斯诺的《西行漫记》(又名《红星照耀中国》)、范长江的《塞上行》、邹韬奋的《萍踪寄语》等。渐渐地,他知道了中国有陕甘宁边区,有中国共产党和领导人毛泽东、朱德、周恩来。

1938年初夏,陈家迁至宜昌。这时,宜昌抗日救亡宣传活动如火如荼,宜昌怡和洋行高级职员冷善远邀约陈沫潮等爱国青年,组建了宜昌抗战剧团。受陈佩琪影响,陈佩玮加入抗战剧团成为演员。抗战剧团名义属国民党宜昌县党部,实际由副团长冷善远负责。中共宜昌特支还在剧团成立了党支部,先后有30多名党员,陈沫潮和简化生相继任书记。

> 黑暗的时代快尽,
> 光明的世界将临。
> 同志们,莫放松,
> 站在我们的戏剧岗位上,
> 作英勇的冲锋。
> 我们要抗战到底,
> 收复所有的失地;
> 我们要血拼到底,
> 争取最后的胜利。

这是宜昌抗战剧团团歌,也是抗日战争中进步青年从事戏剧救亡运动的誓词。[1]

急切希望投身抗日救亡洪流的陈然,经常到剧团看陈佩玮排练,

---

[1] 简化生:《抗日战争中湖北宜昌抗战剧团的斗争史略》,载《艺壮山河——宜昌抗战剧团史料专辑》,内部资料1985年版,第17页。

并热心学唱抗战歌曲,不久也成为剧团合唱队的小队员。陈然幼年生活在北方,普通话说得好,嗓音洪亮,感情奔放,很快就在大型演唱中担任报幕、朗诵和伴唱,成功演出了《黄河大合唱》等节目。

1938年9月,由于陈佩琪在巡回演出期间患伤寒病后,一直坚持演出,终于重病不起,病逝于武汉①。噩耗传来,陈然和陈佩玮、哥哥陈崇基泣不成声,为大姐的牺牲而悲痛,决心向大姐学习,投身抗日救亡宣传。10月,武汉沦陷,宜昌危急,海关迁到巴东,陈然护送母亲、小妹陈佩瑶到万县安家后,又说服担心他安全的父母独自返回剧团。

这年冬,抗战剧团改名为移动演剧第一队,冒着严寒深入湖北荆门、当阳、远安农村,开展抗日救亡宣传巡回演出。为适应农村演出的需要,节目都短小灵活,队员在院坝上排队就唱,在田坎上插起竹竿挂好幕布就演,在泥地里铺上布就是化妆台。有时路过小集镇,衣服一换,胡子一贴就表演。

在农村巡回演出条件十分艰苦,经常是白天行军,晚上忙着演出和开展抗日宣传。每到场镇,就在土墙上书写"打倒日本帝国主义""国家兴亡,匹夫有责""有钱出钱,有力出力"等标语。还要举行宣传抗战的图片、漫画展览。演出戏剧时,全部乐器只有一面锣,一副钹,一个鼓,再加一把二胡。演出的节目除了具有战斗力的小话剧外,就是陈然擅长的《松花江上》《义勇军进行曲》《大刀进行曲》《打回老家去》等抗日歌曲,队员不仅自己演唱,还教当地青少年学唱。每当演员高呼"打倒日本帝国主义",台下观众也情不自禁随着高呼口号。②

演出的服装、道具,除笨重的用骡马驮运外,小件都由队员随身

---

① 杨从、胡有仪:《演剧六队大事年表(1937年8月—1949年8月)》,载湖南省政协文史资料研究委员会演剧六队史料征集编辑小组:《壮绝神州戏剧兵——演剧六队回忆录》,湖南文史杂志社1990年版,第164页。

② 中共宜昌县委党史资料征集编研委员会办公室编:《宜昌抗战剧团简史》,载《艺壮山河——宜昌抗战剧团史料专辑》,内部资料1985年版,第11—12页。

携带,每人平均要背30多斤。15岁的陈然除了背自己的小包外,总是扛着一大袋演出道具。一到驻地,他就主动承担起扫房间、借铺板、做饭菜等事务工作。

演剧队的抗日救亡演出,体现了中国共产党抗日救国的政治主张,不仅启发和影响了农村广大劳苦群众,也使演剧队的小队员提高了政治觉悟。党支部书记陈沫潮虽然也才20多岁,但小队员都亲切地喊他二哥。陈沫潮像兄长一样细心照料他们的生活冷暖,热情关心他们的思想进步,小队员在这个革命大家庭里锻炼成长,三分之一的骨干先后成为共产党员①。

陈然开始演剧时还只能跑跑龙套,但他工作的热情,纯朴的思想,踏实的作风和如饥似渴的学习精神,引起了陈沫潮的注意。行军时,他经常给陈然等几个因年龄相近走在一起的小队员,讲解中国共产党的历史和宗旨,指导他们阅读《大众哲学》《社会发展史简明教程》《论持久战》等革命理论书籍。通过陈沫潮的引导,陈然懂得了什么叫阶级、阶级斗争,日本帝国主义为什么侵略中国,国民党当局为什么消极抗日、积极反共的道理。

演出结束回到宜昌,陈然向党组织表达了自己加入中国共产党的愿望。1939年春天的一个晚上,由程季华和向长忠介绍,在陈沫潮的主持下,陈然举手宣誓:我愿为共产主义事业奋斗终身!②

1939年5月,演剧队来到四川万县,演出描写抗日英雄苗可秀事迹的《凤凰城》。苗可秀是辽宁人,东北沦陷后,他组织中国少年铁血军与日本侵略军作战,被俘后宁死不屈,被日军枪杀于凤城县。这时陈然不仅政治上日趋成熟,而且演技也大有提高,他和程季华以AB角的方式,轮流上台饰演苗可秀的弟弟苗可英。《凤凰城》的演出获得

---

① 中共宜昌县委党史资料征集编研委员会办公室:《宜昌抗战剧团简史》,载《艺壮山河——宜昌抗战剧团史料专辑》,内部资料1985年版,第1页。

② 姜蕾:《走过历史的足迹:电影史学家程季华的一段往事》,《大众电影》2012年第21期。

极大成功,万县各界人士评价"宜昌移动演剧队的演出,创万县话剧新纪元"①。

1939年夏,日军占领湖北襄河一带,沦陷区的许多儿童与家人失散,孤苦流离,生活悲惨。受难民救济总会和中华慈幼协会驻宜昌办事机构的委托,演剧队派陈然、程季华、肖志秀、梁容等人参加中华慈幼协会战地工作队,到沙洋协助抢救逃难失散儿童,并协助安置难民。到达沙洋后,他们在前沿阵地慰问抗日将士,陈然独唱改编后的四川山歌,当唱到最后一句"打日本哟儿唰啰"时,官兵们热烈鼓掌共同演唱。

这期间,陈然送患重病的程季华返回宜昌治病。夏季天气酷热,陈然背着发高烧的程季华在崎岖山路上行走,每逢日机轰炸,陈然就把程季华背往安全的地方,或者干脆就用自己的身体就地掩护②。

陈然等人历尽艰辛,冒着日机轰炸扫射到各村访问调查了解情况,日行山路,夜宿破庙,为难童洗澡、理发、更换衣服,给难童扇扇子驱赶蚊虫。两个多月里,从宜昌往返沙洋多次,行程300多里,将100多名孤儿难童安全送到宜昌中华慈幼协会保育院,圆满完成了抢救难童的任务③。

这期间,党组织曾计划将移动演剧队全部拉到抗日根据地。陈然兴奋异常,认为终于可以上前线杀敌了,常将道具枪拿来比画。最终由于交通问题计划未能实现,陈然非常失望。

1940年初,演剧队排演曹禺的话剧《日出》。国民党宜昌当局竟然说,这时候公演《日出》,就是想要日本人出来,迫使剧名改为《陈白露》后方准演出。陈然和程季华分别在剧中扮演妓院伙计小顺子和

---

① 中共宜昌县委党史资料征集编研委员会办公室:《宜昌抗战剧团简史》,载《艺壮山河——宜昌抗战剧团史料专辑》,内部资料1985年版,第13页。

② 姜蕾:《走过历史的足迹:电影史学家程季华的一段往事》,《大众电影》2012年第21期。

③ 肖志秀:《沙洋前线抢救难童记》,载《沙洋文史资料》(第三辑),内部资料1995年版,第70—72页。

进步青年方达生,他俩激情澎湃的表演,使人物活灵活现,得到大家的赞赏①。

抗战剧团成立以来,在宜昌及邻县村镇和四川万县进行流动宣传演出,行程3000余里,在峡江两岸和荆当山脉播下了抗日救亡的火种,得到了社会知名人士的广泛同情和支持。著名作家、戏剧家老舍为剧团题词:"我们只知为抗战建国尽心尽力,教那没良心的去计较私利吧!"现代教育家陶行知题词:"抗战剧团,艺壮山河。"由于拥有广泛的社会影响和群众基础,国民党宜昌当局不敢找借口取缔抗战剧团,只能处处加以限制,缩小其影响。

1939年底至1940年初,国民党顽固派发动第一次反共高潮,领导演剧队的宜昌地方党组织被破坏,演剧队的一些党员被捕,骨干分子被暗中监视,进步剧目被禁演,演剧队活动受到百般刁难,国民党宜昌县党部也试图控制演剧队。

为了保存党领导的这支抗日救亡宣传团体,1940年4月,演剧队一方面以经费困难为由登报"宣告结束",另一方面争取到进步商人何元干出资,把业余演剧队改为职业益州剧团,转移到重庆筹办益州剧场,继续在大后方开展抗日救亡宣传。陈然一直有到延安从事武装斗争的愿望,他向党组织提出申请,上级同意通过交通送他去延安②。

1940年夏,日军占领襄阳逼近宜昌。国民党军队节节败退,溃不成军,大批难民潮水般向西逃亡,沿途十分混乱。陈然按上级要求到达三斗坪联络点时,联络人已经转移,无法接上关系。连日的奔波劳累,使他的疟疾复发,骨瘦如柴。而日军已占领荆门、远安,正向宜昌迂回包围,逼近三斗坪。迫不得已,疲惫不堪的陈然只好随难民西撤回到巴东家中。

① 姜蕾:《走过历史的足迹:电影史学家程季华的一段往事》,《大众电影》2012年第21期。

② 简化生:《抗日战争中湖北宜昌抗战剧团的斗争史略》,载《艺壮山河——宜昌抗战剧团史料专辑》,内部资料1985年版,第33、43页。

二、反共逆流里矢志不移

在巴东,为了尽快康复,陈然向陈崇基学习,每天锻炼身体。从此,他就养成了早起锻炼的习惯,练就了一副宽肩粗臂的健壮体魄,为从事艰苦的革命斗争打下了基础。身体康复以后,陈然决定到重庆去找演剧队,再设法到延安。正好陈凤书也调到重庆海关,1940年底,陈家迁居重庆郊外小镇朝阳河。

这时,先期转移到重庆的演剧队,因缺少资金没能实现组建益州剧团的计划。中共中央南方局决定,将已引起国民党当局注意的剧团负责人冷善远、简化生转移到延安,陈沫潮带领程季华等部分人员回到鄂西,在恩施一带继续开展抗日救亡宣传。党组织理解陈然想去延安的心愿,把他和因家庭原因留在重庆的向长忠的关系转到南方局。

1941年初,皖南事变发生。新四军因寡不敌众,弹尽粮绝,除部分突出重围外,大部壮烈牺牲或被俘。这时又传来消息,到恩施的演剧队队员由于叛徒出卖,全部被捕。一个平时表现得很革命的剧团成员叛变,带人在万县一带追捕剧团的同志。这使陈然非常震惊,认识到斗争的残酷和复杂。

这期间,国民党统治区的黑暗,国民党顽固派的猖獗,使陈然心中怒火燃烧;革命队伍内部人员的背叛,又使他痛心疾首;而家庭生活的重担,也沉重地压在他的身上。陈凤书到重庆后不久肾病复发无法继续工作,只好退职回家,一家人的生活只能靠陈然和陈崇基。在家里,陈然和哥哥最亲近,他向哥哥谈了剧团内部的变化,谈了对共产党和国民党的不同看法,谈了日夜向往的陕北延安……但就是没有透露他已是一名共产党员。他严格遵守党的纪律,直到他殉难之后，陈崇基才知道弟弟和自己都是党内的同志。

陈然一心想到延安，陈崇基也有到延安的想法。怎么办？陈崇基决定把机会让给弟弟，自己到北碚战时儿童保育院做了一名教师。但陈然始终没有获得去延安的机会。在党组织的帮助下，他认识到大后方同样需要共产党员开展工作，便决心留在重庆从事工人运动。

战时重庆工作难找，陈然的二姐夫冷善昌是民生实业公司高级职员，在重庆有一些社会关系，他介绍陈然到私人经营的长途客运汽车上当售票员。陈然乐意与工人打交道，他不仅卖票，还主动帮助司机和他的助手保养修车，很快就与两名工人成为朋友。不久，汽车客运赔本停业，陈然失业了。

高涨的物价，使他们一家人的生活越来越艰难。但陈然把对生活的艰苦从来不放在心上，除了每天坚持锻炼身体准备从事武装斗争之外，还利用失业在家的机会，系统学习《新民主主义论》等革命理论著作，对中国革命的道路有了比较完整清楚的认识。

在剧团时陈然与向长忠是一个党小组，关系较好。到重庆后向长忠情绪消沉，对政治漠不关心，为了找到收入高的工作，他经常同社会关系复杂的人往来。陈然叮嘱他提高警惕不要上当，向长忠表面敷衍答应，但暗中仍与那些人密切交往。

1942年夏初，向长忠从合川来信，说已找到收入高的工作，让失业的陈然也马上去。陈然警惕性很高，打听到向长忠已被特务机关控制，立即到南方局做了汇报。上级领导分析他处境危险，必须立即切断与组织的一切联系转移到江津，去找原抗战剧团的老查。并规定，陈然不得擅自离开江津与组织联系，党组织在危险解除后，会主动派人与陈然恢复关系。

陈然按上级指示到江津找到老查，靠帮他摆摊收购和出售一些破旧衣物，修理钢笔等勉强维持生活。这年秋天，陈然患了严重的痢疾，微薄的收入连吃饭都困难，根本顾不上治病，身体变得很虚弱，只好拖着病体回到重庆。

陈然痊愈后，老查因躲避国民党特务追捕已离开江津。迫不得已，陈然到曾家岩周公馆找上级领导人，去了几次都未能见面，只好留下书面汇报，说明去江津的经过和目前的困难。就这样陈然与党组织的联系中断了[①]。

陈然意识到，与自己有过密切联系的人出了问题，所以上级不再与自己见面，暂时不恢复关系是必要的。自己的情况既然已经汇报了，相信经过一段时间，组织上是会主动来联系的。没有组织关系，同样要革命，同样要起到一个共产党员的作用。他通过阅读《新华日报》和《群众》周刊，从中领会党的指示。他想，党组织曾指示深入群众中去扎根，那么，就这样做。

1943年春，冷善昌介绍陈然到位于鹅公岩的兵工署第一兵工厂消费合作社当售货员。他不愿做货物掺假、大秤进小秤出的昧心事，不到两个月就愤然辞职。10月，冷善昌又介绍他到内迁重庆的中国粮食公司器材库当提运员。提运员的工作要经常到重庆各码头提运货物，有时也出差到泸州、宜宾等地押运货物。这个能广泛接触运输工人的工作，与陈然从事工人运动的心愿相吻合，他一直做到抗战胜利。

在船上押运时，陈然与船工、纤夫交朋友，帮他们划船、拉纤，边干活边摆龙门阵，了解他们的生活状况。在汽车上押运时，他与司机交朋友，汽车抛锚了，就钻到车下去打下手。在码头提货时，他与搬运工人交朋友，与他们共同装卸货物。当提运员不久，陈然就认识了很多工人。在那个社会，哪有"先生"帮工人干活的事。工人起初还用疑虑的眼光看他，几次接触后，就被他诚恳的态度所感动，都亲切

---

① 周长茂：《陈然烈士一段鲜为人知的历史》，《中国人物传记》2017年第11期。

地称他为老陈先生。

一次，陈然帮码头工人运钢条，跳动的钢条打到了他的左额，鲜血直流，伤好后左眼角留下了一块疤痕。在码头上有的工人和他不熟悉，那熟悉他的工人就会指着他眼角下的伤疤，向别人介绍："这是老陈先生，这伤疤是他帮我们抬货时打的。"

陈然利用各种机会接近工人，通过与他们的广泛接触，他不仅从理论上，而且从现实中了解到工人的疾苦，把自己的命运和工人阶级的命运紧紧联结在一起，更坚定了为劳动人民解放事业献身的决心。

陈然与组织失去联系后，从来没有放弃自己作为一个共产党员的崇高职责。他牢记党组织给他的指示，积极在青年朋友和工人群众中开展活动。虽然他与党组织没有直接联系，但他所接近的一些进步朋友中，有些人与《新华日报》党组织是有联系的。他就主动靠拢这些朋友，从他们那里间接听取党的指示，并以自己的行动响应党的号召。

1945年初，陈然响应党在国统区广泛开展"民主青年"活动的号召，组织成立了有蒋一苇、陈崇基、张克岑等进步青年参加的读书会。读书会采取分头自学，集体讨论的办法，学习《新民主主义论》《社会发展史》《辩证唯物论入门》等理论著作。为了避免引起特务的注意，他们采取聚餐请客、踏青郊游的形式，讨论对时局的看法以及学习中的疑难，使读书会逐步形成"民主青年"的一支有组织的力量。

1945年8月，中国民主同盟发表《在抗战胜利中的紧急呼吁》，提出"民主统一、和平建国"的口号。与党组织失去联系多年的陈然认为，民盟的主张符合全国人民的愿望，基本观点与中国共产党关于建立民主联合政府的主张一致，便加入了中国民主同盟。从此以后，他就公开以民盟盟员的身份，积极组织进步青年参加民主运动①。

---

① 任锦霞：《〈红岩〉中的成岗——陈然烈士》，载中国民主同盟中央委员会宣传部、中国民主同盟中央委员会文史委员会：《民盟英烈》（第一集），内部资料1988年版，第99页。

抗日战争胜利后，在重庆的国民党官员忙着到南京、上海当接收大员发财。中国粮食公司机器修理厂设备被变卖，工人被遣散，公司想解散工厂又怕工人闹事。陈然觉得这是一个接近工人群众、开展工人运动的好机会，在和工人商量后，接下了管理工厂的担子。在修理厂工人的积极支持下，陈然和工人同甘共苦，四处找业务，把工厂维持下来，使他们免受失业之苦。

修理厂位于长江南岸玄坛庙野猫溪，是一幢二层小楼，楼下车间住单身工人。陈凤书已于1945年初病故，陈然和母亲、妹妹以及二姐一家住楼上。陈然同工人朝夕生活在一起，经常在一起摆龙门阵，工人亲热地称他"我们的陈先生"。

工人吴树华出身贫苦，为人正直，技术好，又是劳动协会的会员，对国统区的腐败现象常常表示不满。陈然就有意识地接近他，向他学习开车床的技术，闲下来一起摆谈时事，阅读进步报纸。在生活上也时常帮助他，吴师傅妻子生小孩时，生活很困难，陈然就拿出自己的一部分工资帮助他，吴师傅很感动，成了陈然的好朋友[①]。

抗日战争结束后，国民党疯狂掠夺抗战胜利果实，阴谋发动内战。为了揭露国民党的阴谋，中共中央于1945年8月25日发表《对于目前时局的宣言》，提出"和平、民主、团结"三大口号，并决定派毛泽东和周恩来到重庆谈判。8月28日，毛泽东主席飞抵重庆，重庆市民欢欣鼓舞。陈然和读书会的青年奔走相告，为毛主席的到来而激动，为将要出现新的政治局面而兴奋。在国共两党谈判期间，陈然除了每天看《新华日报》外，几乎天天进城到《新华日报》社打听消息，一是希望能听到一些更直接的两党谈判新闻，另外也盼望能见到毛主席。

国共"双十协定"的签订，给渴望和平、民主的中国人民带来了一线曙光，但很快又被国民党当局继续发动内战的阴云所笼罩。陈然

---

① 陈佩瑶：《回忆我的小哥哥陈然同志》，《重庆现代史资料》1982年第1期。

通过读书会一位同志的小印刷所印了一批反内战的传单,利用山城街道上下交错的特点,从上向下散发,有时在电影院从楼上向楼下散发,夜间则两人一组互相掩护,把传单贴到大街小巷。11月19日,重庆各界举行反内战大会,并成立了反内战联合会,号召工人、学生和市民用罢工、罢课、罢市的行动来表示反对内战的决心,国民党统治区的爱国民主运动再次高涨。

1945年12月9日是"一二·九"运动十周年纪念日,重庆各界群众在罗汉寺举行追悼"一二·九"死难烈士大会。《新华日报》社通知与党有联系的进步群众,国民党当局很可能要指使暴徒袭击会场,制造惨案,要大家积极参加大会,提高警惕,做好抗暴准备。

陈然和读书会的同志连夜赶制了一对大幅挽联挂在会场大门。开会这天,陈然带领读书会的同志组成几个小组,按照党组织的指示站在会场的最外层,准备随时对抗意外的袭击。陈然还带了装有石灰粉的纸包,以备反击之用。大会进行中,他始终提高警惕盯住在会场四周游荡的可疑人。

1946年1月10日,政治协商会议开幕,一场新的政治斗争又在重庆展开。在中国共产党的影响下,重庆各界民主人士组成政治协商会议协进会,在沧白纪念堂邀请政协各方代表,每晚轮流报告协商情形,听取市民意见。沧白纪念堂成为同国民党当局进行针锋相对斗争的阵地。

陈然每晚都和读书会的青年五六人组成一个小组参加集会,头几天,就有一些特务混入会场捣乱,进步群众高呼口号予以斥责。《新华日报》发表文章,要求当局制止坏人捣乱,呼吁各界进步人士踊跃参加。

1月18日晚,当中共代表王若飞做报告时,大批特务拥进会场肆意狂呼乱叫,辱骂主持会议的李公朴先生,殴打一位痛斥国民党当局的青年。陈然奋不顾身冲过去,与几个群众扶着受伤的青年撤退,混乱中陈然头部被特务用铁器击中,鲜血直流。第二天,《新华日报》在报道沧白堂事件时对陈然的受伤做了描述:"另一听众上前去扶持受伤青年时,不料也被包围乱打一通,头部也被打伤……"

三、党的领导下传播真理

1946年夏,国民党当局悍然撕毁停战协定和政协决议,向中原解放区大举进攻,全面内战由此爆发。同时,血腥镇压国统区的和平民主运动,重庆形势日益紧张。中共四川省委和《新华日报》社通过党员刘镕铸与陈然、蒋一苇等保持密切联系,指示他们办一个以小职员、小店员和失学失业青年为对象,以谈青年切身问题为内容的刊物,以此执行党的长期隐蔽方针,联系群众,发展和聚集革命力量。

陈然等人反复领会党的指示,考虑到国统区社会青年多数陷于失学、失业、失恋的苦闷和彷徨,决定办一个名为《彷徨》的刊物,意思是与在生活中感到彷徨、困惑、失意的青年交知心朋友,共同探讨他们关心的升学、就业、恋爱、婚姻等问题。刊物避免明显的政治色彩,形式灰色,内容健康。同时设立"彷徨"信箱,征求社友,发展与读者的直接联系。以此与泛滥于国统区的黄色刊物争取政治觉悟不高,但对社会现实不满的青年读者。

这个计划得到党组织的同意和支持,中共四川省委宣传部副部长何其芳亲自为《彷徨》写书评,《新华日报》副刊编辑则将适合《彷徨》用的稿件及作者转给《彷徨》杂志。

在党组织的直接领导和支持下,1947年元旦,《彷徨》杂志创刊号出版。为了扩大影响,《新华日报》1月3日在头版刊登新颖醒目的广告,版面上方是一个大"?",下面的文字是:"你在彷徨吗?你感到苦闷吗?请试读《彷徨》杂志——它将给你解答和鼓励。"

《彷徨》杂志是一本公开出版的刊物,它和《新华日报》党组织的联系是秘密的。刊物的经费和全部工作都靠一些积极分子的支持,除了原读书会的一些成员外,还有《新华日报》介绍来参加的一些积极分子。因此,在这个刊物的周围团结了几十个进步的青年。他们有的参加写稿,有的设法筹集经费,有的负责联系印刷和发行,有的担任美术装帧和校对,但刊物的主要工作,则由陈然等几个核心成员负责。蒋一苇专职担任主编,刘镕铸管发行,陈然负责读者信箱联系读者。此外,吕雪棠任美术编辑,吴子见也参与了编务工作。

《彷徨》读者信箱收到大量诉说生活不幸及思想苦闷的来信,陈然都认真回复。一位因包办婚姻濒于绝望的女青年,因为陈然认真负责的回信,重新鼓起了生活的勇气。为了广交朋友,陈然还与本地读者建立了直接联系,有几位在银行工作的小职员经常给《彷徨》捐款,并组成小型读书会,使刊物起到了深入群众、组织群众的作用。

随着全面内战的爆发,国共合作完全破裂。1947年3月初,中共四川省委和《新华日报》社全体人员被迫撤到延安,《彷徨》同上级党组织的联系中断。陈然等人决心在与党组织重新取得联系前,按党长期隐蔽的方针将刊物办下去,继续发挥联系社会青年的作用。

面对严峻的形势,在白色恐怖下的共产党员和进步群众,有人苦闷焦虑,有人痛苦彷徨,也有人失去信心。这使陈然痛感有大讲革命气节的必要,经过与蒋一苇反复商讨、起草和修改,他俩合作写成《论气节》一文,发表在《彷徨》第五期上。文中写道:气节,是中国知识分子的优良传统精神。什么是气节?就是:富贵不能淫,贫贱不能移,威武不能屈的这种磅礴天地的精神。就是临财勿苟得,临难勿苟免;见利不亏其义,见死不更其守的这种择善固执的精神。在平时能安贫乐道,在富贵荣华的诱惑之下不动心志;在狂风暴雨袭击下能坚定信念,而不惊慌失措,以至于临难勿苟免,以身殉真理。不让自己的行为违背自己这种认识,而且能坚持到最后,这就是值得崇尚的,一种真正伟大的气节①。

《论气节》鼓舞了广大进步青年的革命热情,坚定了他们的胜利信心,许多读者来信表示支持,《彷徨》的发行量也大大增加。

《论气节》同时也表达了陈然对革命事业无限忠诚和为革命事业英勇奋斗的决心。两年后,他正是以从容就义的英雄气概,实践了自己对党和人民的誓言,表现出一个共产党员崇高的革命气节。

1947年3月中旬,胡宗南率国民党军队进攻陕甘宁解放区,为了拖住胡宗南,中共中央机关和边区部队主动撤离延安,国民党宣传机构乘机大肆宣扬他们的"胜利"。这时,山城的共产党人和进步群众渴望听到党中央的声音,了解战场上的真实状况。

4月的一天,陈然从读者信箱中收到新华社香港分社的新闻稿,上面登载有人民解放军在东北、华北、西北取得胜利的消息。重新直接听到党的声音,陈然、刘镕铸、蒋一苇犹如重逢久别的亲人,欣喜若狂。为了将党的声音和战场上的真实消息传达给共产党人和进步群众,刘镕铸将新闻稿摘编刻印成16开大小的传单,在城区投寄②。受此启发,陈然倡议出一份油印小报,摘登新闻稿的重要内容,揭露国民党的谣言,扩大中国共产党的影响。倡议得到刘镕铸和蒋一苇的赞成,3人分工,刘镕铸负责筹集办报经费、购买办报物品,蒋一苇负责编辑和刻写蜡纸,陈然负责取新闻稿和印刷。为了严守秘密,他们

---

① 蒋一苇:《蒋一苇文集》(第八卷),经济管理出版社2013年版,第46、47页。

② 刘镕铸:《忆〈挺进报〉》,载中国人民政治协商会议四川省委员会文史资料研究委员会:《四川文史资料选辑》(第28辑),四川人民出版社1983年版,第249页。

订出纪律:未经3人同意,不得将办报之事告诉任何人;一旦被捕,只要没有证据,就坚决否认与小报的关系,如果特务拿住真凭实据,被捕者承担一切责任,决不牵连其他人;小报按各自的社会关系寄送,彼此互不过问。

油印小报每期只印几十份,主要散发给熟悉可靠的进步人士传看,吴子见将小报传给党员刘国鋕后,引起中共重庆市委的重视,负责宣传工作的工委委员彭咏梧,提出与办报的同志见面接关系。在白色恐怖中,敌人是极其阴险狡猾的,要求接关系的是真的党组织,还是假的,必须慎重考虑。虽然陈然和蒋一苇不知道刘鋕铸是共产党员,但认为他有丰富的斗争经验,推举他去试探真假。

刘鋕铸经过反复试探接上关系后,彭咏梧代表市委指示:油印小报作为市委的机关报,报纸发行和提供电讯稿由工委负责;报纸编辑方针和内部人员分工不变;增加报纸印数。陈然知道找到党组织时,热泪盈眶,拉着刘鋕铸和蒋一苇的手激动地低声唱起《国际歌》。

油印小报成为党的机关报,由彭咏梧直接领导,对陈然等人来说,兴奋之余又感到增加了一份责任。他们在"黎明""曙光""挺进"等名中,选定"挺进"作为报名,用以纪念刘邓大军挺进大别山。擅长隶书的吴子见书写了《挺进报》的报头。为了安全,陈然提出把《挺进报》的印刷地点设在修理厂(他家)。修理厂的工人与他亲密无间,关系很好,又是一个背靠山坡三面有墙的独立小院,环境单纯、僻静,十分适宜从事秘密工作,上级同意了他的意见。

陈然把二楼储藏室作为编辑、刻写和印刷《挺进报》的工作室。储藏室的木板壁有许多缝隙,细心的陈然用厚纸把缝隙全部糊上。关窗后再挂上一床厚毯,又用黑纸做个灯罩罩在电灯上,以免通宵开灯引起注意。印刷时陈然穿上罩衣,戴上手套防止油墨沾身。为了对付国民党特务的搜查,陈然通过试验决定不用油印机印刷,而将蜡纸用图钉钉在桌上,用一块竹板代替油印辊子,在蜡纸上刮印。印完后,烧掉蜡纸,扔掉竹板,就没有任何印刷的痕迹。

第一期《挺进报》是4张8开纸,上级要求印300份。酷暑7月的晚上,陈然和蒋一苇开始印刷,蒋一苇管揭纸,陈然一手按蜡纸,一手刮油墨。印到六七十份后,蜡纸上就出现麻点,字迹模糊不清。重刻蜡纸再印,效果仍然不好。刻了3次,印了3夜,才凑够200多份交吴子见转给上级。

陈然对没有达到上级的要求非常难过,他白天苦思苦想,夜里就和蒋一苇一起研究和试验,认为出现麻点是由于重庆夏天的高温加上蜡纸的质量不好。天气热,这没法改变,那就从提高蜡纸质量上想办法。果然,不同的蜡纸,印出来的效果不一样。有一种比较薄的蜡纸,反而比原先用的厚蜡纸要好。但是,也只能印100多份,就出现麻点。陈然继续在蜡纸、油墨、纸张上做研究,发现在印过后的蜡纸上,粘有不少从毛边纸上掉下的小颗粒,原来是纸张的问题。果然,改用薄而光滑的打字纸后,效果就好多了。

为了达到上级增加数量、提高质量的要求,负总责和采购材料的刘镕铸,尽可能选购优质的蜡纸、纸张和油墨。住在陈然家专职编刻的蒋一苇,在刻写时落笔轻重适宜以使漏墨均匀,经常刷洗钢板,小心收卷蜡纸。负责印刷的陈然仔细琢磨反复试验调墨用油,调的稀稠程度,以及印时用力的轻重和均匀等等。经过大家的努力,印刷质量终于有了很大的改进,一张蜡纸所印份数不断提高,完全达到了上级的要求。

负责与市委联系的吴子见,将大部分《挺进报》交彭咏梧的妻子江竹筠和刘国錤发行。其余部分主要由刘镕铸利用社会关系发行,刘镕铸曾在南岸南坪中心小学担任总务主任,南岸地区的刘竞程、周存萱、项扬惠等进步青年都参与了发行工作[1]。

协助彭咏梧负责《挺进报》工作的江竹筠,知道在编印报纸的同志中,陈然最辛苦,多次要吴子见转达她对陈然的慰问,要求大家想法减轻陈然的负担[2]。

1947年秋,吴子见随彭咏梧到下川东开展农村武装斗争,陈然又承担了运送《挺进报》进城的任务。《挺进报》每期一般两三张,1000多份。运送时,为了躲避特务的检查,他常常不坐轮渡,而坐木划子,或者绕道从弹子石、海棠溪等其他渡口过江,有时还故意先绕渡嘉陵江,再经朝天门、小什字、夫子池,最后才到民生路刘镕铸处。过江时他坐在船舷,将提报纸的手搭在船栏上,如有意外,手一松,报纸就会沉入江中。由于陈然的高度警惕,《挺进报》的运送从未发生意外。

1948年1月,上级要求印2000份毛主席的《目前形势和我们的任务》小册子。陈然说,我们出毛主席的书,一定要印得跟铅印的差不多。他们商定:用32开本,封面套红印毛主席像。但是,对能否刻出满意的人像,蒋一苇觉得没有把握。陈然鼓励说,不怕,事在人为,一次不行,再刻一次,多刻几次总会成功。

刘镕铸买来最好的纸张油墨,蒋一苇精心刻写。陈然则仔细检查简陋的油印"设备",换了新的竹板,并用玻璃片刮了又刮,还放在玻璃板上反复校正平直,再用废蜡纸试印。为了在不规范的印刷中,能上下对齐版面,他在蜡纸下面加垫了一块玻璃板,用来定位。

经过几个晚上的奋战,陈然用一块小竹板在蜡纸上刮墨,一张蜡纸印出了2500份字迹清晰的印张。2000多本封面套印了毛主席头像的小册子,如同2000多支火炬,通过党组织送往重庆城区和川东农村,在成千上万党员和进步群众手中传阅。

---

① 刘竞程:《我与〈挺进报〉的一段亲身经历》,《重庆陶研文史》2008年第1期。

② 卢光特、谭重威:《江竹筠传》,重庆出版社1982年版,第60—61页。

四、情况危急时严守纪律

《挺进报》创办时，就建立了特别支部，上级要求特支书记刘镕铸了解《挺进报》工作人员的政治历史和思想状况，时机成熟时发展他们入党。彭咏梧到下川东后，工委常委李维嘉直接领导《挺进报》，他经常到陈然家与陈然和蒋一苇谈心。陈然是与党失去联系的党员，蒋一苇是党培养多年的进步青年。两人都将自己的历史向党组织做了详尽汇报，上级决定陈然重新入党，待查明过去情况后再将党龄补上。1947年底，由刘镕铸介绍，陈然和蒋一苇在李维嘉的主持下宣誓入党。

1948年除夕，刘镕铸和蒋一苇到陈然家吃年饭，刘镕铸举杯向陈然和蒋一苇祝贺并宣布《挺进报》特支的分工：书记刘镕铸，组织委员陈然，宣传委员蒋一苇。在春节的这个夜晚，陈然向战友详尽地谈了过去的经历，以在江津与党组织失去联系的教训为例，要求自己严格遵守党的纪律。

陈然严格执行党的纪律，突出地表现在他严守秘密上。一次，陈佩瑶从一位进步老师那里得到《挺进报》，就把报纸拿回家。陈然严厉地告诉妹妹，以后不许往家里带这种报纸。追求进步的陈佩瑶对二哥的严厉十分不解，感到非常委屈。

这之前，他和蒋一苇虽然并肩战斗多年，但从来没有透露过自己是一名共产党员。重新入党后，组织委员陈然始终严格执行单线联系的地下工作原则。1948年春，工委决定停办专登政治性文章的机关刊物《反攻》，部分同志的组织关系转到《挺进报》特支。陈然把组织上交来的关系，反复默记在心不留任何文字。连朝夕相处的战友蒋一苇，也从来没有听到他谈过任何有关组织方面的人和事。

陈然一方面严格遵守党的组织纪律,同时又是一个对同志十分热情的人。为《挺进报》提供新华社电讯稿的,是同样受工委领导的中共电台特支宣传委员成善谋。虽然两人彼此认识,但都不知道对方的真实身份。每次从工委转来成善谋的电讯稿,都字迹工整,一笔不苟。若句子有中断,就在中断处打上省略号,并标注,刚才外面有人,不便收录,故断。有时在字句后注明,电讯不清,此字疑是某字。陈然钦佩收听抄写同志认真的工作态度,觉得应该表示一下自己的敬意。他向上级提出这个不符合秘密工作原则的请求时,上级被陈然纯真的阶级情谊所感动,破例允许他写一句不签名的简单的话,由党组织转去。陈然思考良久,写下:致以革命的敬礼!几天后,收到同样没有签名的一句话:紧紧地握你的手!简单一句话,体现了两个长期共同战斗的共产党人的革命情谊。

1948年初,国民党军队在战场上的军事优势不复存在,国统区人民反饥饿、反迫害的斗争风起云涌,国民党的独裁统治处于风雨飘摇之中。根据上级开展对敌攻心的指示,《挺进报》改变发行范围,主要通过各种渠道寄送国民党各级官员,内容也相应做了改变,除报道人民解放军胜利进军的消息外,还有针对性地增加劝导、警告的内容。如人民解放军对北平守军发出的立功赎罪通告,对重庆国民党军政人员提出警告的评论。还编印强化国民党各级官员危机感的小册子《被俘人物记》。

《挺进报》改变编辑方针扩大发行范围后,引起国民党当局的极大惊恐,他们把军警宪特搜索破坏《挺进报》的行动称为"挺案",由特务头子、国民党重庆行营二处处长徐远举亲自指挥。

环境更艰苦,斗争更复杂,担子更沉重,但陈然的斗志却更加昂扬。特支按照上级提供的地址,通过各种办法将《挺进报》寄送给国民党重庆当局大小头目。为了防止邮检扣压《挺进报》,他们收集不同样式的信封,变换不同笔迹书写,分别到南岸的弹子石、沙坪坝的小龙坎等地投寄。

驻重庆的美国新闻处,经常寄新闻资料给国民党官员以及报社、杂志社,特支就在一个党内同志办的印刷所仿印了美国新闻处信封,在美国新闻处附近的两路口邮寄。刘镕铸还将印有"识时务者是俊杰,弃暗投明是英雄""准许将功折罪,让人悔过自新"的《挺进报》,送到国民党重庆行营主任朱绍良公馆,气得朱绍良暴跳如雷,大骂特务是饭桶,限期徐远举破案①。

1948年3月底,刘镕铸奉命转移,陈然接任特支书记。斗争形势越来越危急,陈然一方面全力以赴日夜工作,一方面沉着冷静考虑应变措施。按上级精简人员的指示,除了编辑、刻写仍由蒋一苇负责外,与上级联系取电讯稿,购买物品,运送和投寄报纸等工作,都由陈然承担。为了在必要时接替刻写工作,他还学习刻写蜡纸,经过刻苦练习,终于能刻出漂亮的仿宋字。陈然家有一间南屋的后窗对着邻居院子,因此他把朝江的工作室移到这间屋子,如遇搜捕,可从后窗跳到邻居院内撤退②。

形势危急后,陈然与蒋一苇制定了严格的外出纪律。外出时必须定出回家时间,如果没有按时回来,在家的另一人就要假定外出的人出了事,应立即暂时转移,等查明情况无危险后再回家。回家时,要仔细检查身后有无尾随盯梢的特务。

陈然还与蒋一苇商定了被捕后的供词和对付特务审讯的原则。两人是什么关系,为什么住在陈然家里,住在这里干什么等等,都要做到说法一致。被捕后能不暴露身份,坚决不暴露。如果掩盖不了身份,就要以共产党员的身份与敌人展开正面斗争,绝对不说出任何人的姓名和地址。

---

① 刘镕铸:《挺进报》,《贵州文史丛刊》1981年第2期。
② 冷善昌:《关于我营救内弟陈然烈士的情况》,《重庆党史研究资料》1986年第6期。

《挺进报》长期在陈然家编刻、印刷,家里人必然有所觉察。形势紧张后,上级同意陈然向母亲和二姐适当透露自己的工作,争取她们的支持。陈然对母亲讲了一些简单的革命道理,又把自己夜间从事的秘密工作性质告诉她。母亲相信陈然的正直,也逐渐参与了一些革命活动。在蒋一苇、陈然刻印《挺进报》时,她就坐在工作室门外做针线活儿,有什么可疑的情况,马上敲墙壁发出警告。二姐虽然结婚后就相夫教子不再参加社会活动,但还是理解陈然的革命工作。陈然把一个重要的任务交给她:在发生意外情况时,将擦洗地板的拖把搭在朝街的竹篱上,向党内同志发出报警信号。

为了防止意外,李维嘉早已不到陈然家来。每次在外面见面就约好下次接头的时间和地点。4月12日,李维嘉在接头时告诉陈然,党内有领导人被捕并被特务怀疑是《挺进报》负责人,因此要赶印两期《挺进报》寄出,以消除特务的怀疑。李维嘉将《挺进报》所需经费交给陈然,要他做好随时转移的准备。

陈然按李维嘉的指示让蒋一苇转移到北碚待命,并约定,如果接到上级转移指示,陈然就立即到北碚与他会合一起转移,一周内上级没有发出转移指示,蒋一苇应在第八天返回陈然家。送走蒋一苇,陈然当晚就突击印出了新一期《挺进报》。

4月18日,李维嘉回家时发现有特务在家中守候,侥幸脱险后,他判断工委领导机关出了叛徒,《挺进报》特支处境危险,立即写了署名"彭云"的报警信寄给陈然。彭云是彭咏梧和江竹筠的儿子,彭咏梧到下川东后寄养在蒋一苇家,陈然知道这件事,李维嘉希望陈然明白这是党内同志向他示警。

早在1947年底,为使《挺进报》编辑班子被破坏时不影响报纸继续出版,特支吸收吕雪棠和他的同事——捍卫路小学教师黄莲生的丈夫古承铄,模仿蒋一苇的笔迹共同担任刻写工作①。陈然收到报警信,虽然没有认出是李维嘉的笔迹,但从署名上可以判断是自己人写的,就找刚入党的吕雪棠商量。吕雪棠建议与上级联系立即转移,陈然严守纪律,认为在这危急时刻,没有接到上级转移指示,不能擅自离开战斗岗位。他决定,趁与李维嘉接头前的这几天,将《挺进报》印好发出去,并要吕雪棠提高警惕,夜里不要住在学校,做好随时转移的准备。

4月20日下午,陈然到吕雪棠处取回刻写好的蜡纸后,就抓紧时间印刷《挺进报》,母亲与往常一样坐在工作室门外做针线活儿。傍晚时分,几个自称查户口的人突然闯了进来。吴师傅一看情况不对,故意大声向楼上喊道,陈先生在家吗? 查户口的来啦。母亲大声回答,他过江去了,还没回来。陈然听见喊声明白危险降临,立即推开窗户,准备跳窗到邻院。但楼房已经被包围,特务破门而入,发现了墨迹未干的第23期《挺进报》和《论大反攻》《耕者有其田》两种丛刊。

这时,闻讯赶来的工人要上楼保护陈然,遭到特务殴打,吴师傅被打得嘴角出血。特务要捆绑陈然,母亲拼命阻拦,被特务凶狠地推开。她想跳楼抗议特务的暴行,被陈佩玮紧紧抱住。陈然厉声斥责特务,拉着老人的手说:“娘,你不要难过,你的儿子没有罪,你要相信你儿子所干的事是正义的。”陈然从容不迫地把自己身上的钢笔和手表递给母亲,昂首挺胸跨出家门,去迎接更加严峻的考验。

陈然被捕不久,蒋一苇按约定回陈然家时得到吴师傅的报警脱险,立即通知《挺进报》特支成员转移,吕雪棠等人安全转移,古承铄在转移途中被捕。

① 梁余:《真理的信徒 人民的歌手——古承铄烈士传略》,载《英烈颂》(第一集),重庆出版社1982年版,第150页。

五、魔窟斗争中视死如归

  特务意外发现《挺进报》印刷地点，欣喜若狂，立即将陈然押到特务机关连夜审讯。由于在家中查获《挺进报》，身份已暴露，陈然坦然承认自己是共产党员，办报是自己一人所为，其他人一概不知。特务拿李维嘉的照片给他看，他说不认得。第二天，徐远举认为性格沉静的陈然不难对付，亲自提审，威逼陈然交出组织。陈然革命意志非常坚定，经受了酷刑的考验，徐远举什么也没得到，反而被陈然斥责。两天以后，遍体鳞伤的陈然被送到渣滓洞监狱①。

  在渣滓洞监狱，陈然仍无所畏惧，坚决表示无组织可交代。在持续一个多月的酷刑拷问中，陈然经受了惨绝人寰的刑罚，两腿被打成重伤，但他依然神态自若，谈笑风生。夜晚，还经常戴着脚镣在牢房唱歌，激发难友的革命斗志和胜利信心。特务毫无办法，将陈然送到关押重犯的白公馆监狱。

  白公馆监狱的二层楼房在半山上，包围楼房的高墙上布满电网，四周的岗楼架着机关枪和探照灯。为了防止越狱，高墙外的岩石和树木都涂上白漆，使人无法躲避。陈然到白公馆监狱不久，就与狱中党组织接上关系，党组织指示他，将人民解放军在各个战场上的胜利消息，传达给被敌人长期关押，不知外面形势的难友。陈然在香烟的包装纸上，用工整的仿宋字，简要写出人民解放军在东北、华北、西北和中原战场上取得的胜利。小纸片沿着狱中秘密孔道，将喜讯传到每一颗渴望自由与光明的心里。

  能记住的消息已传播得差不多了，需要新的消息。陈然所在牢

---

  ① 徐远举：《重庆大屠杀大破坏自述》，载《四川文史资料集粹·第二卷·政治军事编》，四川人民出版社1996年版，第543页。

房的隔壁,关押着东北军爱国将领黄显声将军。黄将军是抗战时期秘密入党的中共特别党员,是狱中唯一可以阅读报纸的人,他十分理解难友渴望了解外界情况的心情,通过狱中党组织他知道了陈然的情况。夜深人静,从两间牢房之间被封死的门缝里塞进《中央日报》,要陈然天亮前归还[①]。

《中央日报》是国民党的喉舌,通篇没有多少真话,但长期战斗在国统区的陈然,懂得如何从国民党报纸的字里行间看出真实情况:

中共中央在河北西柏坡召开七届二中全会。

北平解放!毛主席和党中央离开西柏坡,到达北平。

百万雄师强渡长江,南京宣告解放!

毛主席和朱总司令下达向全国进军的命令。

……

这些振奋人心的消息,使难友了解到全国革命形势的发展情况,知道蒋家王朝覆灭的日子不远了,不禁心花怒放,亲切地称呼小纸片是白公馆《挺进报》。

不幸,一位难友在放风时躲在屋角偷看小纸片,被特务发现当众毒打,企图从他的嘴里得到消息来源,破获狱中党组织。陈然想挺身而出,但这位难友住在他的楼下,如果他承认了,就有可能暴露狱中秘密联络通道,甚至会牵连到黄显声将军。

这时,狱中党组织负责人许晓轩站了出来,说纸条是他写的。特务核对笔迹,许晓轩写出的字与陈然一模一样。原来,斗争经验非常丰富的许晓轩,平时就模仿陈然的笔迹练习写仿宋字。特务又追问消息来源,许晓轩说是放风时在管理室的报纸上看到的。特务害怕

---

① 肖显志:《黄显声传奇》,辽宁少年儿童出版社2011年版,第193页。

追究失职责任,只好罢休。

1948年12月,曾与陈然同牢房的中共城区区委书记李文祥叛变,狱中斗争士气受到沉重打击。陈然既痛恨叛徒的无耻,又担心难友的情绪受影响,准备用自杀的方式谴责叛徒的贪生怕死,以自己壮烈的牺牲抹去难友心中的阴影。陈然并不打算贸然死去,而是想用慷慨赴死的过程(比如用绝食的办法),来激励狱中难友的意志,认为这比任何言辞更为有力。正当他加紧准备的时候,蒋介石发表《元旦文告》求和下野,李宗仁上台执政,全国政治局势出现转机,狱中的气氛也有所缓和,陈然放弃了自杀计划,但他慷慨赴死的决心振奋了难友的斗争意志①。

在开展斗争的同时,狱中共产党员以对党无限忠诚和对革命事业高度负责的精神,总结川东党组织遭受重大破坏的惨痛教训,感到血的教训无比沉痛、无比深刻。他们利用各种机会交换意见,从内部找根源,总结经验教训,并相互叮嘱,谁能活着出去,一定要向党转达这血的嘱托。

1949年2月,由江竹筠和刘国鋕介绍入党的罗广斌由渣滓洞监狱转到白公馆监狱。狱中党组织分析罗广斌的哥哥是国民党高级将领,因此最有可能释放出狱,便要他注意搜集征求被捕同志的意见,总结经验教训,有朝一日出狱后向上级党组织报告。罗广斌多次把收集到的意见与同牢的陈然、刘国鋕、王朴等讨论。陈然对党的领导干部叛变的内在原因进行了深入分析,认为共产党员像矿砂一样,有好的成分,但是不纯,应该在斗争和学习中锻炼成钢,才能锻造成为新中国建设工作中的坚强螺丝钉②。

1949年春,中国共产党七届二中全会召开、毛主席到达北平、南

---

① 中央革命博物馆筹备处:《美帝蒋匪重庆集中营罪行实录》,大众书店1950年版,第143页。

② 重庆市各界追悼杨虎城将军暨被难烈士筹备委员会:《关于陈然烈士的审定材料》,载《如此中美特种技术合作所——蒋美特务重庆大屠杀之血录》,1950年版。

京解放等消息在狱中传开。狱中党组织估计胜利即将来临,教育党员经受住最后考验,做好牺牲准备,同时秘密拟定了策反越狱计划,争取胜利迎接解放。经过了解和观察,确定杨钦典等五六个看守为策反重点。

陈然最早与杨钦典接触并做工作。杨钦典长期混迹于国民党军队,既有服从、效忠的军人习性,也有江湖义气和崇敬硬汉子的性格,不太会逢迎巴结,做人的良心尚未完全泯灭。多年未受重用,不免流露出一些不满情绪,这被具有敏锐观察力的陈然注意到。

陈然生于河北香河县,离杨钦典的河南老家不远,算是小同乡。他就找机会与杨钦典谈乡情、拉家常,讲物价的飞涨、百姓的痛苦、社会的不公、官场的黑暗。一次,杨钦典老婆来信要他回家,说家乡已经解放,而且分了地、分了牛。这让杨钦典左右为难,本来可以高高兴兴回家过好日子,可是自己是国民党兵,还是关押共产党政治犯的看守,回去后,共产党会不会放过自己?而家乡既已解放,重庆迟早也保不住,共产党打来,又往哪儿走?陈然抓住杨钦典这些心理,规劝他弃暗投明。陈然说,你要多给我们方便,等解放军打来了,我们可以证明你是有功人员。

通过陈然等人的教育感化,杨钦典对难友的态度有了转变。大屠杀时,杨钦典乘白公馆大部分看守增援渣滓洞之机,打开牢门,使罗广斌等19人成功越狱。罗广斌脱险后,向中共重庆市委递交了凝聚着陈然、江竹筠、刘国鋕、王朴等先烈真知灼见的《关于重庆党组织破坏经过和狱中情形的报告》[①]。

1949年10月1日,北京天安门城楼奏响《义勇军进行曲》,升起新中国第一面五星红旗,毛泽东主席宣告中华人民共和国成立。几天后,黄将军将这个喜讯传到各个牢房。听到这个特大喜讯,难友或紧

---

① 杨钦典口述,阎书华执笔:《我在白公馆当警卫的前前后后》,载《漯河文史资料》(第12辑),内部资料2004年版,第235—241页。

紧拥抱,耳语欢呼:"中华人民共和国万岁！中国共产党万岁！"或互拥着在地上连连打滚;或碰撞镣铐发出清脆的响声。他们用这种独特的方式庆祝中华人民共和国的诞生。

深夜,陈然与罗广斌、刘国鋕、王朴等人以水代酒,举杯庆祝。罗广斌提议做一面五星红旗,解放时打着红旗冲出牢房。大家决定用罗广斌的红色被单做旗面,但对五颗星星的颜色和排列,则有不同的看法:有的主张五颗星用白色,因为星光是白色的,为此陈然拿出自己的白布衬衣准备用来做白色的星,有的主张用黄色代表炎黄子孙;有的认为五角星应该一字排开,代表中国人民解放军的队伍整整齐齐;有的认为应呈圆形排列,象征全国人民团结一致共同战斗。最后决定:五颗星用黄色,一颗星放在红旗的中央,四颗星放在红旗的四角,象征祖国四万万同胞紧密地团结在中国共产党周围。

他们没有剪刀,也无针线,靠一把铁片磨成的小刀,精心地用黄草纸刻出五颗星,把五颗星细心地用稀饭粘贴在旗面上。红旗制成了,有难友提议大家合作一首诗,很快,每人说上一两句,最后由罗广斌执笔写下《我们也有一面红旗》:

> 我们有床红色的绣花被面,
> 把花拆掉吧,这里有剪刀,
> 拿黄纸剪成五颗明亮的星,贴在角上。
> 再找根竹竿,就是帐竿也吧！
> 瞧呀,这是我们的旗帜！
> 鲜明的旗帜,腥红的旗帜,
> 我们用血换来的旗帜！
> 美丽吗？看我挥舞它吧！
> 别要性急,把它藏起来呀！

等解放大军来了那天，

从敌人的集中营里，我们举起大红旗，

撒着自由的眼泪，

一齐出去！①

大家把牢房里的楼板撬开一小块，将红旗藏进地板下面。重庆解放后，在大屠杀中脱险的罗广斌回到牢房，取出了这面红旗②。

1949年10月下旬，刘伯承、邓小平率领人民解放军第二野战军发起大西南战役。国民党在大西南的统治即将崩溃，他们无法在战场上阻挡人民解放军的攻势，只好加紧对被逮捕的共产党人进行大屠杀，以此来掩盖内心的绝望与恐慌。

胜利的喜讯也传遍渣滓洞、白公馆，难友们怀着无比喜悦的心情准备迎接解放。狱中党组织估计敌人要做垂死挣扎，让大家提高警惕，做好最后斗争的准备。

10月27日清晨，陈然按自己制定的上午学习军事学，下午学习自然科学的计划，正在阅读《战争论》。沉重的铁门被推开，看守长杨进兴阴冷地说：陈然、王朴，赶快把衣服换掉立即进城，徐处长找你们谈话。陈然放下书，从容不迫脱下囚衣，换上入狱时穿的那套简朴服装。刘国鋕见王朴的衣服太单薄，脱下身上的大衣给他穿上。陈然和王朴缓缓地站起身，与难友紧紧握手告别，走出监牢。

10月28日清晨，左营街重庆警备司令部，从大门到广场到街口，站满了全副武装的士兵，戒备森严，如临大敌。一辆大卡车驶过大门在广场停下，陈然、王朴等被推下车押上台阶。军法官点名后宣布各自"罪状"：

---

① 重庆"中美合作所"集中营展览馆编：《革命烈士诗文选》，1980年，第121页。

② 杨益言：《忆罗广斌同志》，《四川文艺》1978年第12期。

陈然……《挺进报》负责人……

成善谋……《挺进报》电讯负责人……

　　陈然与成善谋的目光迅速碰到一起,这两位《挺进报》主要成员,竟然在刑场上才知道各自的真实身份。

　　当宣判陈然等人死刑时,陈然怒斥:"今天你们判我死刑,革命胜利后,人民也要判你们死刑!"

　　囚车缓缓驶出警备司令部大门,围观百姓拥向路边。王朴抓住机会大声对群众演讲。囚车从民生路驶向七星岗、观音岩、两路口、大坪,陈然他们唱起了《国际歌》:

这是最后的斗争……

英特纳雄耐尔就一定要实现……

　　在大坪刑场,陈然和成善谋肩并肩向刑场走去。

　　英雄们站成一排,他们昂首挺胸,拒绝下跪。陈然转过身来,面向黑洞洞的枪口,对刽子手大声命令道:"从正面向我开枪! 来吧!"

　　在特务即将下达罪恶的杀人命令时,英雄们使尽全身气力呼喊:

中华人民共和国万岁!

打倒蒋介石,解放全中国!

中国共产党万岁!

毛主席万岁!

　　罪恶的子弹飞向陈然,他连中3枪,但身躯仍倔强地挺立着,他还在拼尽全力喊口号。

"机枪射击!"监斩官下令。又一排罪恶的子弹射进陈然宽厚的胸膛……

陈然牺牲后,吕雪棠的弟弟受党组织委托为陈然收殓遗体。他在大坪附近找到一个扫街的穷苦老人帮助收殓。老人目睹了陈然壮烈牺牲的情景,他崇敬地说,这人真是一条好汉啊!打了几枪都不倒,还站着喊口号。打枪的手都发抖了,后来还是机枪打的,老人悲痛地摇头叹息。当他们为陈然更衣时,那件被子弹射烂的白色衬衣,浸透了鲜红的血迹①。

陈然牺牲前几天曾告诉罗广斌,想写一首题为《没有了我》的诗,诗中的意思是:我虽然死了,可是中国人民的革命事业却得以永生!陈然最终没有完成他的诗,但以自己视死如归的行为完成了中国人民革命事业胜利的伟大史诗②。

---

① 林彦:《挺进报纪事》,四川人民出版社1982年版,第96、97页。

② 中央革命博物馆筹备处编:《美帝蒋匪重庆集中营罪行实录》,大众书店1950年版,第28页。

参考文献

1. 蒋一苇、陈崇基、林彦:《陈然烈士传略》,重庆出版社 1983 年版。

2. 钟修文、李畅培、厉华主编:《红岩魂——纪念 11·27 烈士殉难四十五周年》,中共重庆市委党史研究室、重庆歌乐山烈士陵园、《红岩春秋》杂志社 1994 年版。

3. 文履平、邓宣、厉华主编:《挺进报》,群众出版社 1997 年版。

4. 厉华、陈建新、刘和平、王庆华:《红岩魂纪实——来自白公馆、渣滓洞的报告》,群众出版社 1997 年版。

5. 杨喆:《血火铸丰碑——解放前夕中共川东、川康地下组织斗争纪实》,重庆出版社 2005 年版。

投身革命终不悔，满腔热血铸诗篇

——罗广斌传略

◎忠县党史研究与地方志编纂办公室

罗广斌（1924—1967），曾用名罗文进，忠县人。著名作家，长篇小说《红岩》作者之一。1948年加入中国共产党，同年被捕，囚禁在重庆歌乐山渣滓洞、白公馆监狱。1950年后，历任共青团重庆市委常委、统战部部长，重庆市青联副主席。后在重庆市文联专门从事创作。合著革命回忆录《在烈火中永生》、长篇小说《红岩》。

一、义无反顾，投身革命

1924年11月，因父亲在成都为官，罗广斌在成都降生。幼年的优裕生活，使他感到无忧无虑。小时候的罗广斌，聪明好学，智力过人，曾经以手制小模型滑翔飞机获得少年模型滑翔比赛冠军①。在成都建国中学读书后，苦难旧中国的现实，开始引起他的忧虑。为了躲避日本飞机的轰炸，他转学去了洪雅县中学。他和一个女同学相恋，因"门户不当"，被父亲押回成都，过了三年囚禁似的生活。极度的愤懑，迫使他一再强烈反抗，但每反抗一次，留给他的都是痛苦和绝望。直到在他身边出现第一个共产党员马识途（当时在昆明西南联大从事地下工作）后，他才第一次认识到应该怎样走自己的路。在马识途的帮助下，他的父母很快同意他到昆明上学。

1943年夏天，罗广斌来到昆明，抓紧复习功课。不久，以高分数考入了西南联大附中高一班。学习期间，他结交了闻一多的儿子和华罗庚的女儿，经常与进步同学谈议时事政治。通过潜移默化的影响，他和同学办起了附中壁报，宣传进步思想，抨击社会弊端。他得到了政治启蒙，最终坚定他一生从事革命道路的信念。

---

① 马识途：《公子·革命者·作家——回忆罗广斌》，载刘德彬：《〈红岩〉·罗广斌·中美合作所》，重庆出版社1990年版，第85—87页。

　　1944年，罗广斌受马识途的嘱托，在联大附中组建了"民主青年同盟"（简称"民青"，属党的外围组织）分部，由他担任领导工作。1945年上半年是昆明学生运动急遽高涨的阶段，罗广斌成为联大附中学生运动的负责人。在联大一群革命朋友的耳濡目染中，在齐亮（昆明学联主席，马秀英的丈夫，马秀英系马识途堂妹）的带动下，他的革命思想日渐形成，并出色地在学生中开展活动。不久，罗广斌参与筹划昆明"一二·一"学生运动，这促成他一生最有决定性的一步，对他的官僚地主家庭和国民党政权不抱任何幻想，知其然而叛逆、斗争。

　　不久，马识途受中共组织委派前往滇南工作。罗广斌强烈要求一同前往。在没被允许的情况下，他于新学期开学不久，便以回四川省亲的名义请了长假而直赴滇南。经马识途推荐，他在建民中学从事初中化学教学。此时他虽不是大学生，但在马识途的帮助下，他认真准备教案，频频试讲，同学们被他那深入浅出的讲解和迷人的化学试验所吸引，后来竟然被认为是初中最好的教员。他善于与同学交流，与大家一起编排壁报、教唱歌曲、打排球、做书签、讲故事、手工制作模型等，借以宣传革命思想。

　　罗广斌到滇南后，因长期没与家人联系，他的父亲来信要他回四川继续上学。罗广斌收到信后，不变初衷，也不回信，想继续留在滇南。马识途劝说道："要革命什么地方都一样，四川是革命斗争最艰难最危险的地方，更需要比较好的社会关系的人去工作。我相信你已经是一颗火种，丢到哪里，哪里都会燃烧发光。"他服从组织安排，依依不舍地离开了建民中学。

　　1946年9月，罗广斌随马识途到成都。他遵照家人的意愿，考入了华西大学先修班学习。1947年春，国民党当局查封了《新华日报》。当罗广斌知道党组织在国统区秘办"XNCR"小报时，他十分兴奋，积极要求参加。此后，他只要有空就参加油印小报工作。不久，罗广斌的父亲要他到重庆,他坚定地说:"我既然已经下决心和这个旧世界决裂,我为什么还老是和这个旧家庭藕断丝连不敢决裂呢?……"在马识途的劝说下,他不太情愿地回到了重庆。

罗广斌回到重庆不久,便考入西南学院(由民主人士办学、进步教授任教的学院,是重庆地区的一个革命摇篮)新闻系学习。为了广泛联系群众,影响舆论,他与同学一起创办了《清明》壁报,并担任社长。继而,《清明》倡议加强壁报社团的联系,酝酿筹备成立全校"壁报联合会",他当选"壁联"主席。之后建立学生系科代表联系会,他又被选为出席联系会的新闻系首席代表,成为群众熟悉和喜爱的人。1947年4月12日,罗广斌组织召开系科代表会议,决定在当晚召集全校学生大会,与以黎曦为会长的"西南学院泸县旅渝同乡会"展开针锋相对的斗争。这次公开较量,团结了广大群众。罗广斌在斗争中的勇敢机智和才能,给大家留下了深刻的印象。是年,党组织决定开展纪念五四运动28周年活动。罗广斌运用参与昆明学生运动时积累的经验,组织各社团出壁报,请进步教授演讲,举行"五四"篝火晚会,进一步掀起群众的革命热情。5月下旬,全国爆发京沪学生反内战、反饥饿运动。根据党的指示,罗广斌以系科代表联系会的名义,召开全校学生大会,声援京沪学生,成立"西南学院反内战、反饥饿行动委员会",并当选为委员会的领导成员。他采取发动和组织同学签自己学号的方式,组织全校罢课。通过短短三个多月的斗争实践,罗广斌显示了他的组织才能和英勇胆识。6月下旬,他成为第一批六一社社员,并担任组长。

1948年初,罗广斌经重庆党组织学运领导人江竹筠、刘国鋕的介绍,加入中国共产党。2月,受党的委派,罗广斌化名罗退之,前往秀山县,以县立中学教师的身份为掩护,在学校和当地开展工作,建立组织。在秀山中学工作期间,他认真备课,讲解明晰,很受学生欢迎,迅速提高了威信，为进一步开展工作奠定了基础。他精心组织要求进步的学生阅读三联书店出版的政治书籍，逐步形成学生中的骨干核心。通过艰苦细致的工作，他对涌现出来的积极分子做了认真的了解、考察，发展了4名六一社员，为革命留下了火种。正当在工作打下初步基础之际，重庆、川东地区党组织被敌人严重破坏，党组织决定罗广斌等撤离秀山。

1948年7月，罗广斌从秀山撤回重庆不久，因中共重庆市委负责人刘国定、冉益智叛变，特务到处抓人。在危急时刻，党组织决定他到成都暂时隐蔽。8月，罗广斌回到成都。由于一时找不到社会职业，就住在金河街柿子巷家里，深居简出，等候重庆党组织的通知。9月，因叛徒出卖，罗广斌被成都市军统站站长少将特务周迅予一行抓捕，关押于成都警备司令部。在其父罗宇涵"只要悔过认错，就会放人"的劝说下，他始终没有动摇信念，只对父亲留下了一句"请你们放心，转告母亲，就当没有我这个儿子好了"。不久，罗广斌被移送重庆，关押在歌乐山军统集中营。

二、狱中斗争，迎接解放

1948年9月，罗广斌被关押在渣滓洞监狱。是年底，当狱中传来中国人民解放军东北野战军取得辽沈战役胜利，国民党军队被我华东、中原野战军团团围困的振奋人心的消息时，罗广斌积极争取值班看守，允许延长放风时间，精心组织了一场有意义的球赛。为此，他收集了5件白衬衫，用红药水把棉线染成红色，然后在每件衬衫的左胸上刺绣了英文Liberty，象征自由和解放。1948年底，被捕前任沙磁区学运特支委员的张国维在认真分析同囚一室的罗广斌的特殊家庭背景后，认为作为国民党高级将领罗广文弟弟的罗广斌是最有希望活着出去的人，便叮嘱他注意收集情况，征求意见，总结经验，有朝一日出狱后向党报告。从此，罗广斌就肩负起这一特殊任务。他在积极参加狱中斗争的同时，想方设法与难友们交流，听取意见，积累资料；难友们也充分信任他，把自己总结的对敌斗争的教训和对党组织的希望与他进行推心置腹的交流①。1949年元月17日，是江姐丈夫彭咏梧在武装起义前线牺牲周年纪念日，渣滓洞监狱各囚室的难友们纷纷采用各种形式慰问女囚室里的江姐。江姐的回报是起草了一份讨论大纲："一、被捕前的总结；二、被捕后的案情应付；三、狱中的学习。"各囚室先后分别进行了讨论。这对提高狱中同志的斗争意志和思想认识起了很大的作用。差不多同时，白公馆的党组织也在就此问题多次进行深入讨论。1949年初，罗广斌因在狱中向齐亮传递消息，被放风坝的看守长发现，从此带上脚镣，但这并没影响他不屈不挠的斗争精神。经过斗争，渣滓洞举办了春节联欢活动，他最先带头唱起春节联欢的序曲《乌云遮不住太阳》，手捧沉重的脚镣，单独表演了一个节奏强烈、感人肺腑的脚镣舞。

1949年2月，罗广斌被以"不服管教，违犯所规"之名，由渣滓洞监狱转移到白公馆，关在楼下平二室。在这里，他把在渣滓洞监狱收集到的情况同刘国铉、王朴等进行了交流、讨论和总结，梳理出一些基本意见。之后，在两个监狱秘密党组织的领导下，党员们对基本意见进行了认真讨论，最终形成了比较一致的意见，并嘱托罗广斌做集中

---

① 中共重庆市委党史研究室：《中国共产党重庆历史·第一卷(1926—1949)》，重庆出版社2011版，第524页。

整理,争取出狱后向党组织报告①。为使狱中充满生气,鼓舞战友斗志,他积极向狱友教唱《国际歌》和《囚歌》,把在渣滓洞学来的方法,用黄泥和草纸,分别制作成象棋和扑克牌,开展文娱活动。同时,罗广斌利用看守杨钦典、王发贵经常到囚室下棋之机,与陈然、刘国鋕一道做他们的分化瓦解工作,给他们分析形势,晓以利害,指明前途。不久,国民党当局又安排他父亲与他会面,声称只要他表示不参加政治活动,即可释放,否则"玉石俱焚"。罗广斌当即大义凛然地回答:"办不到,还是把我押回白公馆吧!"很快,中华人民共和国成立的消息传进白公馆,罗广斌与他的战友欣喜万分。经过热烈讨论,一致赞成罗广斌的提议,在狱中制作一面五星红旗。罗广斌献出他的红色被面做旗面,大家找来黄色草纸,把它剪成五颗红星,粘在红色被面上形成红旗。罗广斌满怀激情地写了一首诗《我们也有一面红旗》。他期待着解放那天,高举着这面旗帜,冲出去。为了避免敌人搜查,大家像保护自己的生命一样,保护红旗。他们撬开一块地板,把红旗卷好,连同罗广斌的诗稿,一起藏在地板下。红旗和诗稿直到重庆解放后,才从地板下取出,在重庆公开展出。

1949年11月27日早晨,当罗广斌得知敌人不久将要进行大屠杀的消息后,立即与四号牢房联系,共同商量越狱。同时研究如何与渣滓洞取得联系,以便共同行动。此时,敌人已按照预先拟定的计划,从楼上开始,三五个人一批进行屠杀。罗广斌在生命危险之际,带头高唱《国际歌》,并高呼:"中国共产党万岁!""毛主席万岁!"深夜来临,罗广斌抓住白公馆只留下看守杨钦典一人的有利时机,积极做好争取转化工作。他拿着看守杨钦典递来的斧头和一把钥匙,将白公馆剩余的19人放出。随后,宣布越狱路线,将越狱人员分成5个组,以黑夜和茂密的松林做掩护,全部安全逃离白公馆。

---

① 中共重庆市委党史研究室:《中国共产党重庆历史·第一卷(1926—1949)》,重庆出版社2011版,第524页。

三、不忘嘱托，向党报告

　　1949年11月30日，重庆解放。12月1日，成立"脱险同志联络处"，接待从各个监狱脱险的和其他遭受迫害的同志，罗广斌是脱险志士之一。在参加"烈士资料审查委员会"工作的同时，他不忘狱中难友们的嘱托，每天晚上趴在地铺上奋笔疾书，追记整理同志们在狱中的讨论和总结。到12月25日，大屠杀后的第28天，重庆解放后的第25天，罗广斌即将《关于重庆党组织破坏经过和狱中情形的报告》（以下简称《报告》）上报给了中共重庆市委。这份报告分7个部分，有两万多字，比较充分地反映了当时的地下斗争和监狱斗争的艰难历程、大破坏带来的惨痛教训和英烈们的英勇忠烈和崇高精神风貌。其主要内容：一是案情发展。讲的是由《挺进报》改变发行方式引发的川东党组织被破坏的经过。二是叛徒群像。着重揭露原重庆地下市委书记刘国定、副书记冉益智、原川东临委副书记涂孝文、原川康特委书记蒲华辅、原重庆城中心区委书记李文祥等几个领导干部的叛变罪行，剖析他们平时言行中反映出人生观上存在的问题和叛变时的心理状态，说明他们虽然职务较高，资格较老，有过功劳，但是关键时刻叛变不是偶然的。三是狱中情形。简略叙述了两座监狱的由来和狱中斗争的情况。对渣滓洞，重点汇报"狱中追悼会"①、"新年大联欢"（"春节大联欢"）、"慰问江姐"等几场斗争。对白公馆，则重点汇报了"狱中学习"、编写《挺进报》白宫版、"争取特务看守"和"准备暴动突围"等几场斗争。四是脱险人物。主要介绍两座监狱在大屠杀中突围脱险和在此之前经过各种渠道营救出狱的部分人士。《报告》以严格审视的眼光，有分析地介绍他们的情况和在监狱中的表

---

　　① 全体囚犯公祭在狱中被迫害致死的原新四军战士龙光章。

现，对有的同志给予了高度赞扬。报告建议对脱险的党外人士根据情况分别给予安排。另外，也对几个被特务主动释放的特殊"犯人"做了介绍。第五和第六部分内容缺失。第七部分即"狱中意见"，约3000字，即后来党史部门提炼"狱中八条"的原始资料。其具体内容：(1)防止领导成员的腐化；(2)加强党内教育和实际斗争的锻炼；(3)不要理想主义，对上级也不要迷信；(4)注意路线问题，不要从"右"跳到"左"；(5)切勿轻视敌人；(6)重视党员特别是领导干部的经济、恋爱和生活作风问题；(7)严格进行整党整风；(8)惩办叛徒特务。这份"狱中意见"，开门见山，一针见血，充分体现出一群真正的共产主义战士对党披肝沥胆、赤诚倾诉的真知灼见，是他们集体意志和智慧的结晶，是加强党的建设的理论思考，是他们用生命与鲜血留给党的最后嘱托，至今仍然闪烁着崇高的人格光芒。

四、投身建设，彰显才能

从白公馆脱险出来后，罗广斌以虎口余生之身、兴奋昂扬之情，回到党的怀抱，欢庆全国解放的胜利。神州变新颜，万众齐欢腾！那时，气宇轩昂、九死一生的罗广斌又很快投入到新中国建设之中。

1950年1月15日在参加筹备杨虎城将军和"一一二七"殉难烈士追悼会结束后，罗广斌被分配到共青团重庆市工委工作。当时，团的工作正处于创建之初，困难重重。但他善于团结青年同志，很快打开局面，建立工作秩序，充分显示出很强的组织能力。之后，他工作调动频繁，先后担任北碚区团委组织部部长、九龙坡区团委书记、团市委统战部部长、市民主青年联合会副主席。他无论在哪个单位工作，都能出色地完成党交给的工作任务。特别是他在担任团市委统战部部长期间，认真贯彻党的统一战线政策，对私营工商业中的青年代表人物，做了大量细致的工作，使他们认清了社会发展规律，自觉接受社会主义改造。在民主青年联合会工作期间，他和青联的几位领导成员相处得十分融洽，亲密无间，工作卓有成效。

在20世纪50年代和60年代前期，罗广斌以极大的热情和精力，倾注于对青年的宣传鼓动工作，对他们进行革命传统、爱国主义和社会主义教育。1950年6月，朝鲜战争爆发，美帝国主义把战火烧到我国东北边境，严重威胁着我国安全。罗广斌以历史见证人的身份，每天到工厂、学校、机关去做传统教育报告，揭露特务在军统集中营的罪行，宣扬革命先烈的英勇斗争事迹，前后共做报告达100多场次。不少青年听了他的报告后，纷纷要求加入共青团，许多团员、青年踊跃报名参军，要求到朝鲜战场英勇杀敌。

1957年，市委决定下放一批市级机关干部去长寿湖劳动锻炼，开办农场。罗广斌作为先遣队成员之一，第一批来到长寿湖，进行实地勘查，提出建场规划。为加速渔业发展，长寿湖农场除设总场外，还专门设立一个渔场，罗广斌同志任总场党委委员、渔场场长兼团委书记。为打开工作局面，他不辞劳苦，请教当地渔民，从实际出发，因陋就简，组建了一个上百人的养鱼队，一个鱼池基建队。他亲自参加鱼池设计，利用水田，加高田坎，作为临时鱼池，以便在当年放养鱼苗鱼种投湖。同时，组建一支300人的捕鱼大队，通过训练，使队员初步掌握了划船、捕鱼技术。为解决捕鱼问题，他在广泛征求群众意见的基础上，决定建一个造船厂和一个网具队。将一个人划的"双飞燕"改造为大而稳、由两人操作的"四飞燕"。他还亲自筹款，组织设计施工，建造了长寿湖第一艘机动渔船。他强调科学养鱼、科学捕鱼，亲自组织了灯光捕鱼等试验，成立了长寿湖水产试验室，成功地揭开了"草鱼、鲢鱼在水库天然繁殖之谜"，否定了所谓"草鱼、鲢鱼只能在江河流水中产卵，在静水中不能产卵繁殖"的说法，受到时任科学院院长郭沫若的赞扬①。凭着对鱼的迷恋和对事业的追求，在他的倡导下，渔场水产试验室扩大成立了水产研究所。他组织10多人的科学调查队伍，奔赴金沙江，进行中华鲟产卵场的实地调查。1959年，他写出了《金沙江鲟鱼产卵场调查报告》，成为我国第一篇关于中华鲟鱼产卵场的研究成果，为以后长寿湖水研所发现更多的产卵场和人工繁殖奠定了基础。

五、呕心沥血，铸就红岩

解放初期，罗广斌与几位同志通宵达旦地工作，编辑出版了20余万字的纪念特刊《如此中美特种技术合作所》（美蒋特务重庆大屠杀之血录）。这一特刊的出版，为烈士展览馆后来编写烈士传略提供了极为珍贵的史料，也为他本人在以后创作长篇小说《红岩》积累了大量的素材。

1956年，罗广斌、杨益言、刘德彬向中共重庆市委写了一个报告：愿意把他们知道的东西整理出来。市委同意后，他们3人分头写出了五六十万字的书面材料。随后，他们按照市领导的要求，通过对材料

---

① 曹靖：《罗广斌在长寿湖》，载刘德彬：《〈红岩〉·罗广斌·中美合作所》，重庆出版社1990年版，第168页。

的选择、整理,写出了革命回忆录《在烈火中永生》①。该书一出版,即发行达328万册,在全国青年中激起了强烈反响。

1958年11月,共青团中央常委、中国青年出版社社长朱语今和王维玲来到重庆,对罗广斌(当时罗广斌、刘德彬正在市委机关的劳动基地狮子滩长寿湖农场劳动锻炼)等人提出"广大青年对这一题材很感兴趣,希望你们用长篇小说形式来加以表现"的想法,他们愉快地接受了写小说《红岩》的任务。罗广斌说:"写小说,这是我们多年来的强烈愿望,只是我们没有写过小说,现在党需要我们写,我们就写,尽力写好。"不久,经重庆市委批准,决定安排罗广斌、杨益言来完成《红岩》的写作任务。

为保证长篇小说《红岩》创作的顺利开展,时任中共重庆市委第一书记任白戈,市委常委、组织部部长萧泽宽给予了极大的支持和帮助,一是给他们足够的时间,让他们安心写作;二是要他们依靠专家的指点;三是提供一切有用的背景材料和有利写作的条件。

1959年1月,罗广斌从长寿湖农场回来,便集中精力进行小说创作。创作初期,他与杨益言一道,首先重新学习了毛主席《在延安文艺座谈会上的讲话》。接着把能够找到的古今中外描写监狱斗争的作品搜集起来,阅读研究。向熟悉工厂、农村斗争的老同志请教,查阅敌档,提审在押特务……6月,近30万字的小说初稿形成。之后,小说初稿经市委宣传部、组织部审阅后,再次进行修改、排印,于8月形成第二稿,暂定名为《禁锢的世界》。二稿与初稿相比,在质量上有了明显提高,特别是将原来零散的材料初步归整起来,具有了小说的雏形。但仍存在结构上不够严谨;有的地方写得过于简单有的地方又有些拖沓,头绪纷繁;在人物的描写上,主要人物似乎多了一些,笔力有些分散。

---

① 罗广斌:《创作的过程,学习的过程》,载刘德彬:《〈红岩〉·罗广斌·中美合作所》,重庆出版社1990年版,第193—194页。

为作品精神面貌翻身。经著名作家沙汀提议，党组织决定让罗、杨到北京参观、学习，以进一步对全国解放前夕的革命形势做深入了解，然后回到重庆修改小说。1960年6月，罗、杨怀着渴望学习的心情，来到了北京。一到北京，他们就被安排到军事博物馆和革命历史博物馆参观。陈列其中的党中央、中央军委和毛主席的电报、文件、批示、文章、社论……使他们读后异常兴奋，仿佛获得了无穷无尽的力量。因展品不许拍照，不许抄录，他们就一次又一次到玻璃橱窗前，把相关内容背诵下来，然后又缓缓走到休息处，悄悄抄到自己的小本子上。通过参观、学习，他们打开了眼界，拓展了思路，他们认识到，不能光写狱中斗争的本身，还要扩展开来写。在听取了相关方面的意见后，罗、杨决心再一次重写。

他们在北京参观、学习结束后，又各自回到自己的工作岗位，利用业余时间构思，拟定二稿的修改方案。10月，市委组织部同意罗、杨脱产出来致力于小说的创作。11月，进入三稿的写作。其间，任白戈书记鼓励他们写好这本书，并提出许多中肯的意见。

1961年3月，他们完成了小说三稿的修改。此稿无论是在思想内容上，还是在艺术技巧上，都较前两稿有了明显提高。这也是《红岩》全书定局的最关键的一稿。但他们对三稿却不满足，他们几次表示"希望多听到更多的意见"，并希望到北京修改。3月7日，罗、杨来到北京，与中国青年出版社编辑部一起座谈。他们分别从小说构思和写法、主题和人物、关于敌人的描写、小说的结尾4个方面谈出了自己的创作修改思路和文学形成过程。3月28日，罗、杨把修改好的三稿交到编辑部，并与编辑部的同志共同讨论书名。经过反复推敲，最后定名为《红岩》。6月底，罗、杨广纳群言，博采众长，用了3个月的时间，完成了第四稿，并带着排出的校样离京回渝。

7月7日，罗、杨回到重庆后，重庆市委常委、组织部部长萧泽宽听取了他们关于小说创作及修改的情况汇报。当即对第四稿做出4点安排：一是指定市委宣传部文艺处、市委党校、团市委、市委组织部的同志看校样，并提出意见；二是在汇集了各方面的意见后，将主要问题向任白戈书记汇报，请他把关掌舵；三是7月底去成都，在沙汀指导下进行修改；四是修改后，再次到北京，在出版社的指导下，最后定稿。随后，罗广斌、杨益言再次来到北京，听取各方面的意见，在"神与物游""物我两忘"的境界中，对情节安排、人物塑造、艺术构思、细节运用、文字技巧等方面，又系统地进行了修改。

1961年12月10日，小说《红岩》终于定稿，并正式出版。罗广斌、杨益言为了完成这部巨著，付出了难以叙说的艰辛。无论是阴湿寒冷的隆冬，还是烈日炎炎的盛夏，他们每天工作达十七八个小时，从初稿到定稿，行程万里，重写了3次，大改了两次，苦战了3个春秋。但此时的罗广斌却说："我现在改出劲头了。改一次提高一步，如果需要的话，我真想把全书重写一遍。"他们用生命和血泪写出长篇小说《红岩》。

《红岩》问世不到一年，在全国引起了极大的反响，并掀起读《红岩》热潮，发行达500万册，创下国内小说发行的新纪录，对青少年起到了很好的革命传统教育作用。同时，各种艺术形式纷纷以《红岩》人物为题材，创作出戏剧、电影、曲艺、连环画等，并译成日、德、英、法、越南、朝鲜、蒙古等10多种文字向外发行，堪比《钢铁是怎样炼成的》。

不久，罗广斌、杨益言、刘德彬准备撰写《红岩》前续，写作时限定在1934—1946年。围绕这一创作计划，他们先后搜集、阅读了2000多万字的文史资料，访问了100多位老同志，还提审了一些在押的有关犯人……可以说，他们掌握的这些资料，为他们创作《红岩》前续提供了足够丰富的素材。1965年，经过4年的酝酿准备，他们已基本完成写作前的准备工作，并开始进入写作。

就在他们满怀信心准备动手写作的时候，"文化大革命"开始了，他们的写作计划被搁浅。1967年2月10日，陷入"文革"暴风骤雨之中的罗广斌，被迫害致死，年仅42岁，过早地中止了他不平凡的一生。

1978年11月11日，中共重庆市委为其平反昭雪，并为其举行了骨灰安放仪式。文化部，中国文联，中国作协，共青团中央，四川省委组织部、宣传部，重庆市委、市委组织部、市委宣传部，共青团四川省委，解放军空军政治部歌舞团，北影厂和胡耀邦、茅盾、周扬、夏衍、林默涵、华罗庚、任白戈、赵丹等为其送了花圈①。

①忠县志编纂委员会：《忠县志》，四川辞书出版社1994年版，第691页—692页。

参考文献

1. 刘德彬:《〈红岩〉·罗广斌·中美合作所》,重庆出版社 1990 年版。

2. 中共重庆市委党史研究室:《中国共产党重庆历史·第一卷 (1926—1949)》,重庆出版社 2011 版。

3. 忠县志编纂委员会:《忠县志》,四川辞书出版社 1994 年版。

老红军袁崑

◎中共大渡口区委党史研究室

袁崑,男,1915年10月9日(农历九月初一)出生于江西省于都县宽田区龙泉乡喇叭山下。乳名袁九月生,上私塾时改名袁国漳,参加红军时改名袁志涛,红军改编为八路军时改名袁崑。坚持走完了长征全程。参加过中央红军反"围剿"、八路军平型关战役、解放军辽沈和平津等战役。1949年,率中国人民解放军第四野战军教导二师四团(时任团政委)南下,后转入第二野战军进军重庆。1950年4月,转业到重庆工作,任西南人民革命大学一分部主任、党委书记。1953年8月,调任中共中央第七中级党校文化部主任、党委书记。1958年8月,调任中共四川省委工农干校副校长、党委副书记。1963年8月,调任中共四川省委初级党校副校长。1964年,到长寿县搞"四清"工作,后任县革委会副主任。1979年5月28日,调任重庆市大渡口区革委会副主任。1980年12月,任大渡口区人大常委会主任。1984年5月离休。2009年7月17日病逝,享年94岁。临终前交纳"万年党费",每年一元共一万元,以示一个老党员、老红军毕生追随至死未变的信念——中国共产党万岁。

1930年、1936年、1938年先后被评为学习模范、战斗英雄、生产模范,1939年、1941年(两次)受陇东军分区政治部嘉奖。2000年9月,经中央组织部批准享受重庆市副市长(省部级副职)级待遇。

一、红军八路解放军，为国为民建功勋

　　袁崑家既无田也无土，是佃农，父亲袁上柱靠篾匠手艺、母亲邹氏靠拔野菜为生。7岁入私塾，12岁学篾匠，1930年2月在于都县黄龙圩参加中国工农红军。几天新兵训练后编入韩坊游击大队，一边训练，一边肃清反动残余势力。8月，分配到中央红军第一军团十二军三十四师一〇六团团部当通信员，3个月后提升为通信班班长。1930年12月20日，在中央红军第一次反"围剿"战斗中，右腿被敌炮弹炸伤。1931年3月，伤愈后被安排到红三军团四师十团机枪连当战士，1933年3月31日在第四次反"围剿"的草台岗战斗中，左手被敌刺伤。伤愈后被选派到瑞金教导大队学习，结业后到西江县新兵一连任排长。1934年10月16日夜，袁崑率全排红军战士随队渡过于都河，开始长征。1935年6月1日，从泸定铁索桥上跨过大渡河，向天全、宝兴县急速前进。1935年6月5日拂晓，在四川省天全战斗中，袁崑左大腿根部内侧被敌子弹击中受重伤，6月13日，红军翻越夹金山前，被托付给宝兴县后沟夹金山下的陈大爷，得到陈大爷、陈大娘的细心治疗、照顾，腿伤逐渐好转。1936年2月14日，伤未痊愈，袁崑在宝兴县城找到红四方面军三十军，随队长征。1936年10月8日，袁崑随队到达甘肃会宁以东的青江驿,胜利走完长征全程。

1937年8月25日,中共中央军委发布中国工农红军改编为国民革命军第八路军的命令。袁崐所在红军部队编入八路军一一五师三四三旅六八五团,袁崐被任命为该团二连政治指导员。1937年9月25日,袁崐(时任连指导员)同连长齐银根率八路军一一五师三四三旅六八五团二连参加平型关战役,获得全国抗战以来第一次歼灭战的胜利,粉碎了"日军不可战胜"的神话。1938年5月,袁崐到延安参加了中国人民抗日军政大学第四期学习。毕业后留在陕甘宁军区政治部工作,不久,被任命为陇东军分区独立五营军需官。1940年夏天,甘肃省合水县组建保安大队,袁崐被任命为大队政治委员,属营职干部,时年25岁。1944年秋,袁崐多次要求上前线抗日的心愿得以实现,担任冀东军区十二军分区临抚昌支队政治委员、党委书记,属团职干部,时年29岁。他同支队长一起,带领部队在山海关一带抗击日军。

抗日战争胜利后,1946年,袁崐同杨青云支队长一起率领临抚昌支队在河北省昌黎县至辽宁省绥中县之间的铁路沿线驻防,截断国民党军向东北运送物资的运输线。1947年春,临抚昌支队同一股(500多人)"皇协军"变成的土匪战斗三天三夜,虽全歼了这股土匪,但支队长在战斗中牺牲了,领导支队的重任落在袁崐一人肩上。因战事吃紧,他几天几夜睡不了觉,不能按时吃饭,吃冷菜冷饭是常事。后来他每天吐血不止,被军分区政治部派人强行送往军分区医院治疗。出院后被安排在十二军分区机关任专职党总支书记。1948年3月,任十二军分区警卫营教导员。3月下旬的一个星期日下午,袁崐同田淑贞(婚后改名田春燕)举行了婚礼。6月,袁崐任十二军分区教导大队政治委员,征集训练新兵,培训军队干部,随时为作战部队补充兵员和军官。9月12日至11月2日,辽沈战役期间,袁崐同大队长一起率领教导大队全体官兵上前线配合主力作战。11月25日,袁崑任新兵十五团政治委员,教育国民党军的投降官兵,接收和训练地方政府交来的新兵,为平津战役前线部队补充兵员。11月29日,平津战役拉开序幕,袁崑率十五团开赴前线,编入四野第八纵队投入战斗。1949年1月31日,平津战役结束。1949年2月,袁崑从四野调出,任刚解放的唐山市警备区卫生处政治委员兼党委书记。

二、率部进军重庆城,任西南革大书记

1949年6月,中国人民解放军的大批部队南下解放江南。袁崑再三要求上战场的申请被批准,被任命为第四野战军教导二师四团政治委员兼党委书记,率部南下。任务主要有两项:培训军队干部,为前线输送指挥员;接收俘虏及投诚的国民党部队军官,进行改造训练。袁崑率四团乘火车从唐山市出发,辗转数日到达南京,后来开进武汉。第四野战军作战部队已打过长江,解放江西、福建、广东去了。中央军委决定,四野教导一师、二师配合二野解放大西南。袁崑率四团沿长江西进,1949年11月30日到达重庆,在大坪驻防。两天后奉命向遂宁开进,支援一野解放成都。袁崑率四团在遂宁西南面的横山镇截住一批国民党的逃兵,不费一枪一弹,全部缴械投降,还有一些溃逃的散兵也向四团缴械投降,四团在遂宁接收了部分国民党军起义军官。1950年2月,教导二师奉命返回重庆。途经铜梁县城遇到一股土匪(国民党军残兵败将组成的)围住县城和西南服务团征粮队,有的征粮队员已遭杀害。袁崑奉命率部剿灭了这股土匪,解放了征

粮队和县城群众。1950年3月底,四团撤离铜梁,回到重庆,驻守在化龙桥。

1950年4月的一天上午,二野参谋长李达到教导师召开团以上干部会,传达西南军政委员会决定:成立西南人民革命大学(简称西南革大),由教导二师四、五两个团的干部集体转业和西南服务团部分知识青年组建,立即进行筹办。袁崐的回忆录中有几句话,记录了当时他的思想情况:"说老实话,我是当兵打仗的工农分子,文化程度低,知识水平浅,哪能干学校工作呢?"袁崐不愿意转业,想留在部队,更不愿做大学工作,就向组织递交了留队申请书,但还没得到组织的答复,就被刘伯承司令员和邓小平政委找去谈话,交代任务。袁崐听了首长的一席话,心情平静下来了,仔细琢磨,认为首长的话很有道理,愿意服从组织安排。1950年4月,袁崐从军队转业,到西南革大一分部任主任兼党委书记。西南革大是军级单位,分部是师级单位,袁崐出任正师职干部,时年35岁。后来,第二野战军女子大学到达重庆,合并到西南革大,成为三分部。

袁崐带领原四团集体转业的干部和西南服务团部分知识青年组建西南革大一分部,驻在化龙桥一带农村。袁崐把西南革大一分部的干部召集起来开会,传达了刘、邓首长的讲话精神。他说:"转业到地方工作,我开始也想不通,还向党组织递交了不愿转业的书面报告。但是后来仔细想了想我们党面临的形势,肩负的任务,听了刘、邓首长的讲话,也就想通了。革命军人一切行动听指挥的基本素质还在,就服从安排,听从指挥,转业到西南革大来工作了。希望我们四团的每一个干部也愉快地听从指挥,安下心来把西南革大的工作做好。"原四团五连指导员,时任五班班主任,在会场上突然笔挺地站起来,大声地说:"袁政委,我们跟着你从唐山南下,经南京、武汉、重庆、遂宁,还有铜梁剿匪,都听从你的指挥,现在我们全团集体转业到西南革大,你都听从指挥,我们也要像你那样,不论什么工作,你就安排吧,我们保证干好!"到会的干部同时刷地起立,异口同声地喊:"听从指挥,保证干好!"接下来,袁崑安排大家进行修建校舍教室,制作桌凳,准备床铺等工作,解决好粮煤菜水的供应和吃喝拉撒等具体问题。条件很艰苦,困难也很多。袁崑带领学员从嘉陵江边一袋一袋往上扛粮食,一筐一筐往上抬燃煤,一担一担往上挑江水,住的是化龙桥地区农村茅草房,走的是泥泞路,睡的是稻草铺。雨天一身泥,晴天一身尘。学员感觉太辛苦了,尤其是旧政府的官员和国民党军投诚人员,很难适应这种艰苦生活。袁崑只有苦口婆心做耐心的说服教育工作,同时尽量改善生活条件。最终没有任何学员中途被淘汰。西南革大的学员主要有三部分:中青年工农干部、国民党政府旧官员、国民党军投诚起义的军官。袁崑运用党的政策和多年政治工作经验,成功改造好了不少旧官员旧军人,培养了不少新中国的建设人才。有些学员表现比较差,对听课、做笔记、讨论、写心得等学习方面的事情倒没啥怨言,就是对西南革大艰苦的环境条件和行政管理吃不消。几乎天天要到江边扛粮抬煤挑水,除星期天外,天天要出早操,到江边洗脸,不到的人要记缺席。起床、睡觉、上课、开饭都要按统一的号音执行,还有大量经常的重体力劳动。对这种半军事化管理,旧政府的官员很不适应,连起义部队的军官也喊难受。所以,他们的行动跟学校的管理不合拍,常闹别扭,影响正常的教学秩序。袁崑针对学员的这些表现,开展深入细致的政治思想工作。他首先理直气壮地讲明,学员要知道自己的身份,更要明白现在是新社会,旧官僚的思想、作风、习气都必须改,要求学员要在西南革大改造成新人。再讲明,接受改造就要劳其筋骨,触及灵魂,放弃一切不劳而获的念头。要从思想上行动上改造成自食其力的对新社会有用的人。袁崑把一分部各科室的人员和各班班主任召集起来开会,把以上这些精神在会上讲透,要求到会的人经常深入学员中去,给学员讲清道理,他们就会自觉接受改造的。遇到个别不听招呼的人,要及时敲警钟,督促他们改造。1950年12月,西南革大一分部第一期学员1300余名毕业,奔赴各自的工作岗位,成了新中国执政建设的骨干。第二、三、四期学员,主要来自大型厂矿,有所在单位保送的产业工人和基层干部,这三期,从一分部毕业3620名学员。第五期培训政法干部,为西南政法大学的建立打下了基础。1952年5月,袁崑调任西南革大教育二处处长。1953年7月,西南革大撤销,一分部改为西南政法学校(现西南政法大学)。袁崑和总校部分干部调到中共中央第七中级党校工作,校址重庆歇台子。

三、四川干校又党校,长寿为民立功劳

中共中央第七中级党校教学部,在校本部设有三个教学班;文化部专门培养科县级以上的工农出身的党员干部,主要补习文化知识;理论部主要培养政治教师和宣传工作干部。袁崑出任中共中央第七中级党校文化部主任兼党委书记。

到文化部学习的学员,是西南各省、区、市选派的科县级、地专级、省厅级的工农党员干部,先补习两年文化知识,再到校本部学习一年理论知识,三年学业完成就回原单位工作。袁崑在文化部的每个教学班都建立了党支部,班主任和党支部书记由学校的干部担任,班务委员会的委员(学习、劳动、体育、文娱、生活等委员)和党支部委员(组织、宣传、统战、纪律等委员)都由学员民主选举产生。有了这些管理机构和这一批管理人员,党校文化部的教学工作和行政管理工作都能顺利开展。

文化部的学员,多数人过去没读过书或读书很少,对学习文化知识有迫切的需求,因此学习很认真,很自觉,很尊重年轻的文化教员。袁崐作为部主任、党委书记,对学员的学习和管理不用多操心,有了学生会和党支部,加之学员都能自觉遵守学校规定,对学员的管理一贯井井有条,秩序井然。袁崐全面负责文化部工作,但工作重点放在对教员的管理和后勤工作两个方面。教员大多数比学员年轻,是来自旧学校、旧机关、旧社会的一些文化人,也有从部队转业下地方的有文化的干部,成分比较复杂,他们一个突出的毛病是看不起工农干部,说这些人没文化不好教,有的教员在课堂上批评学员,不讲情面,甚至说出过头的话和出格的语言。针对这一问题,袁崐要求文化部机关党支部出面做工作,务必解决教员轻视工农干部的问题。袁崐在机关党支部大会上说:"我们的学员中的工农干部,不少是跟随毛主席打江山的老红军、老八路,没有他们的无畏征战,就没有新中国。他们是建设新中国的中坚力量,但他们没有文化,是因为几十年的连年战争,耽误了他们学习文化知识,现在我们必须为他们补习文化,使这些中坚力量更加坚强有力,才能建设好新中国,让广大人民群众过上新社会的新生活。所以,要求每个教员对学员要有阶级情兄弟义,按教学计划的要求,把文化知识传授给这些阶级兄弟。在学员面前蛮横无理地吼叫,横挑鼻子竖挑眼,说过头话,讲出格语言的人要立即改正。否则,要严肃处理并调离党校。"袁崐要求文化部机关党支部的每个共产党员都要分别找教员谈话,无论表现好坏的教员,都分到党员人头上,逐一找教员谈话,有则改之,无则加勉。各班的班主任和党支部书记,由袁崐亲自找其谈话。

大约一个月后,袁崐收集了谈话的情况,在文化部教职员工大会上专门讲了对学员的感情问题。袁崑又召开了几次学员代表座谈会,学员们反映,现在教员的态度比以前大有改观,学员感到满意了。袁崑在文化部各党支部书记会议上,要求各党支部要巩固前段时间的工作成果,要继续保持这种良好的教学风气,只能越变越好,不许回潮。

在改变教学风气的同时,袁崑也没有放松后勤工作。本来分工了一名干部管理后勤工作,但教职员工和学员对后勤工作还是有些不满意。袁崑对分管后勤工作的那个干部讲:"第一要搞好伙食,调剂好一日三餐的饭菜,千万不能出现饭菜中毒的事情。第二要保证大家随时能喝到开水,对喝生水的现象,要说服教育,尽快改掉。第三要随时保持清洁卫生,防止流行病和传染病发生。还要要求教职员工和学员都要搞好个人卫生,要把洗澡堂办好。"那个分管后勤工作的干部也是从部队转业的,听了袁崑的一席话,立即起立:"袁书记,请你放心,保证完成任务!"袁崑微笑着说:"真不愧是个老军人,还是军人作风。"后来,袁崑和那个分管后勤工作的干部一起,找到一个牛贩子,请他到贵州去为党校买一群当地农民淘汰的耕牛,杀了改善学员生活。又到四川的农村收购了些肥猪。这样,学员的生活有了些改善。再后来,袁崑要求党校自己养猪、养鸡,当然是把养殖地点放在农村。文化部机关食堂和各学员班的食堂,基本实现了一号(每月1日)杀牛,逢五(每月的5日、15日、25日)杀猪,周周(一个星期吃一次鸡蛋)有蛋。教职员工和学员的生活水平较前大大地提高了。伙食搞好了,部队就好带。这是袁崑多年带兵的经验之谈。地方工作,特别是像党校这种学员很集中的单位,也是这个道理。

1953年8月至1958年7月,5年时间,中共中央第七中级党校文化部为西南地区培养了7400多名工农干部。经过文化知识的补习和政治理论的学习,学员的实际工作能力提高了。经办学成果调查,从文化部毕业的干部,过去看不懂的文件、文章,现在能看懂了;过去不会写或写不好的文件、文章,现在会写了;过去想不通讲不明的道理,现在讲得清楚了。袁崑在文化部工作期间,除主持日常工作外,还挤出时间去旁听文化补习课和理论辅导课,也跟学员一样做些教员布置的作业,做了些读书笔记,写了些心得体会。袁崑的文化水平和理论水平较前大有提高,就是得益于旁听和自学。多年后,袁崑回忆这段经历时写道:"使自己得到提高,为革命作了应有的贡献。"

1958年8月,中共中央第七中级党校与四川省委党校合并。两校合并后,中共中央第七中级党校校部机关各处室和理论部迁往成都,文化部和四川省几个专区的工农干校合并,成立四川省委工农干校(党校性质),原第七党校副校长许凤翔同志任四川省委工农干校校长兼党委书记,袁崑任副校长兼党委副书记。四川省委工农干校设有校部各处室,下设3个分部,一分部驻小龙坎,二分部驻化龙桥,三分部驻黄花园,校本部驻歇台子(现中共重庆市委党校所在地)。四川省委工农干校的培训对象是全省县级和相当于县级的党员工农干部,学制3年。主要是学习文化知识,毕业前学习党的现行政策,毕业后回原单位工作。1958年8月至1963年8月,四川省委工农干校共接收学员10000余名,他们在语文、数学上均达到高中水平,大大提高了阅读、写作和计算能力,对于提高他们的工作效率起到了积极作用。

1963年8月,根据四川省委的指示,四川省委工农干校与四川省委第二党校合并。第二党校从雅安迁到重庆歇台子,两校合并后称中共四川省委初级党校,就是现在的中共重庆市委党校的前身。袁崑任中共四川省委初级党校副校长。

党的八届十中全会(1962年9月)后,中共中央决定在全国城乡发动一次普遍的社会主义教育运动。农村的社教运动以"四清"(清账目、清仓库、清财物、清工分)为主要内容,称为"小四清",城市的社教运动以"五反"(反对贪污盗窃、反对投机倒把、反对铺张浪费、反对分散主义、反对官僚主义)为主要内容。1965年底,全国城乡的社教运动的内容都改变为"清政治、清经济、清组织、清思想"(称为"大四清")的"四清"运动。

1963年5月,重庆市委社会主义教育工作团开赴长寿县搞"四清"运动。根据四川省委通知,袁崑的工作由重庆市委安排。袁崑向四川省委提出申请,要求到农村去锻炼。重庆市委安排袁崑参加"小四清"工作团,1964年去长寿县搞"四清"工作。袁崑服从安排,跟随"小四清"工作团去了长寿县。市委社教工作团分成工作队和工作组,在长寿县委社教工作队的配合下,工作队驻各区,工作组驻各公社,在第一批和第二批试点的基础上向全县铺开。袁崑所在的工作队先在罗围公社后在回龙公社开展"四清"工作。

袁崑跟工作队队员一起,在队长领导下,按学习文件,宣传发动,摸底排队;开展分类清理;组织干部"下楼";重新审查、评定阶级成分;经济退赔和组织处理等阶段逐一开展工作。袁崑从大城市到了农村,通过接触农村基层干部和广大社员,目睹了长寿县农村、农业的落后状况,深深感到三年严重困难对农民生活造成了极坏的影响。因此,在"四清"工作中,除完成队长安排的工作外,把精力放在发展农村经济,关心农民生活方面。经"四清"工作队、组的共同努力,除少数"四不清"的干部受到相应的处理外,绝大多数农村干部都能继续认真工作,搞好生产。三年困难时期带来的困难逐步得到克服,农村形势逐渐好转,广大农民群众对党的领导和社会主义制度坚信不疑,农村干部同群众的关系大大改善,人民思想稳定,社会秩序井然,农民生活好转,形势越来越好。"小四清"工作团撤出后,袁崑继续留在农村当观察员,与其他4个同志一起,巡回于双龙区的5个公社,观察"小四清"后的情况。

1964年4月7日，重庆市委组织部批准，袁崑任长寿县人委劳动科副科长。后来袁崑接到这个通知，本人向四川省委申请，经批准袁崑举家迁往长寿县定居。1964年底，袁崑带着妻子田春燕和5个孩子去了长寿县，被安排在县政府办公大楼后面的机关干部宿舍里，是旧式木制穿斗平房，七柱房两间，约60平方米。4个大一些的孩子都进学校上学，小儿子建人只有4岁，就送到托儿所，田春燕安置在县农牧局做人事工作。家庭和孩子粗略安顿下来后，袁崑又被通知去参加"大四清"工作，被"四清"工作团石堰分团安排到长堰(后改为长征)大队搞"四清"工作。1966年3月，袁崑任长寿县人委劳动科科长，任"四清"工作队副队长。

袁崑几个孩子的日常照料，几乎都落在田春燕身上，袁崑一心扑在工作上，历来如此。除了参加工作队的会议外，袁崑都到各生产队参加劳动。袁崑按顺序一天去一个生产队，长堰大队的几个生产队都要轮流去同社员一起翻地、播种、松土、锄草、施肥、治虫、收割。上午和下午的中途，都有大约半个小时的休息(社员叫作歇气)。女社员坐下来做针线活，男社员一放下锄头就卷叶子烟，插在竹管里点着了慢慢地吸着，年轻人丢下扁担就打"争上游"(一种扑克玩法)。袁崑就找社员聊天。同老农聊农业生产技术，聊粮食如何增产。袁崑听到最多的是"靠天吃饭"，风调雨顺，三晴两雨就可多收粮食，遇到天旱就要减产。同妇女聊男女平等，婚姻自由，并宣传婚姻法。同年轻人聊理想前途，还讲战斗故事。有一天上午中途休息时，一群青年农民围着袁崑要听战斗故事，袁崑想了想就讲红军长征初期的血染湘江。这是袁崑亲身经历的事，讲得具体生动，声情并茂。讲着讲着，年老的社员和妇女社员都围拢来听。讲到伤心处，袁崑声色俱厉，声泪俱下，听故事的社员大多流泪了，特别是女社员都哭出声来了。不知不觉间，时近中午，还有半晌儿工没做呢，生产队长只好喊收工。袁崑说:“下雨天不出工,或者晚上没事时再给你们讲。”长堰大队的几个生产队的社员都听过袁崑讲的故事,至今,有的老农民回想起当年听袁崑讲故事的情景仍念念不忘。

1965年至1966年上半年间,袁崑在“小四清”“大四清”期间,到过长寿县的好几个公社。不论到哪个公社,都要深入大队、生产队和农民家庭,与农民兄弟打成一片,了解他们的生产、生活情况。袁崑发现很多农民不识字,即使认识一些字,评工记分也算不清楚,常常有人求袁崑念信、写信、写便条、算账算工分。袁崑觉得是个问题,决心帮助不识字的农民学习文化知识。袁崑回到县城,自己掏钱请印刷厂印制了一些文化课本,又把自己的几个孩子组织起来,抬着书到乡下去送给农民,还把孩子留在乡下与农民同吃同住同劳动,并为孩子们向所住的农家交足了伙食费和粮票。袁崑给村里有文化的人做思想工作,请他们出来任教,教文盲社员学文化。又给生产队长做工作,腾出公房做教室,买来煤油点灯,开办夜校。当年参加文化夜校的人都是20岁左右的年轻人,而今已年近古稀,同他们聊起教育时,他们深有体会地说:“现在这些娃儿多幸福呀!上学不要钱,白天有教室,夜晚电灯照得亮堂堂的,看书写字都很方便。哪像我们小时候,家庭贫穷读不起书,要不是袁老红军送给我们课本,组织我们进夜校学文化,恐怕现在还是‘睁眼瞎’(文盲)哟!”

1964年10月,重庆市委、长寿县委社教工作团对长寿县开展的“小四清”运动进行了复查。1965年4月,袁崑回到长寿县城,去县人委劳动科上班,兼管安置办公室工作。在“四清”工作期间,袁崑就听到有人反映,60级、61级、62级的大中专毕业生未安排工作,都散居在原籍。这些人中有的因上学期间家庭供养,经济负担过重,把家庭经济拖得负债累累,家长指望子女毕业后,由国家统一分配工作,有了收入后慢慢还账。哪知道毕业后却没有工作,还不起账,家庭经济状况愈来愈差,这批毕业生情绪低落。袁崑从自己有限的工资中拿出一些给因上学致贫的特困户,支持他们度日。袁崑回到县城后,也陆续听到类似反映。袁崑在劳动科和安置办公室反复查阅有关文件得知,大中专毕业生国家都要分配工作。袁崑几次向县委、县人委领导同志汇报三年困难期间毕业的大中专生的安置问题,县领导同志才同意由劳动科办理。于是,袁崑马不停蹄地去找各接收单位了解接收情况,又召集部分毕业生开座谈会,了解他们对安置的意见。做好这些工作后,袁崑代县人委起草了安置的文件,县人委也及时批准、下发了文件。文件下发后,这批毕业生一个月之内就报到完毕,走上了工作岗位。一个星期日,部分毕业生聚会,专门请袁崑去参加,袁崑说:"你们是国家培养的人才,走上了工作岗位就要十分珍惜,不要辜负了党和人民对你们的培养。"毕业生们都说要努力工作,纷纷衷心感谢袁崑对他们的关心。

袁崑到长寿县人委劳动科工作不久,"文化大革命"就开始了。袁崑认为"文化大革命"是毛泽东主席亲自发动和领导的,一定是正确的。既然叫"文化大革命"可能主要是活跃社会文化生活,提高人们的文化素质,像自己这样文化水平低、不大懂文化艺术的人,通过"文化大革命"来提高一下是有必要的。当时出于对毛主席的尊敬,响应"关心国家大事"的号召,袁崑参加了初期的"文化大革命"。后来上级通知,机关科以上干部不能参加"文化大革命",袁崑就退出了"文革"队伍。后来,红卫兵、造反派破"四旧",到处打砸文物,乱打乱斗乱批,揪斗层层领导干部,层层夺权,把公章都收走了,使领导机关无法办公,各项正常的工作无人管也无法管,社会秩序一片混乱。三年严重困难后,经过"调整、巩固、充实、提高",干部和群众的生产积极性得到有效的调动和发挥,工农业生产得到较快的恢复和发展,农村形势得到大的好转,农民群众的生活得到较大的改善,照这样下去,人民生活定能一天天地好起来。但是,"文化大革命"这么乱搞下去,人民的好日子怎么保得住呢? 袁崑独自发出感叹:"'文化大革命'这么整下去,人民又要遭殃了!"

袁崑退出"文革"队伍后,在劳动科不能正常开展工作,1967年2月,袁崑被机关的造反派勒令"靠边站"(不准工作),接受造反派的审查和批斗。由造反派安排下乡抓"双抢"(抢种抢收)工作和知青工作。对于农业生产劳动,袁崑在"四清"工作中,与农民同劳动,一般的农活都学会了,"文革"中靠边站到农村劳动干农活轻车熟路,趁机了解农村情况。袁崑听到农民谈的情况,集中起来主要有两条,一是农村不能乱,中国不能乱,农民希望过太平日子。二是知青上山下乡,到农村插队落户。有的知青有扰民行为,农民很反感;有的知青不愿自食其力,对农业生产劳动厌烦厌倦;有的知青生产生活中确有困难。第一条是农民厌恶"文化大革命",袁崑感到心有余而力不足。第二条是中央的政策,毛主席对城市的知识青年到农村去也做过很多指示,实际情况中虽然出了些问题,但是政策还要执行,袁崑觉得知青工作中的有些问题是可以解决的。于是袁崑广泛深入地接触下乡的知识青年,了解他们的情况,倾听他们的呼声。袁崑把下乡的知识青年反映的情况和农民对知青的一些反映,集中起来进行了梳理,又回到县城查阅了《中共中央、国务院关于动员和组织城市知识青年参加农村社会主义建设的决定》和四川省、重庆市有关知青工作的文件,逐步产生了按区域公社把知青集中起来开办知青农场的想法,国家对知青的政策、物资、经费、粮食便于在知青农场集中兑现,可以大大减少知青同农民的纠纷,这些学生在学校过惯了集体生活,到知青农场这个集体来,容易适应,也有利于管理。袁崑把自己的想法讲给知青听,征求他们的意见,又向长寿县知青工作办公室汇报了自己的想法,办知青农场的设想,后来慢慢变成了现实。

袁崐在长寿县人委劳动科工作期间，兼管安置（主要是知青安置）办公室工作，以及后来任县革委副主任，一直管着知青工作，先后在西山、云集园艺场等地办起了11个知青农场，为接收安置两万多名城镇下乡的知识青年起到了积极作用。

袁崐利用"靠边站"的机会，广泛接触知青，全靠一双脚走遍了长寿县的山山水水，诸如洪湖、晏家、渡舟、葛兰、石堰、双龙、狮子滩、云集、龙溪等地他都常去，所到之处，无不同知青们聊一聊。知青们认为，"这个老革命老红军真是个好人"。好多知青到县城都要到袁崐家看看，田春燕都给他们弄饭吃，不管认识的还是不认识的，叫得出姓名的还是叫不出姓名的，他们家都一样接待，常常弄得一个月的粮票半个月就用完了。田春燕问袁崐："没有粮票了怎么办呢？"袁崐说："买点牛皮菜煮起吃吧。"又说："你我都是党员，党的干部，这些孩子都是国家的未来，是革命接班人，我们有责任帮助他们，关心他们。"就这样，袁崐的家成了知青"接待站"，每个月的粮票不到月底就用完的情况经常发生。很多时间都是睡满一屋的知青，田春燕把能垫的东西都拿出来给他们垫上，把能盖的东西都拿出来给他们盖上。袁崐的几个孩子全部下乡了，身边没留一个。小儿子袁建人对袁崐说："按政策，我可以不下乡。"袁崐说："知识青年上山下乡是党的号召，你的父母都是党员，都要听党的话，你也要响应党的号召，下去吧！"袁建人没再说什么，也下乡了。当年的政策是每个知青下乡，国家要发给每个人两百多元的安置费，还要发给棉被、棉毯等用品。袁崐的5个孩子先后全部下乡，却没要国家一分钱，也没要日用品。长寿县城镇青年有不愿下乡的，别人都说："你看看袁老红军，子女全部下了乡，还没要国家的钱，你有什么理由不下乡呢？"在袁崐的表率作用下，长寿县城关镇的知青下乡工作进行得比较顺利。重庆市的知青家长也都以袁崐为榜样，把自己的孩子送下乡去插队落户。那年元旦,几个孩子都回家了,但是家里没有一粒米一把面,也找不到一两粮票,一月份的粮票还没有领到,买不到米、面。田春燕只能到老百姓家买回一筐红苕,蒸熟了放在桌子上,袁崑一边剥着红苕皮一边乐呵呵地说:"多好,又甜蜜又热乎。"难得团聚的一家人围着一盆蒸红苕过了一个新年。

1967年2月28日,长寿县机关的造反派把袁崑从家里拉出去,给袁崑戴上高帽子(用纸做成的)胸前挂一块用硬纸板做成的牌子,上面写着"走资派",拉着袁崑同县机关的100多名干部一起在长寿县城内的河街、三倒拐游街示众,游街后拉到大会场台上站着,接受造反派的批判。在游街途中,许多群众见是袁崑戴着高帽子,很反感造反派的行为,当场就有人大声呼喊:"袁崑同志不是走资派,他是为人民打江山的老红军,是中国革命胜利的有功之臣,是光明磊落的老干部,不能批判,不准斗争!"袁崑被造反派押着,一边走一边想:我一个劳动科的科长,既不当权,更没走资本主义道路,怎么也叫走资本主义道路的当权派呢? 到了大会场造反派批判的时候,要袁崑交代走资派的罪行。袁崑当着几千名群众对着麦克风说:"我14岁参加红军,家庭上无片瓦下无立足之地,为了人民翻身得解放,跟着毛主席闹革命,直到建立新中国。现在又为建设新中国夜以继日地干工作,仅靠弱薄的工资维持生活,我是走资派吗?"造反派头目无对答之词。袁崑在麦克风前讲这些话时,几千人的大会场鸦雀无声,批判袁崑的造反派头目没有一个能回答,都被问得哑口无言。参加批斗大会的群众看到县机关的造反派搞错了,都纷纷离开了会场。

1969年4月1日至24日,党召开了第九次全国代表大会。"九大"以后,"文化大革命"进入了"斗、批、改"的阶段。在这个阶段,一些干部和群众受到不应有的斗争和批判。1972年3月,长寿县革委会在原长寿县委党校成立了"长寿县革委会五七干校",袁崑出任校长。"斗、批、改"运动中被清理或审查的人员成为"五七"干校学员。"五七"干校只办了一期。1973年5月,"长寿县革委会五七干校"撤销。

袁崑分管卫生工作时(1966年8月至1968年10月,袁崑任长寿县人委卫生科代理科长),正值全国防控麻风病。麻风病的一个主要特征是潜伏期长,一个人感染了麻风杆菌,要两到7年,甚至10年后才发病,是一种慢性传染病。袁崑带领医疗队跋山涉水,进山入户向群众宣传,组织接触或接近过麻风病人的人进行检查,对患者进行安慰,采取隔离措施,实行集中管理。麻风病人集中后,医护人员带领病人生产农副产品供病人食用。他们养的猪自给有余,要送出来让群众食用,但没人愿吃那种猪肉。当时城镇居民食用猪肉要凭票定量供应,少的时候一个季度一人才一市斤。袁崑觉得浪费了太可惜,就把麻风病院生产的猪肉买回家,让田春燕煮给孩子们吃,但孩子们都害怕不敢吃。袁崑说:"怕什么? 要相信科学,麻风病菌在空气中存活的时间很短,这是猪肉,不是麻风病人身上的肉,还是高温煮了的,更不怕,大胆吃吧!"两个大人带头,几个孩子才跟着吃。当时猪肉紧缺,好长时间才吃得一次,孩子们感到比吃萝卜香多了,一会儿就把一盆猪肉吃光了。在袁崑带动下,麻风病院的猪肉都销出去了,为病人购置物品增加了资金。袁崑还把自己工资的一多半资助患者,想方设法弄来氨苯砜等药物为患者治疗。还自己出钱慰问医生,请他们耐心地为村民做体检,热心地治疗病人,找一些辅助药物和中草药,配合氨苯砜医治患者。18名患者,治愈5人,死亡6人,7人转入巴县皮肤病医院,后来,经四川省卫生厅检查,长寿县达到了消灭麻风病的标准。

袁崑带领县知青办公室的工作人员,踏遍了长寿县的山山水水,选择适合办知青农场的场址,想方设法给知青农场盖房,置办生活用具用品,解决知青农场的生产工具、种子、肥料、技术等问题。把知青聚集起来，办了11个知青农场，使他们过上集体生活，帮他们解决生产、生活、学习方面的问题。既提高了生产效率，安定了知青的思想，又为农户解决了安置接待知青的难处。为了广大知识青年受到再教育，袁崑同县知青办的同志一起，跋山涉水去各个知青农场为知青讲革命传统，指导生产，解决生产、生活中的实际困难，同知青一起劳动，带动他们发展生产。一些干部看到袁崑年龄大了，成天翻山越岭，同知青一起干农活太辛苦了，劝他休息，袁崑却说："这些孩子正是世界观、人生观、价值观形成的时候，国家的希望就在他们身上，我们有责任带好他们！"知青喜欢袁崑，袁崑更喜欢知青，来来往往的知青，认识的不认识的，知名的不知名的，路过县城时都要到他家歇个脚，吃顿饭。袁崑对田春燕说："我们老了，裤腰带勒紧点没关系，娃娃们长身体，不能怠慢！"1969年12月31日，长寿县革委会决定，将长寿县知识青年上山下乡工作办公室改为长寿县毕业生分配组，袁崑任副组长。后来这个分配组也撤销了，其工作并入劳动局。

1971年4月27日至30日，中共长寿县第三次代表大会召开，袁崑当选中共长寿县委34名委员之一。随后召开长寿县委三届一次全委会，选出9名常委，袁崑当选中共长寿县委常委。

1970年8月，中共九届二中全会在庐山召开。九届二中全会后，中央在全党开展"批陈整风"运动。中共重庆市委党校根据中央部署，安排各区县一名领导干部和一名宣传干部，以及市级机关有关人员，在市中区枣子岚垭参加毛泽东思想学习班。袁崑作为分管政工组的长寿县革委会领导干部和政工组的宣传干事高振声参加了这期学习班。认真读了《反杜林论》《唯物主义与经验批判主义》《人的正确思想是从哪来?》等马列和毛泽东原著，马列主义和思想理论政治水平得到了进一步提高。他俩同住一间寝室。据高振声回忆，袁崑学习很认真，听报告仔细并认真做记录，讨论时都要发言，自觉遵守学习班的规定。但他从不爱讲他的过去。到学习班讲课的教员，很多是袁崑在党校工作时的部下，课余时间，有不少教员到寝室来看他，同他谈话聊天，他们很谈得来，关系十分融洽。学习班结束后，袁崑和高振声回到长寿县。袁崑主持了全县的"批陈整风"工作。1971年9月13日，林彪叛逃，摔死在异域后，全国开展"批林整风"运动，袁崑主持全县开展了"批林整风"工作。

1972年春，在云集公社插队落户的两名男知青出于好奇，把农民养的一只小猪的眼珠挖了，那家人不依不饶闹了起来，邻近的农民也跟着闹，非要那两个知青赔偿不可。袁崑得知这一情况后，立即带着知青办的向百年前往处理。袁崑先到那家农户，向主人了解情况。主人说："用8块多钱买来一只小猪，本想精心饲养到腊月，卖一半给国家，自己留一半，就是'卖一留一'，过年时一家人才有肉吃。哪想到遭他们挖了眼睛，几天都在流血，猪潲也不吃，怕是保不住了。"袁崑找到那两个知青谈话，进行了严肃的批评教育，要求他们两个人每人赔5元钱，由他们两人亲手把10元钱交给那个农民，并赔礼道歉，保证今后不再损害农民利益。事态终于平息了。袁崑在云集住了半个月，把知青工作基本理顺了才回到县城。

1972年7月4日，中共长寿县委决定，成立长寿县政策落实检查组，负责纠正在所谓"批清"（批判"极左思潮"，清理"五一六"和"三老会"）运动中存在的问题。袁崑任副组长。该组对"批清"运动中的错案——做了纠正。

1972年夏，葛兰场镇的30多户工商户因注销城镇户口下放农村落户而频频上访，闹到县革委会，甚至影响正常的办公秩序。袁崑作为县革委会副主任，又是县革委会党的核心小组成员，便主动去解决此事。袁崑带着安置办公室的工作人员进驻葛兰，首先把30多户人召集起来开会，请他们冷静下来，心平气和地反映情况，干扰工作和生产是不对的。再派向百年回县查明当时办理这件事的政策依据。最后得知,当时县里一位领导人出去开会,其会议记录中有场镇工商户下农村落户的记载,便以此为据办理了葛兰场镇30多户工商户下乡落户。袁崑认为,人民政府办事要有根有据,特别是涉及群众切身利益的事,一定要有正式文件的明确规定,仅凭个人的记录办这件事,依据不够,可以改过来。于是指挥派出所把30多户人的户口办回葛兰场镇,其他善后事也一一处理了。经袁崑和县革委会安置办公室向百年等人近20天的艰苦工作,葛兰30多户工商户闹事的问题得到妥善解决,葛兰的工作和社会秩序都正常了。

1972年秋,因弟弟病故,袁崑第二次回原籍探亲。大女儿袁进平、二儿子袁建新与袁崑同行。沿途和到了家乡一概不惊动党政机关和地方领导干部。当到了过湘江时,袁崑走到江边,捧起泥土,凝视江水,跪在沙滩上,悲泪不止,长跪不起,口中不停地念叨"太惨了!太惨了!"久久不愿离去。还是儿女扶着他哀求道:"爸爸,我们走吧!"袁崑才慢慢站起来,拖着沉重的步子,一步一回头地离开了湘江。袁崑一边走一边对儿女说:"血流成河,尸体堆成山,血染湘江这些话语,你们是不容易读懂的,但我是亲身经历,亲眼所见啊!"

袁崑的日常生活是十分俭朴的,从不乱花一分钱,也不准家人乱花钱。但回到家乡,看到家乡有困难,修房造屋,治病救人,婚丧嫁娶,筑路造桥等,他都要资助。这次回乡探亲就捐资修筑了龙泉乡(现为龙泉村)的公路。

袁崑把弟弟的后事料理完后,去亲戚家走走看看。一方面是叙叙旧,二方面是看看家乡亲人有什么困难,想办法帮助他们。

袁崑在长寿县历任劳动科副科长、科长、安置办公室主任、县革委会副主任、县革委会党的核心小组成员、县委常委,15年间一直没脱离过知青工作,大量的精力放在知青工作上,多数时间行走在乡间,处理了不少知青的相关问题。其中有的知青虽然开始下了乡,但中途自动回城不想再下去的情况时有发生,个别人还闹得比较厉害。这种情况当时的政策是不允许的。袁崑带着县知青办的工作人员,多次到重庆市主城几个区的24个街道办事处找他们谈话,做思想工作,把他们带到长寿县农村。有个别较顽固的,袁崑不厌其烦地反复做劝说工作,从长寿到重庆来回跑十几次,才把他们带到落户点。15年间,知青间的矛盾,知青与农民间的纠纷等问题时有发生,几乎每次都是袁崑亲临处理的。袁崑做知青思想工作很有耐心,对知青也有爱心,知青也尊敬袁老红军。知青工作中的问题,只要袁崑出面,都能解决。调皮的知青在袁崑面前都很规矩。

1977年秋,葛兰乡八一大队的一个老年农民到长寿县城办事,正巧在河街见到袁崑。他们两人1964年就认识了,后来又多次在一起劳动、聊天儿,相互比较熟悉了。老农一眼看到袁崑,连忙上前拉住袁崑的手:"袁老弟,你还认识我吗?"袁崑仔细一看,"怎么不认识呢?你是葛兰乡的。"袁崑拉着老农,到一处树荫下坐定,相互问候、叙旧。老农说:"袁老弟,这些天来,葛兰流传着一种谣言,说是有人听见一头牛说话:'今年红苕像我的脚,明年苞谷像我的角,后年庄稼各做各'。牛说话是不可能的,但是庄稼各做各倒有可能。"袁崑问:"什么叫各做各?"老农说:"袁老弟,我知道你是好人才跟你说,你不会整我吧?"袁崑说:"你放心。"老农接着说:"各做各,就是土地承包到户,国家的公粮不少一颗,剩余的都是农民自己的。"袁崑问:"农民有没有意见?""没有,没有,大家都想那么干!"袁崑沉思了一会儿对老农说:"只要大多数农民没意见,又不损害国家利益,就可以干。"老农听了很高兴,说:"真的包产到户,农民就有救了。"后来,八一大队在葛兰区委书记徐明虎的全力支持和鼎力帮助下,成为长寿县的"小岗村"。

1977年冬,国家恢复了已经停止十余年的高考制度,全国高等院校以统一考试、择优录取的方式选拔人才上大学。袁崐的二儿子袁建新报名参加1977年冬季的恢复高考制度后的首届考试,考试成绩超过了当年的录取分数线,因袁崐被诬陷的政治审查结论未做出来,袁建新政审没过关,没被录取。1978年夏季,袁建新又报名参加高考,因当时的农业、地质等专业招收大专生的政审不严,袁建新只好填了地质专业的志愿,才被录取为1978级秋天入学的地质学院的学生,而失去了1978年春季入学的自己向往的航天专业的学习机会。

1978年8月初,接重庆市委通知,袁崐去北京瞻仰毛主席遗容,来回20多天。回到长寿县后,袁崐感觉到好像"云开雾散",整人害人的情况再也见不到了,和往常一样平安无事,见到人们有说有笑。回过头来再想想"文化大革命",真是一场大灾难,害人不浅。一个人在"文化大革命"中陷入了派性,就不要党纪国法了,想整人就把人整死。当时袁崐挨整的那段时间,把袁崐的亲戚朋友吓得晕头转向,认为县委有关同志说的还有假吗? 有的亲戚对田春燕说:"伯伯这次怕是难过关了。""没关系,让他们去吼,无事就不怕",田春燕这样肯定地答复那些好心人。袁崐自己心里有底,没有贪赃枉法,没有拉帮结派搞武斗,更没有谋财害命、杀人放火,光明磊落的人怕什么呢? 1978年国庆节,县委主要领导人到袁崐家做了诚恳的赔礼道歉。事情就这样过去了。

20世纪70年代后期,城镇下乡插队落户的知青陆续返城,注销农村户口,返回其父母所在城市办理城镇户口。袁崐根据当时的政策,一批一批地送走了重庆等城市下乡的知青,领导长寿县城关镇分期分批安置了长寿县城下乡的知青。时任城关镇党委书记的郑治中回忆说:城关镇的知青回城安置工作,有了困难就去找袁主任,他是有求必应,做了大量的协调工作,使城关镇的知青安置工作进行得很顺利,哪怕是进街道企业,一个不剩地安置了。

　　无论是战争年代还是和平年代，袁崑做事都很认真，他始终不忘毛主席"世界上怕就怕'认真'二字"的教导。例如他的儿子袁建中喜欢打篮球，在长寿县上学期间和后来下乡当知青，篮球都打得好。袁崑就是不信。他趁建中打球时，悄悄混在观众中去看，并注意听观众的评论，经多次观看，都听到观众一致好评，才确信建中的篮球打得比较好。

　　长寿县的机关、县辖区、公社的干部和一些普通农民，听说袁崑要离开长寿县，都想跟他道个别说说话。他们亲眼看到袁崑在长寿县15年来的为人做事，他是把为老百姓办事作为毕生追求的。凡是听到看到的有关群众的事情，特别是事关老百姓切身利益的事，他事必躬亲，直到有了结果群众满意为止。不符合政策或一时办不了的事，也要耐心说服，讲明道理，直到群众想通了脸露笑容，他才离开。当时，他在长寿县是工资级别最高的，但实实在在享受到的却是最低的。他把大部分工资资助困难群众，诸如麻风病人及其医护人员、因计划生育手术问题致贫的人、缺钱交书费学费快要辍学的大中专在校生、有困难的孤老和伤残人员、上山下乡的知识青年（这种资助是最多的）等等，都得到过袁崑资助。他不仅亲自处理群众反映的事情，还经常到群众中去发现问题倾听意见，凡他得知的事情，都要处理解决完毕。他一门心思干工作，难办的事，他从不半途而废。他生活俭朴，下农村或到知青中去，大多以咸菜豆瓣下饭。家里的篾席破了，自己亲手修补后继续用，衣裤破了自己缝补，下乡走路穿草鞋，草鞋烂了赤脚走。他平易近人，从不摆官架子摆老资格，对一起工作的人平等相待。他原则性强，对事不对人。到哪里吃饭都不准搞特殊，并按当时标准交钱交粮票。他对子女管教很严格，子女全部下乡插队落户，身边没留一人，按政策回城后从不为子女安排工作找门路，要求子女按政策自己办理。子女工作后，从不为子女的仕途跟任何人打招呼、提要求。中国共产党万岁是他毕生的信念，对党无限忠诚。他爱写日记，但他的日记中很少有关“文化大革命”的记录，他是怕玷污党的名声，毁损党的形象，有人跟他谈论“文化大革命”中的问题，他总是说要相信党，问题终究会解决。林彪叛逃事件发生后，他是长寿县最先听到传达（在重庆市委小礼堂）的人，那段时间他总是沉默寡言，后来公开了，他常跟人说：“对党不忠的人，终究要栽跟头。”

四、人大常委会主任为人民，红军精神育后人

1978年5月28日四川省委做出决定，调袁崑到大渡口区工作，任区革委会副主任，但因工作关系，他1979年7月才从长寿县离职到大渡口区工作。

一到大渡口区，袁崑就以他最擅长的“走群众路线”的方法开展工作。上下班以至节假日休息时间都在街上转，往群众堆里扎，到群众中去听最基层群众的广泛的真实声音。袁崑很快就了解到大渡口区的区情和群众的一些愿望，很多人认识了袁崑，有话肯同他说，都愿意亲近这位老红军。1979年下半年到1980年，袁崑在中共大渡口区委常委和区革委会副主任岗位上，更多的时间和精力放在熟悉区情上，下基层去，到市民中去看实情听民声。区委一班人和区革委会领导班子以及各部门一致反映，袁崑到大渡口区一年多时间，对区委、区革委会和全区的工作是添助没添堵。

1980年12月11日至16日，大渡口区第四届人民代表大会第一次

会议召开。大会选举袁崑为大渡口区第四届人民代表大会常务委员会主任。中共大渡口区委决定：袁崑同志任大渡口区人大常委会党组书记。

袁崑当选大渡口区人大常委会主任，是我国县以上地方各级人大初设常委会时上任的，按袁崑自己的话说："地方各级人民代表大会常务委员会是我国的新建机构，无先例，无样板。'摸着石头过河'，还算好，经过大家的努力，边学边干也干得不错。我们齐心协力遵照国家大法(宪法)办事，发扬全心全意为人民服务的精神，工作取得明显成绩，受到全区人民的好评和称赞。"

袁崑担任大渡口区人大常委会主任期间，主持召开了大渡口区第四届人民代表大会第二、三、四次会议和第五届一次会议，向各次大会做了区人大常委会工作报告，先后批准了历次会议的《大渡口区人民政府工作报告》和区财政预决算报告以及大渡口区人民检察院、人民法院的工作报告，并做出了相应的决议，对大渡口区的政治、经济、社会、法治建设发展起到了积极作用。

袁崑在任大渡口区人大常委会主任的3年时间里，主持召开了24次常委会会议，听取和审议区人民政府关于大渡口区经济建设、财政、税收、物价、商业、教育、计划生育、文化卫生、社会治安等方面的工作报告49项，听取和审议区人民法院、人民检察院关于贯彻中央决定，打击经济领域严重犯罪活动情况汇报4次。依法对"一府两院"行使了监督权。涉及全区性的重大问题，袁崑主持召开常委会会议研究，做出决议6项、决定2项，对大渡口区的相关工作起到了积极作用。3年间，他主持召开过若干次主任会议、主任办公会议以及其他会议，指导常委会工作人员撰写并发出若干份简报和9期《会刊》，组织人民代表视察，督促有关部门办理人民代表议案822件，接待和处理人民代表来访127人次，群众来访266次，依法任命本级国家机关工作人员和选举委员会成员66人,免职7人。

　　袁崐多次向市委、市人大、市政府反映大渡口区因地盘小难以发展,需要扩大地盘的情况,后来得到的答复是:"扩大地盘要报国务院批准后才能实施。"袁崐便多次找九龙坡区的领导同志,提出征地问题,又找到市政府有关部门,请求支持大渡口区从九龙坡区八桥乡征用一块地,为大渡口区居民建一个公园。几经周折,土地征得了。但建公园的经费又成难题。袁崐多次同区委、区政府领导商量,又到财政局了解情况,最后形成逐年投资,分期实施,最终建成的方案。于是,袁崐主持召开区人民代表大会,通过了建设大渡口公园的决议。区政府实施逐步建公园的计划。1990年终于建成由老年园、青年园、儿童园组成的占地150余亩的大渡口公园,该公园成为大渡口人民游乐休闲的重要场所,深得群众喜爱和赞扬。时任大渡口区人民政府区长朱卓明说:"人民称赞区政府做了一件大好事,实际上区人大的决议、督促起到了重要的推动作用。"

　　党的十一届三中全会后,我国经济恢复和发展很快,大渡口区的财政收入也逐年增加。袁崐认为,我们的国家是人民当家作主的国家,我们党的唯一宗旨是全心全意为人民服务,"取之于民,用之于民"应该是人民代表大会及其常委会执政理财的基本方针。于是,他走访群众,深入企事业单位,了解群众需求,在此基础上,向区委汇报,同区政府商量,不断为人民办些好事实事。诸如为民修路,改善环境卫生,新盖职工宿舍等事项逐步得到落实。还有大渡口区文化馆、电影院、幼儿园、实验小学、区人民医院、田径场、游泳池、门球场、体育馆等等利民项目,都先后建成投用。这些事都受到广大职工的赞誉,得到全区人民的好评。

　　1983年1月30日,袁崐向市委递交了申请离休的报告。1983年2月28日,中共四川省委同意袁崐同志离休。1984年4月23日,大渡口区第五届人大一次会议召开,袁崑以区人大常委会主任的身份主持会议,向大会做了《区人大常委会工作报告》。他自愿提出不参加第五届人大常委会组成人员的选举。1984 年 4 月,袁崑正式办理离休手续。应区人大常委会领导班子的请求,1985 年 6 月,完全离开工作岗位。

袁崑离休后,很多中小学邀请他去给师生讲中国革命史。袁崑离休了,闲下心来认真回忆了自己从红军、八路军到解放军的亲身经历,又仔细查阅了有关资料和历史文献,他认为红军战士是世界上最优秀的战士。他们敬业、专业、精业,以服从命令为天职,认真、负责、精诚合作,自动、自觉、自律,人类所有的优秀品质都在他们身上有着鲜明的体现。最能表达红军精神的一句标志性语言就是"保证完成任务"。于是,袁崑写了不少讲话稿,常给中小学师生和团员青年讲红军"保证完成任务"的故事,诸如中央红军五次反"围剿"、血染湘江、飞夺泸定桥、爬雪山过草地等等红军保证完成任务的英勇故事,这些故事无不闪耀着光辉的红军长征精神——坚定的共产主义理想,革命必胜的信念,艰苦奋斗的精神,一往无前、不怕牺牲的英雄气概。

1985 年 9 月 18 日,"九一八"事变 54 周年纪念日,共青团大渡口区委组织团干部召开座谈会,邀请袁老红军给团干部讲革命传统。袁崑欣然接受邀请,提前做了充分准备。他查阅了些资料,仔细地回忆了自己的亲身经历,认真地写了《八年抗战》《平型关战斗》《百团大战》《我国抗日战争时期的一些史料》等万余字的讲话稿,凭这些稿纸,袁崑不仅给团干部讲了抗日战争,还先后为大渡口区机关干部、中小学生讲抗日战争,讲革命传统,讲红军、八路军为国为民的英雄事迹,用红军精神教育后代。1987 年 7 月 7 日,袁崑为全区宣传干部和团干部做纪念抗日战争全面爆发 50 周年报告。袁崑是一个做事很认真的人。50多年的工作经历以及离休后的忆历史、讲传统、谈形势、做报告，都是自己写稿，稿纸上的文字都是自己的内心话，离开稿纸照样讲得绘声绘色。他的讲话、报告等，总是凸显对党无限忠诚，对民族解放事业无畏征战，对人民无私奉献的中心思想。不少人特别是年轻人听了他的报告后，立志向老红军学习，用他这种"三无"精神武装自己，勤勤恳恳、踏踏实实地干工作，其中不少人在红军精神熏陶下先后走上领导岗位，被评为劳动模范或先进工作者。

袁崐离休后，大渡口区政府准备为他建一套别墅，把图纸送他审定，他就此收了图纸，再也没拿出来，仍然住在一间50余平方米的旧房子里，2000年才在大渡口区阳光花园买了一套商品房居住。

袁崐离休后曾提出过重走长征路的想法，但由于安全等原因，终未成行，他就以写回忆录的方式了却这桩心事。后来，终于写成了他的回忆录——《走过的岁月》，但未出版。

1997年9月至2003年10月，袁崐用毛笔小楷工整地抄写了中共十五大报告《高举邓小平理论伟大旗帜 把建设有中国特色社会主义事业全面推向二十一世纪》、江泽民的《在庆祝中国共产党成立八十周年大会上的讲话》、党的十六大报告《全面建设小康社会 开创中国特色社会主义事业新局面》等重要文献。

袁崐离而不休为人民，红军精神育后人的事迹广为传颂，时常为机关党员和青少年讲党的优良传统和作风，关心青少年的健康成长，自觉参加党的组织生活，按时交纳党费。自从离休后，离休不离党，始终不忘自己是一名中国共产党的党员，自觉遵守党章规定，自觉履行党员义务，主动为党工作，主动为民谋利。多次被评为优秀共产党员、先进老干部、健康老人等，应邀列席中共大渡口区第五、六、七、八、九次代表大会，同在职党员一起共谋大渡口区党的建设、政治、经济、文化发展大计。

1991年，重庆市委老干部局在全市离休干部中开展评选"老有所为"优秀个人活动，袁崑被评为市"老有所为"优秀个人。1998年1月，重庆市老干部局、老龄委、老体协联合评出重庆健康老人，83岁的老红军袁崑荣获"重庆健康老人"称号。

2000年9月，袁崑的离休干部登记表中的"离退休后享受待遇职务层次"一栏，填写的是"省部级副职"，这是中央组织部批准的。享受副省部级医疗待遇是袁崑应有的待遇，而袁崑常年只报销几十元药费，生病就在社区诊所看病拿药。家人要他去医院，他却说："医院一去就要成百上千，用国家的钱那么容易啊？"

2006年，大渡口区人大常委会要编撰出版《重庆市大渡口区人民代表大会志》，请袁崑担任编委会顾问，袁崑欣然同意。在编撰期间，袁崑虽未亲自动笔编写，但他认真仔细地回顾了担任人大常委会主任期间的工作情况，特别是他作为县级以上地方各级人民代表大会初设常委会的首任人大常委会主任，详细回忆了人大常委会的建设、职权、日常工作制度等情况。袁崑对编撰人员说："人民代表大会及其常委会是人民行使当家做主权利的机构，理所当然要全心全意为人民谋福祉。利用任免权把那些一心一意为人民服务的干部提拔到领导岗位，让他们造福一方人民，把那些门难进、脸难看、事难办的部门干部免去职务，以免他们害人。"

2006年，大渡口区要评选先进老干部。全区老干部都推荐袁崑，他被评为2004—2006年度大渡口区先进老干部。审批表的"先进事迹"一栏的内容如下：袁崑同志是位久经考验的老红军。自离休以来，仍保持了艰苦朴素的作风。政治立场坚定，党的观念强，经常阅读《人民日报》等报纸杂志，自觉遵守原单位的组织生活和老干部局的学习活动安排，并能不顾年老体弱抽空撰写革命回忆录，以教育后人。尤其是2005年，他91岁高龄时还给青少年和机关干部做党的光荣传统教育和保持共产党员先进性教育的报告。在纪念红军长征胜利70周年时，还给多个单位做了报告。该同志虽然年事已高，还经常在其爱人的照护下出去散步活动锻炼身体。对同志和蔼可亲，平易近人，深受大家的尊敬和爱戴。对子女教育好，要求严，从不允许他们有优越感和享受父母应有的待遇。因此，子女在工作上都表现很好，积极上进，受人称赞。

大渡口区要给年满80岁的老人每月补助100元钱。2008年的一天，社区居民委员会的工作人员来到袁崑家中，要给袁崑的爱人田春燕发放每月100元的补助费。袁崑说："她没有80岁，不是1927年的，而是1930年的，不能拿社区的补助。"社区的工作人员无不对这位可爱的老人肃然起敬。

自袁崑离休后，社会各界都很尊敬这位老红军。每逢佳节，重庆市、大渡口区相关领导都亲临袁崑家中看望这位老红军。

袁崑生前多次嘱咐子女："我死后，我的共产党员身份没有变，你们要为我向党交纳党费。不过我没有工资了，那就一年交一块钱吧，要交一万年。因为我们这些人是喊着'中国共产党万岁'去冲锋陷阵的，'中国共产党万岁'是我们的信念，所以，交万年党费是我向党表达的一份情怀！"2009年7月21日下午，袁崑的长子袁建都带领家人到大渡口区委组织部，交纳了父亲的党费一万元。中组部收到这份特殊党费后，开出了正式的党费收据，现该收据存于大渡口区爱国主义教育基地。

参考文献

1.中共大渡口区委党史研究室:《袁崑传》,内部出版2013年版。

2.杨成武:《忆长征》,解放军文艺出版社1982年版。

3.中共重庆市长寿区委党史研究室:《中共重庆市长寿区党史人物传》,内部出版2018年版。

4.袁崑:《走过的岁月》,未出版。

5.袁崑个人干部档案。

基层干部的杰出典型

——邓平寿传略

◎杨祖静

邓平寿，1956年2月出生于四川省梁平县（今重庆市梁平区）原虎城乡上丰村一普通农户家庭，1975年加入中国共产党，先后任梁平县虎城区波漩乡团委书记、乡长，虎城区楚家乡党委书记兼乡长，虎城镇党委副书记、镇长，虎城镇党委书记。邓平寿扎根基层30余年，始终心系百姓，一心为民，特别是自1992年虎城撤区建镇任镇党委副书记、镇长，1998年任虎城镇党委书记以来，他带领广大干部群众修路、种柚、栽桑、养蚕、引企、兴教，将虎城从一个偏远穷镇建设成为人人安居乐业的富镇，被百姓亲切地称为"农民书记""田坎书记""草鞋书记""泥脚书记""挎包书记""桑蚕书记""教育书记"。2007年1月14日，邓平寿下村检查工作时,因积劳成疾突发急性坏死性胰腺炎倒在了工作第一线,2月1日凌晨不幸病逝,年仅51岁。同年被时任中共中央政治局常委、国家副主席曾庆红赞为"我们党的基层干部的楷模"①,习近平称他"是新形势下基层干部的杰出典型,是新时期共产党员的优秀楷模"②。

①《曾庆红强调要深入学习宣传邓平寿同志先进事迹》,载中共中央组织部办公厅、中共中央宣传部宣传教育局、中央农村工作领导小组办公室一组、中共重庆市委宣传部:《基层干部的楷模邓平寿》,学习出版社2007年版,第3页。

②《习近平上午在会见邓平寿先进事迹报告团时指出高度关注深入了解切实保障民生》,《新民晚报》2007年7月15日,第1版。

一、出身贫寒，立志让虎城百姓过上好日子

  邓平寿出生的上丰村，是梁平西部偏远的一个小山村，父母亲都是老实巴交的农民，他们为儿取名平寿怀有平安、长寿之朴素爱意。邓平寿的上面还有2个姐姐和1个哥哥，家里孩子多收入有限，可屋漏偏逢连夜雨，哥哥幼时因病成了痴呆儿，这让原本就捉襟见肘的生活更加艰难，遇到年成不好的时候要靠挖野菜才能勉强填饱肚子。虽然贫困，但幸运的是邓平寿的父母对他的教育还是很重视。1962年9月，6岁的邓平寿进入上丰村小学读书，后转入虎城乡中心小学，至1968年8月小学毕业。1968年9月，邓平寿考入虎城镇中学，原本是件高兴的事情，但家里却拿不出学费，这时是村里的乡亲们你几分我一角地帮着才凑够了学费，才使邓平寿得到了继续学习的机会，这段艰辛而又温暖的记忆此后一直深深地留存在邓平寿的心底。家乡的贫，他看在眼里；乡亲的情，他记在心间。有一天可以带着他们过上实实在在的好日子的这个梦开始生根、发芽。

  初中3年期间，邓平寿十分珍惜来之不易的学习机会，刻苦努力，成绩优异，还被选为班长。但因2个姐姐早早嫁人、哥哥不能劳动，懂事的邓平寿1971年8月初中毕业后还是选择了辍学回家务农，

帮父母一起承担起养家的重任。他跟着父母一起下地干农活，那时生产队采用工分制，大人记8分，小孩记3分，因邓平寿还未成年所以只能按照小孩记3分，但他一不计较，二不惜力，人家干活时他跟着一起干，人家休息时他继续干，一天下来他干的活比大人还要多，两天后队里主动把他的工分改为8分，小孩和大人们得一样的工分，这在生产队里是头一回！1975年，务了几年农的邓平寿逐渐成长、成熟，他带领着生产队的乡亲们一起大搞科学种田，试验小麦亩产达500斤。大队书记看邓平寿勤劳肯干又有文化，决定推荐他到生产队的面房工作，让他加工挂面并负责账务。在这之前面房已经换了好几个人但都没管理好，邓平寿一去就立马认真琢磨做面技术，经常自己爬坡上坎挑面换面，从不喊苦喊累，在他的努力和钻研下做出的面不仅比别的面房多，而且还好吃，把面房经营得有声有色，还广受好评。在服务乡亲们的同时，邓平寿迅速成长，并积极向党组织靠拢，1975年8月8日这一天，他光荣地加入了中国共产党。在邓平寿的《入党志愿书》中，写有这样一段话："我要求入党，不是为了名誉好听，不是为了给人民当老爷，而是为了把自己的一切交给党安排，党叫我干啥就干啥，做一颗永不生锈的螺丝钉，为实现共产主义而努力奋斗。"①他将自己毫无保留地交给了党，毕生都在实践着对党的誓言和"要让虎城镇所有的老百姓，都过上巴巴实实的好日子"②的诺言。

---

① 《邓平寿生平》，载中共中央组织部办公厅、中共中央宣传部宣传教育局、中央农村工作领导小组办公室一组、中共重庆市委宣传部：《基层干部的楷模邓平寿》，学习出版社2007年版，第17页。

② 邓平寿：《我要让虎城百姓都过上巴巴实实的好日子》，《当代党员》2007年第3期。该篇文章由《当代党员》记者根据2005年邓平寿在梁平县先进性教育活动报告会上的发言稿整理而成。

二、"要让肩挑背磨的虎城农民富起来，首先要修通公路"[①]

1976 年 11 月，邓平寿因能力突出被调至梁平县基本路线教育工作团工作，后任工作团组长。1978 年 4 月，邓平寿考干当上了原虎城区波漩乡团委书记，任内他主动请缨驻扎在乡里最偏远、条件最差的八林村，在他的带领下，八林村的各项工作没过多久就跃居全乡第一。1981 年，邓平寿升任原虎城区波漩乡乡长；1989 年 11 月，任原虎城区楚家乡党委书记兼乡长。不管在哪里，他都凭着一股干劲和拼劲，将工作搞得风风火火，在一份 1983 年 3 月 24 日的《关于邓平寿提任职务的考察报告》中记录有："作风正派，不谋私利，不搞歪门邪道。"[②]1992 年，梁平实施撤区并乡建镇工作，10 月原虎城区建制撤销，所辖虎城、楚家、波漩 3 乡合并组建成虎城镇，11 月邓平寿被任命为虎城镇党委副书记、镇长；1998 年 10 月，任虎城镇党委书记。

1997 年以前，虎城镇大部分村都没有通公路，仅有一条贯穿全境的泥结公路，交通十分不便，乡亲们不管晴天还是雨天都是一双草鞋，一到下雨天满是泥泞，脚上更是裹满泥巴。因道路不畅，虎城生产的粮食、柚子、生猪等农产品运不出去，外面的化肥、建材等工业产品也运不进来，乡亲们的生活状况难以改善，日复一日，还是那么穷，那么难。邓平寿是看在眼里，急在心里，改善虎城的交通条件，让乡亲们过上幸福生活，成为他最大的心愿，他暗暗发誓一定要建好虎城的村组交通网，一定要将公路硬化到虎城的每个村组。1997 年，虎城

---

① 邓平寿：《我要让虎城百姓都过上巴巴实实的好日子》，《当代党员》2007 年第 3 期。

② 《邓平寿生平》，载中共中央组织部办公厅、中共中央宣传部宣传教育局、中央农村工作领导小组办公室一组、中共重庆市委宣传部：《基层干部的楷模邓平寿》，学习出版社 2007 年版，第 17 页。

镇党委书记唐铭见和镇长邓平寿下决心实施硬化镇内交通主干道和拉通村组程控电话的"双线工程",为此专门成立工程组。为做到公平公正,镇里将工程发包权交给了县交通局。为做到公开透明,工程开工后,镇里安排人大代表监督工程质量,邓平寿更是经常跑工地督促检查,还跟工人们一起挖路基、抬石头、搬材料,样样抢着干;工程完工后,镇里请来县纪委、审计局有关部门对工程款进行审核,最后将所有收支包括存款利息张榜公布至各组。1998年,虎城镇在全县率先实现"双线工程",自此迈上致富路,虎城也掀起了公路建设的热潮,开始修建和硬化村组公路。每修一条路,邓平寿不仅带头捐款,每年不下两三千元,还出工出力,而最难的是做乡亲们的思想工作。

"管你金生银生,把老百姓的路修好了才是你的人生!"邓平寿经常拿这句话教育虎城的镇村干部们,他自己更是身先士卒。那些修路的日子里,邓平寿白天去工地检查工程质量,慰问工人,甚至还经常跟工人们一起干活;晚上工人们休息了,他还要回到办公室处理工作、读书学习,夜以继日,长期睡眠不足,加上劳动强度大,导致身体健康出现问题,经常呕吐。干部们见了都很担心,劝他休息,但他总是不听,大家只能一边跟他开着"邓书记,你怀娃儿了嗦?"的玩笑,一边关心地递上一杯热茶。2003年1月13日傍晚,邓平寿在村里检查了一天的工作,刚回到镇上还没来得及休息一会儿,就口吐鲜血,后经医院检查他肺部长了肿瘤,最后被拿掉了一根肋骨,取出一个半斤重的瘤子,切除了一叶肺。当时虎城公路硬化正处于关键时期,邓平寿在病房里连觉都睡不着,满脑子想的全是公路硬化的事,1月23日手术刚7天他就不顾医生的劝阻,坚决要求拆线,匆匆赶回虎城,住在办公室楼上的宿舍里,一边输液,一边办公。公路硬化正如邓平寿所担心的,确实碰到了"拦路虎",有一段公路要经过村民刘某家的后山,刘某认为修路会破了他家的风水,村干部们好话说尽,他就是不准施工。刚刚回到虎城的邓平寿听说了这件事,不顾刚做完肿瘤手术的病体,拔掉输液针头就往刘某家赶,5里多的路他硬是捂着还裹着绷带的胸口一步一步地走,到了刘某家他苦口婆心地劝,给他讲修路的好处,但因身体太虚弱,说一会还要歇一会,就这样一直讲了4个钟头,刘某"被深深感动了:'邓书记为我们修路,命都不要了;我再不答应,还算是个人吗?'"①被邓平寿感动的不止村民,还有县里的领导。2003年,邓平寿因为修路资金的问题找到时任县长张道华,在县长办公室里,当讲到担心路再也修不起来时,他大声地哭了,先后在3个县当过县领导的张道华后来说:"一个镇党委书记,为工作的事情,到我办公室来痛哭的,他还是第一个。""说实话,换一个人,遇到这样的事,哪个会像他那样发自内心地痛哭?! 他是担心路修不起来,对不起老百姓啊! 这让我十分感动。"②

虎峨路是虎城镇境内最长的一条路,而且还是虎城所剩无几的没硬化的村级公路,它的硬化无疑对于虎城经济社会发展意义重大,邓平寿尤为看重。可刚一开始修建,就遭到碑垭村四组包括组长在内的所有村民的反对,他们集体拒绝筹资筹劳。没办法,大热天邓平寿带着干部们只能一趟又一趟地去做村民们的思想工作,可大家把门"哐啷"一关,就是避而不见。邓平寿困惑了,这些年镇里交通的改善已经给乡亲们带来了实惠,可为什么这个组反对如此强烈呢。他马上连夜召集镇干部开会,通过分析研究,发现碑垭村四组位置偏僻,且居住分散,而原计划的虎峨路没有别的支路与之连接,村民们受不了益,自然不支持。于是,邓平寿马上决定调整修路计划,几天后,四组组长就把各家各户的修路费交了上来,分文不少。道路硬化

---

① 罗吉辉:《老百姓最需要他这样的官》,载中共中央组织部办公厅、中共中央宣传部宣传教育局、中央农村工作领导小组办公室一组、中共重庆市委宣传部:《基层干部的楷模邓平寿》,学习出版社2007年版,第28页。

② 唐春林、刘文娅、王一敬采访,唐春林整理:《县委书记眼里的好干部——梁平县委书记张道华的讲述》,《当代党员》2007年第3期。

到千丘村，又出现了"硬钉子"，村民眼中的"有钱人"杨氏兄弟不愿筹资修路，"有钱人"都不出，村里其他村民更不愿出了。面对来做工作的邓平寿和其他干部们，杨氏兄弟刁难地提出要想他们出钱，除非干部们下跪求情。干部们呆了，场面僵了。可为了修路，邓平寿，跪了！杨氏兄弟见了，也呆了，立马掏钱。围观的百姓怒了，为他们的书记抱不平；百姓也服了，为给他们修路，堂堂一镇书记竟弯下了膝盖，还有啥好说的，出钱出工！干部们哭了，心疼书记，替他委屈，面对他们的愤怒和不解，邓平寿说："我今天跪了，也是为你们今后能把腿站直，永远不跪！这穷面貌改变了，老百姓兜里有钱了，脑子里有见识了，要做什么不容易？你们今后也就没有这么难了！"①2004年底，虎峨路顺利竣工，全镇村级公路硬化率达95%，基本实现县道连村道，村道连组道，村组公路进农户。

1998年至2004年，虎城镇"先后改建新建乡道3条，村道22条，组道58条。全镇公路总里程200多公里，硬化村组公路48条，108公里，达到村村通公路，85%的组通水泥路"②。2005年，全镇实现村村通水泥路的目标，道路四通八达，公交车通到村组，出租车招手即停，4万多的人口私人摩托车拥有量就达5000多辆，虎城人民终于脱掉了草鞋，穿上了皮鞋，邓平寿这个"草鞋书记"③功不可没。

---

① 朱继东：《邓平寿》，吉林文史出版社2012年版，第46页。

② 梁平县地方志编纂委员会：《梁平县志（1986—2005）》，西南师范大学出版社2011年版，第47页。

③ 以前虎城路不好，最好的路就是一条石板路，大多是土路，乡亲们白天晴天都是一双草鞋，邓平寿下村检查工作时经常也是一双草鞋，为发动大家修路，他在一次公路建设动员会上说："虎城农民不脱草鞋，我邓平寿永远穿草鞋！"由此而得名"草鞋书记"。

三、"壮大一根虫",发展蚕桑支柱产业

在邓平寿的带领下,虎城这个梁平西部最偏远的镇,多项工作走在了全县前列,尤其有两项工作在梁平绝对是第一,一项是修公路,另一项就是养蚕种桑。蚕桑是虎城的传统特色产业,但一直没有形成规模化和专业化,特别是遇到丝绸行业不景气导致蚕桑产业低迷时,百姓毁桑十分严重。毁桑容易栽桑难,为引导鼓励农户科学养蚕种桑,邓平寿紧紧围绕"耍好一条龙,壮大一根虫"(一条龙指的是柚子带,一根虫指蚕桑)的发展思路,从镇里有限的财政里挤出资金补贴育苗户,奖励养蚕大户,栽一株桑树补3角钱,从没打过折扣。同时,邓平寿还专门请市县专家教授、技术员到虎城为大家讲解传授养蚕种桑的科学技术,办起了蚕桑专业班,引进良桑品种,大力推广省力化科学养蚕技术。为给乡亲们起到带头和示范作用,邓平寿在陪同专家教授、技术员的时候总会跟着大家一起听讲,还动员爱人唐有清在自家栽桑养蚕,他率先尝试将学习到的嫁接、养蚕技术运用在自家桑田蚕室。1997年春,夫妻俩试验的蚕台养蚕技术大获成功,"春蚕省力50%,增产14%",群众纷纷到他家参观学习。邓平寿不仅毫无保留地传授技术,同时还组织全镇村组干部和养蚕大户召开现场会,在他的带动和鼓舞下,"1998年全镇4000多户蚕农,养蚕10000多张,比1997年增收40多万元,虎城镇列为重庆市蚕桑生产基地"①。

邓平寿成了虎城有名的种桑专家、养蚕能手,被乡亲们亲切地称为"桑蚕书记"。他下村下组时,总是背着一个老式的黄挎包,里面常常装着三样宝贝:桑剪、嫁接刀和蚕药。路上看到谁在修剪枝条或是

---

① 《一个特殊的学员》,http://cpc.people.com.cn/GB/67481/85604/85607/5857129.html,2007-06-13,梁平县委宣传部提供。

谁家桑树枝条长了,他会很自然地拿出剪刀帮一手;看到谁剪枝嫁接技术不过关了,他立马亲自上前示范,手把手地教;甚至谁家蚕生病了,他还能帮着看病,拿出挎包里只有在农民技术服务站才能看到的养蚕专用农药,药到病除。有一次,邓平寿下村到千丘村时,听说村里养蚕大户罗立德养的3张蚕忽然不吃桑叶了,连忙赶到他家,经诊断发现是农药中毒,当即教罗立德配上药方进行喷洒并做了熏蒸,仅半天工夫,蚕子就开始吃食。经邓平寿抢救的这3张蚕,罗立德后来赚了1000多元钱,相当于他当时一年半的收入。而由邓平寿引进的养蚕大户赵明全家的嫁接桑树,"没嫁接的每亩产1000斤桑","嫁接的每亩要产6000多斤"①。1992—2006年,虎城桑树种植面积由1800亩增长为4051亩,桑树株数由182万株增长为350万株,蚕茧产量由2610担增长为3640担②。2006年,"年养蚕1万余张,占全县养蚕量的1/3"③,蚕茧产量多年位居全县第一,蚕桑成为虎城农民增加收入的主要来源。为实现蚕桑产业化,达到引进生丝加工厂的条件,形成生产加工一条龙,邓平寿还提出了2007年创"蚕茧万担镇"的目标。2007年1月14日,星期天,邓平寿冒着雨来到千丘村检查桑树冬管和栽植情况,他忍着腹痛在桑地里一转就是半天,最终因积劳成疾突发急性坏死性胰腺炎倒下了,这一天是他在工作岗位上的最后一天。1月15日清晨,邓平寿生前最后一个电话打给了有2000亩桑树年内栽植任务的大兴村村主任袁永福,虚弱的他只说出了"你们村的桑树栽得怎

---

① 中央电视台新闻会客厅:《万人自发送葬"泥脚书记"邓平寿》,载中共中央组织部办公厅、中共中央宣传部新闻局、中共重庆市委组织部、中共重庆市委宣传部:《田坎书记邓平寿》,学习出版社2007年版,第73页。

② 《梁平县虎城镇概况(资料)》,http://cpc.people.com.cn/GB/67481/85604/85607/5861824.html,2007-06-13,根据梁平县统计局和虎城镇提供数据整理。

③ 温子健:《百姓大于天》,载中共中央组织部办公厅、中共中央宣传部新闻局、中共重庆市委 组织部、中共重庆市委宣传部:《田坎书记邓平寿》,学习出版社2007年版,第200页。

新形势下基层干部的杰出典型,是新时期共产党员的优秀楷模。在他身上,集中体现了新时期共产党人的精神风貌,集中体现了党的干部为民、务实、清廉的公仆本色,集中体现了中华民族的传统美德。"[1] 2009年4月3日,邓平寿雕像落成典礼及揭幕仪式在梁平石马山公园举行。2009年9月,邓平寿与他的人生榜样雷锋、焦裕禄等人一起被中共中央宣传部等11个部门联合评选为"100位新中国成立以来感动中国人物"。2011年,邓平寿被追授为"全国优秀共产党员"。

(作者单位:重庆市地方志办公室)

---

① 《上海建设需要崇高精神动力作强大支撑》,《新民晚报》2007年7月15日,第A03版。

参考文献

1.中共中央组织部办公厅、中共中央宣传部新闻局、中共重庆市委组织部、中共重庆市委宣传部：《田坎书记邓平寿》，学习出版社2007年版。

2.中共中央组织部办公厅、中共中央宣传部宣传教育局、中央农村工作领导小组办公室一组、中共重庆市委宣传部：《基层干部的楷模邓平寿》，学习出版社2007年版。

3.梁平县地方志编纂委员会：《梁平县志（1986—2005）》，西南师范大学出版社2011年版。